KB269802

# 합격하는 생기부는
# 처음부터 다르다

입학사정관의 평가를 기준으로 증명하는 3년 로드맵 설계 전략과 합격 사례

# 합격하는 생기부는 처음부터 다르다

김태호 · 전진욱 지음

좋은땅

# 작가의 말

　지난 몇 년간 입시의 문턱에서 수많은 학생들과 학부모님들을 만나 왔습니다. 제가 마주한 얼굴들에는 언제나 두 가지 감정이 교차했습니다. 하나는 '좋은 대학에 가고 싶다'는 간절한 희망, 그리고 다른 하나는 '무엇을 어떻게 해야 할지 모르겠다'는 깊은 불안감이었습니다.

　그리고 저는 그 깊은 불안감이, 결국 가장 성실하고 착한 학생들을 '방향 잃은 노력'이라는 함정으로 이끄는 것을 너무나 많이 보았습니다. 아이들은 '나'를 보여 주는 진솔한 탐구를 하는 대신, '무엇을 해야 합격하는가'의 목록을 채우기 시작합니다. 그들의 학생부는 언뜻 화려해 보이지만, 정작 '그래서, 왜?'라는 가장 중요한 질문에는 답하지 못하는 공허한 기록이 되어 버립니다.

　그리고 그 평범함의 대가는 때로 너무나 가혹합니다. 실제로 한 고등학교에서 최상위권 대학교의 동일 학과에 지원한 내신 평균 1점대 학생이 탈락하고, 오히려 뚜렷한 성장 스토리를 증명한 내신 평균 2점대 학생이 합격하는, 점수만으로는 설명할 수 없는 '역전'이 벌어지기도 합니다. 이렇듯 최상위권의 내신 성적을 가지고도, 방향 없는 활동 나열에 그쳐 안타깝게 기회를 놓치는 경우 역시 비일비재합니다.

　그 차이는 단 하나였습니다. 자신의 3년을 그저 "스펙 나열"로 채웠는가, 아니면 누구도 흉내 낼 수 없는 "성장 스토리"로 증명했는가. 학생부종합전형은 더 이상 성실함의 경쟁이 아닙니다. 이것은 나만의 컨셉으로 3년의 과정을 얼마나 매력적으로 '기획'하고 '증명'하는가에 대한 치열한 싸움입니다.

　이 책은 바로 그 **'역전의 드라마'를 쓰는 구체적인 방법**을 담은 전략서입니다.

　이 책은 당신의 3년 노력이 정당하게 평가받기 위한 '선택'이 아니라, '필수'입니다.

　이 책의 "1부 전략편"에서는 평가의 본질을 꿰뚫는 날카로운 "관점"을, "2부 실전편"에서는 그 관점을 현실로 만드는 구체적인 "도구"를 얻게 될 것입니다.

　차가운 머리로 계획을 세우고 뜨거운 가슴으로 실행에 옮길 때, 당신의 평범했던 '기록'은 비로소 당신의 가치를 증명하는 강력한 '이야기'로 완성될 것입니다. 우리는 그 여정의 처음부터 끝까지,

당신의 길(via)을 함께 걷겠습니다.

이 책이 학생에게는 구체적인 실행 전략을, 학부모님께는 자녀를 지지하는 현명한 관점을, 선생님께는 학생의 잠재력을 발견하는 새로운 시각을 제공하는 길잡이가 되기를 바랍니다.

부디 이 책을 통해, 입시라는 짧은 경주가 아닌, 인생이라는 긴 여정에서 자신만의 길을 개척해 나가는 단단한 힘을 얻게 되기를 진심으로 바랍니다.

당신의 치열했던 3년의 "과정"이, 세상에서 가장 빛나는 "결과"가 되기를 응원합니다.

# 당신의 3년은, 한 편의 영화가 되어야 한다

늦은 밤, 스탠드 불빛만이 당신의 책상을 외로이 비추고 있습니다. 모니터 화면에는 '합격하는 생기부의 비밀'이라는 글들이 빼곡하고, 책상 한편에는 지난 1년간의 활동을 증명하는 어지러운 서류들이 쌓여 있습니다. 당신은 그 모든 것을 내려다보며 문득 생각합니다.

'나름대로 정말 열심히 했는데… 왜 내 노력들은 흩어진 점처럼 보일까?' '이 생기부 한 장이, 과연 '나'라는 사람을 제대로 보여 줄 수 있을까?'

만약 당신이 단 한 번이라도 이런 고민을 해 봤다면, 이 책은 바로 당신을 위해 쓰였습니다. 저는 당신이 얼마나 치열하게 고민하고 노력해왔는지, 그 애썼다는 사실을 누구보다 잘 압니다. 그리고 그 소중한 노력들이 방향 없는 활동의 나열, 즉 의미 없는 "칸 채우기"가 되어 힘을 잃어 가는 안타까운 현실 또한 잘 알고 있습니다.

우리는 언제부터인가 생기부를 '무엇을 했는가(What)'를 기록하는 '결과 보고서'라고 착각하게 되었습니다. 과학 동아리 활동, 진로, 의미 없는 탐구 보고서 채우기… 합격에 필요해 보이는 활동 목록을 하나씩 채워 나가는 '체크리스트'에 매달렸습니다. 하지만 입학사정관은 당신의 장바구니에 무엇이 담겨 있는지보다, 당신이 그 재료들로 "어떤 요리를 만들고 싶어 하는지"에 대한 열정과 비전을 보고 싶어 합니다.

이 책은 당신의 장바구니를 채우는 법을 알려 주는 책이 아닙니다. 이 책은 당신의 3년이라는 시간을, **'왜(Why) 그 일을 시작했고, 그 과정에서 어떻게(How) 성장했는가'**라는 질문에 답하는 한 편의 위대한 '성장 스토리'로 만드는 비법에 관한 책입니다.

우리는 함께 당신의 생활기록부를 수동적인 "기록(Record)"에서, 당신이 주인공이자 감독이 되는 능동적인 "기획(Project)"으로 바꾸어 나갈 것입니다. 흩어져 있던 당신의 노력들을 연결하여 당신만의 빛나는 '별자리'를 그리고 마침내 당신의 3년을 누구도 흉내 낼 수 없는 한 편의 영화로 완성할 것입니다.

이 책은 단순한 입시 전략서가 아닙니다. 당신 안에 잠들어 있던 '이야기'를 깨우고, 스스로의 삶을 기획하는 '감독'으로 거듭나게 할 나침반이자 확성기입니다.

　이제, 당신의 첫 번째 영화를 만들 준비가 되셨나요? 그렇다면, 조용히 다음 페이지를 넘겨 주십시오.

# 목차



## 1부
# 전략편 – 3년의 로드맵을 설계하는 5단계

이 책을 손에 든 당신에게 먼저 축하의 말을 건넵니다. 당신은 더 이상 막연한 불안감 속에서 흩어진 정보를 찾아 헤매는 대신, 3년의 여정을 함께할 든든한 '개인 컨설턴트'를 옆에 두기로 결심했기 때문입니다.

이 책은 두 개의 심장을 가진 유기체와 같습니다: 학생부의 패러다임을 바꾸는 "1부 전략편"과, 그 전략을 실행하는 데 필요한 모든 도구를 담은 "2부 실전편"입니다. 최고의 효과를 위해 다음과 같이 활용하시길 당부합니다.

### 1. 먼저, 1부 '전략편'(제1장~제5장)은 처음부터 끝까지 정독해 주세요.

1부 '전략편'은 낡은 생각을 버리는 "마인드셋 전환"에서 시작하여, 자신만의 "컨셉을 설계"하고, 구체적인 "실행 전략"을 거쳐, 최종 "면접"에 이르기까지, 성공적인 생기부를 만드는 전 과정을 하나의 이야기처럼 연결해 놓았습니다.

각 장은 독립된 팁의 나열이 아니라, 앞선 장의 내용을 디딤돌 삼아 다음 단계로 나아가는 **계단식 구조**로 설계되었습니다. 단단한 1층 없이 2층을 지을 수 없듯, 중간을 건너뛰면 이 책이 가진 본래의 힘을 온전히 경험하기 어렵습니다.

따라서 제1장부터 제5장까지 순서대로 따라 읽는 것이, 당신만의 흔들리지 않는 '전략'과 '관점'을 가장 빠르고 단단하게 세우는 유일한 길(via)입니다.

### 2. 그리고, 2부 '실전편'(제6장~제9장)은 3년 내내 곁에 두고 활용하세요.

2부는 당신의 전략을 현실로 만드는 데 필요한 4가지 강력한 도구로 구성된 '워크북'이자 '백과사전'입니다. 각 장은 당신이 학교생활에서 마주치는 구체적인 순간에 맞춰 다음과 같이 활용할 수 있습니다.

- **규칙이 헷갈릴 땐 → 제6장. 합격생의 기본기(The Rulebook):** 학기 초, 과목 선택을 앞두고 있거나 생기부의 구체적인 작성 규칙이 궁금할 때 펼쳐 보세요. 당신의 모든 활동이 기록될 공식 문서인 '학생부의 구조'와, 3년간의 로드맵을 구성할 '2022 개정 교육과정'의 핵심 규칙들을 확인할 수 있습니다.

- **탐구 아이디어가 막힐 땐 → 제7장. 탐구의 시작점(The Idea Book):** '무엇을 탐구해야 할지' 막막할 때 펼쳐 보세요. 수백 개의 탐구 주제 아이디어, 핵심 학자 리스트, 필독서 목록이 당신의 지적 호기심을 자극하고 새로운 탐구의 문을 열어 줄 것입니다.

- **합격생의 전체 그림이 보고 싶을 땐 → 제8장. 성공과 실패의 플레이북(The Playbook):** '성공한 선배들은 3년을 어떻게 보냈을까?' 궁금할 때 참고하세요. 합격생의 전체 로드맵과 실패 사례의 결정적 원인을 분석하며, 당신의 3년짜리 계획을 점검하고 수정하는 통찰력을 얻을 수 있습니다.

- **마지막 점검과 문제 해결이 필요할 땐 → 제9장. 합격을 위한 최종 도구(The Toolkit):** 학기 말 생기부 마감을 앞두고 있거나, 면접 준비 중 예상치 못한 질문에 부딪혔을 때 펼쳐 보세요. Q&A, 최종 점검 체크리스트가 당신의 마지막 1%를 채워 주는 해결사가 되어 줄 것입니다.


### 3. 당신의 학년에 맞는 최적의 로드맵을 따르세요.

이 책은 모든 학년에게 유용하지만, 당신이 현재 몇 학년인지에 따라 집중해야 할 부분과 활용법이 다릅니다.


- **만약 당신이 1학년이라면: '탐험'하는 데 집중하세요.**
- 1부의 제1장, 제2장을 꼼꼼히 읽으며 자신만의 '컨셉'과 '키워드'를 찾는 데 집중하세요. 그리고 "2부의 제7장(The Idea Book)"을 수시로 펼쳐 보며 다양한 지적 탐험을 시작하세요.
- **만약 당신이 2학년이라면: '실행'하고 '깊이'를 더하세요.**
- 2학년은 당신의 스토리를 완성하는 '골든 타임'입니다. **1부의 제3장, 제4장**에서 배운 전략을 실제 활동에 적용하세요. "2부의 제8장(The Playbook)"의 사례들을 참고하여 자신만의 시그니처 프로젝트를 기획하고, A+ 보고서를 작성하는 훈련을 해야 합니다.
- **만약 당신이 3학년이라면: '재해석'하고 '완성'하세요.**

- **1부의 제5장**을 통해 지난 2년간의 활동을 점검하고 면접을 준비하는 데 집중하세요. 지난 활동들을 이 책의 관점으로 '재해석'하여 하나의 스토리로 엮어 내고, "2부의 제9장(The Toolkit)"을 활용하여 마지막까지 빈틈을 메워야 합니다.

## 4. 마지막으로, 이 책을 '소통의 도구'로 활용하세요.

훌륭한 생기부는 결코 혼자 만들 수 없습니다. 당신의 성장을 지켜보고 기록해 줄 선생님, 그리고 당신의 도전을 지지해 줄 부모님과의 '소통'이 무엇보다 중요합니다. 더 이상 "저 뭐 해야 돼요?"라고 막연하게 묻지 마세요. 이 책에서 배운 내용을 바탕으로 당신의 계획을 구체적인 '언어'로 만들어 소통하세요.

- **선생님께:** 제3장의 '프로젝트 기획서'나 제4장의 '탐구 보고서 개요'를 가지고 선생님께 찾아가 조언을 구해 보세요. 당신의 주도적인 모습에 선생님은 든든한 지원군이 되어 주실 겁니다.
- **부모님께:** 당신이 왜 이 활동을 하고 싶은지, 이 활동이 당신의 성장 스토리에 어떤 의미가 있는지 이 책의 키워드와 로드맵을 활용하여 설명해 보세요. 부모님은 당신의 든든한 후원자가 되어 주실 겁니다.

## [학생과 함께하는 학부모님과 선생님께]

- **학부모님께:** 자녀를 다그치기보다, 이 책을 통해 자녀의 고민을 이해하고 '결과'가 아닌 '성장의 과정'을 격려하는 "든든한 지지자"가 되어 주세요. 이 책은 자녀와 입시에 대해 현명하게 대화하는 훌륭한 소통의 도구가 될 것입니다.
- **선생님께:** 이 책의 방법론을 활용하여, 학생 개개인의 잠재력을 발견하고 그 성장 과정을 생기부에 효과적으로 담아내는 "기록의 나침반"으로 활용하실 수 있습니다. 학생과의 상담에서 이 책의 내용을 함께 이야기하며, 학생의 주도적인 성장을 이끌어 주세요.

이 책은 당신의 3년을 위한 친절한 가이드이지만, 최종적으로 영화를 완성하는 감독은 바로 당신 자신입니다. 이제, 당신의 첫 번째 프로젝트를 시작하겠습니다.

# 전략편
# - 3년의 로드맵을
# 설계하는 5단계

# 마인드셋 전환: 생기부, '기록'이 아닌 '기획'이다

모든 위대한 영화는 단 하나의 강력한 질문, '이것은 어떤 이야기인가?'라는 로그라인(Logline)에서 시작됩니다. 이 로그라인 없이 촬영된 필름은, 아무리 화려한 장면(활동)들을 모아 놓아도 결국 방향을 잃은 영상의 나열이 되고 맙니다.

제1장은 바로 당신의 3년짜리 영화를 관통할 단 하나의 로그라인, 즉 '핵심 컨셉'을 발견하는 **'시나리오 기획(Pre-production)'** 단계입니다. 우리는 이 장에서 '칸 채우기식 사고'라는 낡은 관습을 버리고, 왜 '성장 스토리'가 모든 것을 압도하는지를 명확히 이해하게 될 것입니다.

## 1-1. 당신의 생기부가 평범하게 느껴지는 진짜 이유

### (1) 우리는 왜 '성실함의 함정'에 빠지는가?

본래 학생부종합전형(학종)은 숫자로 된 성적(정량적)만으로 학생을 줄 세우지 않고, 학생 개개인의 성장 과정과 잠재력을 종합적(정성적)으로 평가하겠다는 좋은 취지로 시작되었습니다. 하지만 언제부터인가 우리는 학종을 '준비해야 할 것이 너무 많은 복잡한 시험'으로 여기게 되었습니다.

그 배경에는 우리를 둘러싼 '불안 마케팅'이 있습니다. "OO 활동 안 하면 학종에서 불리하다", "합격생은 기본적으로 탐구 보고서 N개를 쓴다" 같은 정보들이 입시 커뮤니티와 일부 사교육 컨설팅을 통해 끊임없이 확대 재생산됩니다. 이러한 정보의 홍수 속에서 학생과 학부모는 '남들 하는 건 일단 다 해야 한다'는 압박감에 시달리게 됩니다. 이것이 바로 당신의 잘못이 아니라고 말하는 이유입니다. 당신은 그저 이 비정상적인 경쟁 시스템 속에서 살아남기 위해 합리적으로 반응했을 뿐입니다.

하지만 이 과정에서 우리는 '성실한 학생 = 좋은 학생'이라는, 어쩌면 가장 위험한 착각에 빠지게 됩니다. 성실함은 물론 훌륭한 덕목입니다. 그러나 방향을 잃은 성실함은, 나만의 개성과 호기심을 억누르고 모두와 똑같이 생긴 '모범생'의 가면을 쓰게 만듭니다. 우리는 어느새 자신만의 이야기를 쓰는 작가가 아니라, 합격에 필요해 보이는 스펙을 카트에 담는 '성실한 스펙 수집가'가 되어 버리고 맙니다.

(2) 사례 분석: '김성실' 학생과 '박탐구' 학생의 결정적 차이

여기, 같은 고등학교에 다니는 두 가상의 학생이 있습니다. 두 학생 모두 의예과를 지망하며 1학년을 보냈습니다. 그들의 1학년 생기부 핵심 내용을 통해, 무엇이 결정적인 차이를 만드는지 살펴봅시다.

### '김성실' 학생의 1년:

1학년 김성실 학생은 입학 후 열린 입시 설명회에 다녀왔습니다. 한 컨설턴트가 '의대 지망생의 필수 활동'으로 과학 동아리, 심화 보고서, 과학 독서를 꼽았습니다. 그날 이후, 김성실 학생의 목표는 명확해졌습니다. 그는 가장 경쟁이 치열한 과학실험반에 지원했고, 인터넷에서 '의대 추천 탐구 주제'를 검색하여, '타이레놀의 화학적 원리 분석'이라는 그럴싸해 보이는 보고서를 작성하여 제출했습니다. 학교 도서관에서는 필독서로 꼽히는 『이기적 유전자』를 빌려 꾸역꾸역 읽어 냈습니다. 그의 모든 선택은 '해야 한다'는 의무감에서 비롯되었습니다.

### '박탐구' 학생의 1년:

1학년 박탐구 학생은 우연히 할머니가 매일같이 챙겨 드시는 혈압약을 보게 되었습니다. '이 작은 알약 하나가 어떻게 우리 몸의 혈압을 조절할 수 있을까?'라는 순수한 질문이 꼬리에 꼬리를 물었습니다. 그는 약의 성분표를 찾아보다 '칼슘 채널 차단제'라는 낯선 단어를 발견했고, 그 원리를 이해하기 위해 학교 도서관에서 관련 서적을 찾아 읽기 시작했습니다. 과학 동아리에서는 친구들과 함께 '카페인이 혈압에 미치는 영향'을 주제로 간단한 실험을 설계해보았고, 그 과정에서 생명 현상을 통제하고 측정하는 것이 얼마나 어려운 일인지 깨닫게 되었습니다.

| 구분 | 김성실 학생 (스펙 수집가형) | 박탐구 학생 (스토리 빌드업형) |
| --- | --- | --- |
| 동기 | 외부 정보 (입시 설명회, 조언) | 내부 호기심 (할머니의 혈압약) |
| 활동 | 과학 동아리, 탐구 보고서 작성, 과학 독서 | 과학 동아리, 관련 서적 독서 |
| 연결성 | 각 활동이 **분절적**으로 존재함 | 모든 활동이 **하나의 질문**에서 뻗어 나감 |
| 결과물 | '의대 지망생'이라는 **라벨** | '약물 작용 원리'라는 **자신만의 탐구 주제** |

김성실 학생의 1년은 성실했지만 흩어져 있습니다. 반면 박탐구 학생의 1년은 소박하지만 단단하게 연결되어 있습니다. 바로 이 '연결성'과 그 시작점인 '자신만의 질문'이 평범함과 특별함을 가르는 결정적 차이입니다.


(3) 진단: 당신의 노력은 어디를 향하고 있는가?

앞선 두 학생의 이야기에서 당신은 누구와 더 가깝다고 느꼈나요? '김성실' 학생처럼 방향 없는 성실함에 갇혀 있는 건 아닌지, 혹은 '박탐구' 학생처럼 자신만의 질문을 따라가고 있는지, 이제 잠시 멈춰 당신의 노력이 어디를 향하고 있는지 **진단**해 볼 시간입니다.

아래의 자가진단표는 당신의 생기부를 대하는 생각의 방식을 점검하는 '마음의 거울'입니다. 스스로에게 솔직하게 답해 보세요.


**[나의 생기부 건강 진단하기]**

☐ 활동을 시작할 때 '나의 호기심'보다 '입시에 유리하다는 정보'를 먼저 고려한 적이 많다.

☐ 나의 여러 활동들을 하나의 일관된 이야기로 설명하기가 어렵다.

☐ 동아리나 탐구 활동의 주제를 정할 때, 내가 진짜 궁금한 것보다 멋있어 보이는 주제를 선택한 적이 있다.

☐ "이 활동을 왜 했니?"라는 질문에 "생기부 한 줄 채우려고요"라는 생각이 먼저 든다.

☐ 나의 생기부에서 '나'라는 사람의 개성이나 색깔이 잘 보이지 않는 것 같다.


만약 위 항목 중 3개 이상에 해당된다면, 당신은 이미 '칸 채우기식 사고'에 깊이 빠져 있을 가능성이 높습니다. 이는 단순히 몇몇 활동을 잘못 선택했다는 의미가 아닙니다. 고교 3년이라는 귀중한 시간을, 목적지를 향한 항해가 아닌 제자리에서 노를 젓는 데 사용하고 있다는 위험 신호입니다.

하지만 괜찮습니다. 자신의 현재 위치를 아는 것이 모든 위대한 항해의 시작이니까요. 이제 우리는 이 진단 결과를 바탕으로, 당신의 노력이 헛되지 않도록 방향을 잡아 줄 새로운 나침반을 만들어 나갈 것입니다.


(4) 입학사정관의 목소리: 우리는 '이야기'를 찾고 있습니다

그렇다면 대학은, 입학사정관은 정말로 무엇을 보고 싶어 할까요? 수천, 수만 장의 서류를 평가하는 그들의 목소리를 통해 우리가 나아갈 방향의 힌트를 얻어 봅시다.

**현직 입학사정관 A씨는 말합니다.** "저희는 이미 완벽하게 세공된 '보석' 같은 학생을 찾는 게 아닙니다. 오히려 조금 거칠더라도 자신만의 색깔과 결을 가진 '원석'을 찾고 있죠. 그 원석이 어떤 질문을 만나 단단해지고, 어떤 실패를 겪으며 빛을 내기 시작했는지, 그 '세공되는 과정'이 담긴 생기부에 눈길이 갈 수밖에 없습니다."

**합격생들을 지도한 현직 교사 B씨는 말합니다.** "결국 합격하는 아이들은 '이야기'가 있는 아이들이에요. 처음엔 엉뚱해 보이는 질문을 가져와도, 1년, 2년이 지나면 그 질문들이 모여서 누구도 흉내 낼 수 없는 자신만의 전공 스토리를 만들어 내더군요."

결국 그들이 찾고 있는 것은 "진정성 있는 성장 스토리"입니다. 인간의 뇌는 파편적인 정보의 나열보다, **인과관계가 뚜렷한 이야기**를 훨씬 더 잘 기억하고 매력적으로 느낍니다. 당신의 생기부가 단순한 '스펙 설명서'가 아닌, 한 편의 흥미진진한 '성장 소설'이 되어야 하는 이유입니다.


(5) 생각의 전환: '성실한 기록자'에서 '매력적인 기획자'로

이제 우리가 버려야 할 것과 새로 가져야 할 것이 명확해졌습니다.


● **버려야 할 것:** 칸 채우기식 사고, 남들의 기준, 방향 없는 성실함
● **가져야 할 것:** 나만의 질문, 호기심의 연결, 주도적인 기획


당신의 생활기록부는 지난 1년간의 삶을 기록하는 '일기장'이 아닙니다. 앞으로 남은 시간을 어떻게 채워 나갈 것인지를 설계하는 '포트폴리오'이자 '프로젝트 기획서'입니다.

　홀륭한 아티스트는 자신의 작품 세계를 가장 잘 보여 주기 위해 전시회의 작품 순서와 배치를 직접 기획합니다. 이제 당신도 당신이라는 아티스트의 고유한 작품 세계를 보여 주기 위해, '생활기록부'라는 전시회를 직접 기획하는 '큐레이터'가 되어야 합니다.

　이 책은 당신이 최고의 큐레이터가 될 수 있도록 돕는 안내서입니다. 이제부터 저와 함께, 흩어져 있던 당신의 노력들을 세상에 단 하나뿐인 멋진 이야기로 엮어 내는 여정을 본격적으로 시작해 봅시다.


**[1-1 : Summary]**

1. 노력만으로는 특별해질 수 없다. 방향 없는 성실함은 '성실함의 함정'에 빠지게 한다.

2. 합격하는 생기부의 핵심은 의미 없는 '칸 채우기'가 아닌 자신만의 '성장 서사(Story)'다.

3. 생기부는 '기록'하는 것이 아니라, 나만의 컨셉을 가지고 '기획'하는 것이다.


## 1-2. 대학은 당신의 생기부에서 무엇을 보는가?: 3대 평가요소 이해하기


　'칸 채우기'의 불안감에서 벗어나는 가장 확실한 방법은, 잠시 우리의 시선을 바꿔 평가자의 자리에 앉아 보는 것입니다.

　입학사정관은 과연 무엇을 기준으로 수천 개의 서류 속에서, 반짝이는 '원석'을 찾아 낼까요? 그들이 공통적으로 장착한 '평가 렌즈'에는, 당신의 잠재력을 측정하는 세 가지 핵심 필터가 있습니다.

　최근 대부분의 대학들은 공동 연구를 통해 학생부종합전형의 평가 요소를 표준화하였으며, **학업역량, 진로역량, 공동체역량**이라는 이 세 가지를 핵심 기준으로 활용합니다. 이 기준들을 이해하는 것이, 우리 책의 모든 전략이 왜 합격으로 가는 가장 확실한 길인지 깨닫는 첫걸음입니다.


**첫째, '학업역량'입니다.**

　대학은 단순히 성적표의 숫자만을 보지 않습니다. 그 뒤에 숨겨진 당신의 성장 가능성을 다음과 같은 세 가지 관점에서 입체적으로 평가합니다.


● 학업 성취도: 성적이 향상되었는가? 이는 당신의 끈기와 발전 가능성을 보여 줍니다.

- 학업 태도: 누가 시키지 않아도 스스로 새로운 것을 배우려 노력했는가? 이는 당신의 자기주도성을 보여 줍니다.
- 탐구력: 수업 시간에 배운 지식에 '왜?'라는 질문을 던지고 자신만의 답을 찾아 나섰는가? 이는 당신의 지적 호기심과 잠재력을 보여 줍니다.

**[생기부 기록으로 비교하기: 무엇이 다른가?]**

**Before | 아쉬운 기록: '무엇을 배웠는지'만 나열한 기록**

"물리학 시간에 '전자기 유도'의 원리를 배우고, 패러데이의 법칙을 완벽히 이해하여 관련 문제 풀이에 뛰어난 능력을 보임."

**After | 매력적인 기록: '어떻게 성장했는지'를 보여 주는 기록**

"물리학 시간에 '전자기 유도'를 배우고 '무선 충전 기술의 효율성'에 대한 의문을 품음. (독서) 관련 서적을 통해 코일의 형태와 거리가 효율에 미치는 영향을 학습한 후, (탐구) 직접 코일을 감아 거리에 따른 충전 효율 변화를 측정하는 실험을 설계하고 수행함."

**Coaching | 선배의 코칭**

두 기록의 결정적 차이가 보이시나요? '아쉬운 기록'이 단순히 선생님이 가르쳐 준 지식을 '이해' 했다는 사실에 머무른다면, '매력적인 기록'은 그 지식에서 출발한 '나만의 질문'을 던지고, 그 답을 찾기 위해 '스스로' 탐구를 설계하고 실행하는 과정 전체를 보여 줍니다.

입학사정관은 바로 이 지점에서, 단순히 성실한 학생을 넘어, 미래의 학자로서 당신이 가진 빛나는 잠재력을 발견하게 될 것입니다.

**둘째, '진로 역량'입니다.**

이것은 단순히 장래희망을 적어 내는 것이 아닙니다. 대학은 당신의 3년간의 여정이 하나의 목적지를 향한 항해였는지, 다음과 같은 세 가지 관점에서 입체적으로 평가합니다.

- **전공 관련 교과 이수 노력:** 당신의 항해를 위해 어떤 '뱃길(선택과목)'을 스스로 선택했는가?

이는 당신의 목표 의식과 준비성을 보여 줍니다.

● **전공에 대한 관심과 이해:** 그 항해를 위해 어떤 '지도(관련 독서)'를 불태우며 읽었는가? 이는 당신의 학문적 진정성을 보여 줍니다.

● **진로 탐색 활동과 경험:** 1학년의 막연한 호기심이 3학년의 구체적인 탐구로 '성장'했는가? 이는 당신의 발전 가능성을 보여 줍니다.


**[생기부 기록으로 비교하기: 무엇이 다른가?]**

**Before | 아쉬운 기록: '관심 있음'만 보여 주는 기록**

"컴퓨터공학자를 희망하며, 파이썬 동아리 활동에 성실히 참여함. C언어와 파이썬의 문법적 차이점에 대해 조사하여 발표함."


**After | 매력적인 기록: '관심을 증명'하는 기록**

"컴퓨터공학자를 희망하며, **(컨셉)** '알고리즘을 통한 사회 문제 해결'이라는 목표를 설정함. **(동아리)** 파이썬을 학습하여 '교내 급식 대기 시간 단축을 위한 최적 경로 알고리즘'을 **개발**하고, 그 실효성을 데이터로 **검증함.**"


**Coaching | 선배의 코칭**

이번에는 어떤 차이가 느껴지시나요? '아쉬운 기록'은 그저 '관심이 있다'고 말만 하고 있습니다. 마치 "저는 요리사가 꿈이에요"라고 말하면서, 정작 요리는 한 번도 해 보지 않은 사람과 같습니다.

반면, '매력적인 기록'은 자신의 꿈을 증명하기 위해, 스스로 '컨셉'을 세우고 구체적인 '프로젝트'를 직접 실행에 옮겼습니다. 자신의 관심사를 실제 결과물로 만들어 내는 과정, 이것이 바로 대학이 '진로역량'을 통해 확인하고 싶은 당신의 뜨거운 진심입니다.


**셋째, '공동체역량'입니다.**

대학은 혼자 빛나는 별이 아니라, 함께 할 때 더 밝게 빛나는 별자리를 찾고 있습니다. 이것은 단순히 '회장' 경험을 묻는 것이 아닙니다. 당신이 공동체의 일원으로서 어떤 사람인지, 다음과 같은 구체적인 행동으로 평가합니다.

- **협업과 소통 능력:** 조별 과제에서 갈등이 생겼을 때, 당신은 어떤 역할을 했는가? 이는 당신의 문제 해결 능력과 소통 능력을 보여 줍니다.
- **나눔과 배려:** 자신만의 지식을 친구들과 나누기 위해 먼저 손 내민 적이 있는가? 이는 당신의 이타적인 태도를 보여 줍니다.
- **리더십:** 모두가 꺼리는 일을 묵묵히 맡아 해결했던 경험이 있는가? 이는 당신의 책임감과 진정한 리더십을 보여 줍니다.

**[생기부 기록으로 비교하기: 무엇이 다른가?]**

**Before | 아쉬운 기록: '무엇을 했다'고 주장하는 기록**

"학급 회장으로서 리더십을 발휘하여 학급을 잘 이끌었으며, 조별 과제에서 팀원들과 협력하는 모습을 보임."

**After | 매력적인 기록: '어떻게 했는지'를 보여 주는 기록**

"조별 과제 중, 자료 조사 방향에 대한 의견 충돌이 발생하자, 양측의 주장을 경청하고 각 아이디어의 장단점을 표로 정리하여 객관적으로 비교하는 토론의 장을 제안함. 합의된 결론을 바탕으로 명확한 역할 분담을 주도하여, 팀워크를 회복하고 프로젝트를 성공적으로 완수하는 데 기여함."

**Coaching | 선배의 코칭**

마지막 기록에서는 무엇이 다를까요? '아쉬운 기록'은 '회장'이라는 직책 뒤에 숨어, 자신이 무엇을 했는지 구체적으로 보여 주지 못합니다.

반면 '매력적인 기록'은 직책이 없어도, 공동체가 문제에 부딪혔을 때 가장 먼저 나서서 듣고, 대안을 제시하며, 동료들을 이끌었던 구체적인 행동을 보여 줍니다. 이것이 바로 대학이 직책의 화려함보다 더 중요하게 생각하는, 함께 성장할 줄 아는 인재의 진짜 모습입니다.

이제 이 세 가지 평가요소를 기준으로, 왜 '성장 스토리'가 평범한 '스펙 리스트'를 압도하는지, 다음 소주제에서 본격적으로 증명해 보겠습니다.

**※ 참고: 서울대학교의 평가요소**

서울대학교는 '학업 능력, 학업 태도, 학업 외 소양'이라는 독자적인 용어를 사용하지만, 그 평가 내용은 사실상 위 3대 평가요소와 대동소이합니다. 예를 들어, 서울대의 '학업 태도'는 3대 평가요소의 '자기주도성'과 '탐구력'을, '학업 외 소양'은 '공동체역량'을 종합적으로 평가하는 것과 유사합니다. 따라서 이 책에서 제시하는 3대 평가요소 중심의 전략은 서울대를 포함한 모든 대학에 효과적으로 적용될 수 있습니다.


**참고 자료**
- **「5개 대학 학생부종합전형 공동연구」** (건국대, 경희대, 연세대, 중앙대, 한국외대)
- **각 대학 발간 「학생부종합전형 가이드북」** (서울대학교, 고려대학교 등)
- **대입정보포털 「대학어디가」** (adiga.kr)


**[1-2 : Summary]**

1. (학업역량) 대학은 높은 "성적"을 가진 학생보다, 자신만의 "질문"을 가진 학생을 더 궁금해한다.

2. (진로역량) 하나의 "꿈"을 3년간 유지하는 것보다, 그 꿈을 찾아가는 "과정"을 보여 주는 것이 더 중요하다.

3. (공동체역량) "리더"라는 직책이 리더십을 보장하지 않는다. 진정한 리더십은 공동체를 위한 "역할"과 "기여"의 기록에서 드러난다.


## 1-3. 스펙 리스트 vs. 성장 스토리: 무엇이 합격을 결정하는가?


**(1) 당신의 생기부는 '목록'입니까, '지도'입니까?**

1학년을 마친 당신이, 담임 선생님과의 상담 시간에 앉아있다고 상상해 봅시다. 선생님은 당신의 1학년 생기부 초안을 보며 이렇게 묻습니다.

"성실하게 학교생활을 했구나. 동아리 활동도 열심히 했고, 교내 대회 수상도 있고, 독서도 꾸준히 했네. 그런데 선생님이 궁금한 건 말이야, 이 활동들 사이에 어떤 연결 고리가 있을까? 이걸 전부 다 한 이유를 하나의 이야기로 설명해 줄 수 있겠니?"

머릿속이 하얘집니다. '연결 고리라니? 그냥 다 중요해 보여서, 열심히 했을 뿐인데...'

많은 학생들이 바로 이 지점에서 당황합니다. 우리는 각 활동에 쏟은 노력과 시간을 인정받고 싶어 하지만, 그것들을 하나로 묶어 줄 '접착제'를 준비하지 못했습니다. 그 결과, 우리의 생기부는 보물들이 가득 담겨 있지만 어디로 가야 할지 알려 주지 않는 "보물 목록(List)"이 되어 버립니다. 하지만 대학이 보고 싶어 하는 것은, 하나의 목표를 향해 나아가는 과정이 그려진 "보물 지도(Map)"입니다.

이것이 바로 이번 소주제에서 우리가 명확히 구분해야 할 두 가지 개념, "스펙 리스트"와 "성장 스토리"의 차이입니다.

- **스펙 리스트:** 당신이 '무엇을 했는지(What)'에 대한 사실들을 나열한 기록입니다. 흩어져 있는 점들의 집합과 같습니다.
- **성장 스토리:** 당신이 '왜(Why) 그 일을 시작했고, 그 과정에서 어떻게(How) 성장했는지'를 보여 주는 서사입니다. 그 점들을 의미 있는 선으로 연결한 그림과 같습니다.

지금 당신의 생기부는 목록에 가깝나요, 지도에 가깝나요?

(2) 자기소개서가 사라진 시대, 유일한 무기 '생기부 스토리'

과거 대입에서는 자기소개서라는 중요한 서류가 있었습니다. 학생들은 자기소개서를 통해 생기부에 미처 다 담지 못한 활동의 동기와 과정, 배우고 느낀점을 직접 설명할 수 있었습니다. 흩어져 있던 활동이라는 구슬들을 '저의 꿈은 OOO입니다'라는 끈으로 꿰어 낼 마지막 기회가 있었던 셈이죠.

하지만 이제 자기소개서는 일부 대학교를 제외하고는 사라졌습니다. 이것은 단순히 제출 서류가 하나 줄었다는 의미가 아닙니다. 이제 **생활기록부 자체가 자기소개서의 역할까지 모두 수행해야 한다는 뜻**입니다. 생기부의 모든 문장이, 모든 기록이 당신의 동기와 성장 과정을 스스로 증명해야 하는 시대가 온 것입니다.

**한 입학사정관은 이렇게 말합니다.** "이제 생기부의 모든 기록은 '사실 기록'을 넘어 '자기소개'의 기능을 해야 합니다. '과학 동아리 활동을 함'이라는 기록만으로는 부족합니다. 그 기록이 '나는 과학의 대중화에 기여하고 싶은 학생이다'라는 메시지를 전달할 수 있어야 하죠. 생기부 자체가 한 편의 설득력 있는 자기소개서가 되어야 합니다.”

이처럼 당신의 이야기를 들려줄 유일한 무기가 된 생활기록부. 이제 우리는 이 무기를 어떻게 갈고닦아야 할지, 구체적인 사례를 통해 그 결정적 차이를 확인해 보겠습니다.


(3) 사례로 보는 결정적 차이: 구슬과 목걸이

여기 미디어커뮤니케이션학과를 지망하는 두 학생의 2학년 핵심 활동이 있습니다. 두 학생 모두 성실하고 재능 있는 학생입니다. 하지만 그들의 생기부는 평가자에게 전혀 다른 인상을 줍니다.


**학생 A (스펙 리스트): 흩어진 구슬들**
● **동아리:** 신문방송부 차장으로 활동하며 학교 축제 기사 작성.
● **수상:** 교내 토론대회 ‘청소년의 SNS 사용’ 주제로 참여하여 우수상 수상(수상내역 미반영).
● **독서:** 『미디어 리터러시』, 『생각의 탄생』 등 미디어 및 창의성 관련 서적 독서.
● **자율활동:** 학교 홍보 영상 제작팀에 참여하여 촬영 보조 역할 수행.


A학생의 활동은 모두 훌륭합니다. 하지만 각 활동은 개별적으로 빛나는 구슬처럼 흩어져 있습니다. 신문방송부 활동, 토론대회, 독서, 영상 제작이 각각 어떤 관계인지, 학생이 어떤 큰 그림을 그리고 있는지 명확히 보이지 않습니다.


**학생 B (성장 스토리): 하나의 목걸이**
● **탐구의 시작(독서):** 1학년 말, 『미디어 리터러시』를 읽고 ‘가짜뉴스’가 청소년들에게 미치는 심각성에 문제의식을 느낌.
● **문제의 심화(동아리):** 신문방송부에서 ‘교내 가짜뉴스 실태’에 대한 설문조사를 기획하고, 그 결과를 바탕으로 심층 분석 기사를 작성함.
● **대안 모색(토론):** 기사 작성 과정에서 느낀 문제의식을 바탕으로, ‘청소년의 미디어 정보 분별력 강화 방안’을 주제로 교내 토론대회에 참여.
● **솔루션 제시(자율활동):** 토론에서 제시했던 아이디어를 실천으로 옮기기 위해, ‘가짜뉴스 판별법’을 주제로 한 3분짜리 캠페인 영상을 직접 기획하고 제작하여 학교 SNS에 게시함.

어떤가요? B학생의 활동은 A학생과 거의 동일하지만, "가짜뉴스 문제 해결"이라는 하나의 명확한 끈으로 모든 구슬이 꿰어져 아름다운 목걸이가 되었습니다. 그의 모든 활동은 우연이 아닌 필연이 됩니다. 독서에서 시작된 문제의식이 기사 작성, 토론, 그리고 최종적으로는 영상 제작이라는 구체적인 결과물로 심화되고 확장되는 **성장의 과정**이 한눈에 그려집니다.

(4) 입학사정관의 책상: 무엇이 기억에 남는가

밤 10시, 입학사정관 고선생님의 책상에는 오늘도 수십 명의 학생들의 생기부가 쌓여 있습니다. 비슷한 동아리, 비슷한 진로활동, 비슷한 독서… 대부분의 기록들은 머릿속에서 희미하게 섞여 들어갑니다. 그는 기계적으로 서류를 넘기다 A학생의 생기부를 봅니다. '음, 성실하군. 다방면에 재능이 있네.' 그리고 다음 장으로 넘어갑니다.

그때, B학생의 생기부가 눈에 들어옵니다. 고선생님은 서류를 넘기던 손을 멈춥니다. 글자들의 나열이 아닌, 한 편의 짧은 다큐멘터리가 머릿속에 그려지기 시작합니다. 가짜뉴스에 분노하고, 친구들과 머리를 맞대고 밤새워 영상을 편집하는 한 학생의 모습이 눈앞에 생생하게 펼쳐집니다. 고선생님은 생기부 한쪽에 작은 별표를 칩니다. '이 학생은, 만나서 직접 이야기를 들어 보고 싶다.'

이것이 바로 스토리의 힘입니다. 입학사정관은 당신의 모든 활동 뒤에 숨어 있는 질문을 던집니다. **"So What?(그래서 뭐?)"**, "신문방송부 활동을 했다고? 그래서 뭘 배웠는데?" "진로 탐구 보고서를 작성했다고? 그래서 그게 너에게 어떤 의미인데?"

스펙 리스트는 이 질문에 답해 주지 못합니다. 하지만 성장 스토리는 입학사정관이 묻기도 전에, 모든 활동의 의미와 가치를 스스로 증명해 냅니다.

(5) 당신의 활동을 '스토리'로 재구성하는 첫걸음

아마 당신은 이렇게 생각할지도 모릅니다. "저는 B학생처럼 처음부터 저렇게 치밀하게 계획하지 못했어요. 이미 해 버린 활동들인데, 어떻게 하죠?"

괜찮습니다. 대부분의 학생이 그렇습니다. 중요한 것은 과거가 아니라, 지금부터 당신의 활동을 **'스토리'의 관점으로 재해석하고, 앞으로의 활동을 연결해 나가는 것**입니다.

지금 당장, 노트를 한 장 꺼내 봅시다. 지난 학기 동안 했던 가장 의미 있는 활동 3가지를 적어 보세요. 그리고 그 활동들 사이에 화살표를 그어 보세요. 억지로라도 좋습니다. 첫 번째 활동이 두 번째 활동에 어떤 영향을 주었는지, 두 번째 활동을 통해 생긴 의문이 세 번째 활동으로 어떻게 이어졌는지, 단 한 문장이라도 좋습니다. 그 연결 고리를 찾는 작은 시도, 그것이 바로 당신의 흩어진 구슬들을 목걸이로 만들기 위한 위대한 첫걸음입니다.

당신에게는 이미 충분히 아름다운 구슬들이 있습니다. 당신의 노력, 당신의 시간, 당신의 땀방울이 담긴 소중한 구슬들이죠. 다음 소주제(1-3)부터는 그 구슬들을 꿰어 낼 가장 단단하고 빛나는 끈, 당신만의 '컨셉'을 찾는 여정을 함께 시작하겠습니다.


**[Expert's Voice: 현직 입학사정관]**

"저희는 점들의 나열이 아니라, 그 점들을 연결하는 학생의 고유한 시각과 성장 과정을 보고 싶습니다. 화려한 활동 목록보다, 하나의 활동이라도 왜 했는지, 무엇을 배웠는지를 보여 주는 스토리가 훨씬 더 설득력 있습니다."


**[1-3 : Summary]**

1. 자기소개서가 사라진 시대, 생기부 자체가 한 편의 '성장 스토리'가 되어야 한다.
2. '스펙 리스트(흩어진 구슬)'는 기억에 남지 않지만, '성장 스토리(꿰어진 목걸이)'는 설득력을 갖는다.
3. 나의 모든 활동에 "왜?"라는 질문을 던지고, 그 연결 고리를 찾는 것이 스토리텔링의 시작이다.


## 1-4. 3년의 활동을 꿰뚫는 '나만의 컨셉'은 어떻게 만드는가?

(1) '컨셉'에 대한 가장 큰 오해: "저는 아직 꿈이 없는데요?"

앞선 소주제를 읽고 고개를 끄덕이면서도, 마음 한구석이 답답해진 학생이 분명 있을 겁니다.

"스토리가 중요하다는 건 알겠어요. 그런데 저는 아직 의사나 외교관, 선생님처럼 명확한 꿈이 없는데, 대체 무슨 컨셉을 잡으라는 거죠?"

매우 자연스럽고, 또 지극히 정상적인 고민입니다. 이제 막 세상에 대한 시야를 넓혀 가는 고등학생에게 3년 뒤, 혹은 10년 뒤의 진로를 단정하라는 것만큼 폭력적인 요구는 없을 겁니다. 만약 '컨셉 잡기'가 '직업 정하기'와 같은 말이었다면, 저는 이 소주제(1-3)를 쓰지 않았을 겁니다

우리가 만들 '컨셉'은 당신의 미래를 족쇄처럼 가두는 '목적지'가 아닙니다. 오히려 망망대해 같은 입시의 바다에서 당신이 길을 잃지 않도록 방향을 알려 주는 "나침반"입니다. 나침반이 가리키는 방향을 따라가다 보면 처음 생각했던 A항구가 아닌, 더 멋진 B항구에 도착할 수도 있습니다. 괜찮습니다. 중요한 것은 표류하지 않고, 자신만의 의지를 가지고 꾸준히 나아갔다는 사실 그 자체입니다.

컨셉이란 '나는 ○○○이 될 거야'라는 단정적인 구호가 아닙니다. '나는 ○○○라는 방향으로 나아가며 세상을 탐구해보고 싶어'라는, 당신의 "지적 호기심의 방향성"을 정의하는 일입니다. 이 나침반만 있다면, 당신의 모든 활동은 더 이상 흩어진 점이 아니라 하나의 방향을 가리키는 의미 있는 화살표가 될 것입니다.

(2) 첫 번째 단서: 당신의 마음이 끌리는 곳

나만의 컨셉을 찾기 위한 첫 번째 단계는, 거창한 세상의 문제가 아니라 당신의 가장 깊은 '내면'에서부터 시작해야 합니다. 위대한 탐험은 항상 내 안의 작은 질문에서 출발하니까요. 잠시 조용한 시간을 갖고, 당신의 마음속 보물 지도를 펼쳐 봅시다.

**1) 당신의 '지적 호기심'은 어디를 향하는가?** 성적이나 입시를 떠나, 순수하게 당신의 지적 즐거움을 채워 주는 것은 무엇인가요?

● 어떤 과목을 공부할 때 유독 시간이 빨리 가고, "아, 이 부분은 더 파고들어 보고 싶다"는 생각이 드나요? (수학 공식을 증명할 때? 역사 속 인물의 서사를 따라갈 때? 과학 실험의 변수를 통제할 때?)
● 수업 시간에 배운 개념 중, 유독 당신의 머릿속을 떠나지 않고 맴도는 질문이 있나요?
● 책, 다큐멘터리, 유튜브, 뉴스 기사... 어떤 주제의 콘텐츠를 볼 때 가장 가슴이 뛰나요?

**2) 당신의 '문제 해결 욕구'는 무엇을 향하는가?** 당신은 세상의 어떤 '불편함'에 마음이 움직이나요? 세상을 더 나은 곳으로 만들고 싶다는 당신의 선한 의지는 어디를 향하고 있나요?

● 학교나 동네에서 '저건 좀 비효율적인데, 이렇게 바꾸면 더 좋을 텐데'라고 생각했던 것이 있

나요? (점심시간의 긴 대기 줄, 비효율적인 분리수거 시스템 등)

● 뉴스를 볼 때마다 유독 마음이 아프고, '내가 어른이 되면 저 문제는 꼭 해결하고 싶다'고 다짐
  하게 되는 사회적 이슈가 있나요? (환경 문제, 사회적 약자 소외, 교육 불평등 등)

**3) 당신의 '타고난 재능'은 무엇인가?** 당신은 어떤 일을 할 때 가장 '당신다워'지나요? 남들보다 수
월하게, 그리고 더 즐겁게 해내는 것은 무엇인가요?

● 복잡하게 흩어진 정보들을 논리적으로 분석하고 정리하는 것을 잘하나요?
● 다른 사람의 이야기에 깊이 공감하고, 그들의 마음을 움직이는 글을 쓰는 것을 잘하나요?
● 무언가를 상상하고, 그것을 그림이나 영상, 모델로 만들어 내는 것을 잘하나요?

이 질문들에 대한 당신의 답들이 바로 컨셉을 만들기 위한 첫 번째 단서, 당신만의 "원석(Raw
Stone)"입니다.

(3) 두 번째 단서: 세상의 지도와 나의 관심사 연결하기

내 안에서 발견한 원석들을 이제 세상이라는 더 넓은 지도 위에 올려놓아 봅시다. 나의 개인적인
관심사가 실제 세상의 어떤 학문, 어떤 이슈와 연결될 수 있는지 탐색하는 과정입니다. 이 과정을
통해 당신의 막연한 호기심은 훨씬 더 구체적이고 세련된 '주제'로 발전하게 됩니다.

다음은 당신의 원석을 세상과 연결하는 몇 가지 구체적인 방법입니다.

● **대학교 학과 홈페이지 탐방:** 관심 있는 학과 홈페이지에 들어가 '교수진 소개'와 '연구 분야'를
  살펴보세요. 당신이 막연하게 '화학'이라고 생각했던 관심사가 '나노 촉매 연구', '유기 태양전
  지 소재 개발' 등 얼마나 구체적인 분야로 나뉘는지 알게 되면 시야가 폭발적으로 넓어집니다.
● **관련 다큐멘터리/유튜브 채널 시청:** 관심 분야의 최신 다큐멘터리(넷플릭스, BBC 등)나 깊이
  있는 지식을 다루는 유튜브 채널(사물궁이, 1분 과학, 슈카월드 등)은 복잡한 개념을 이해하
  고 최신 트렌드를 파악하는 데 길잡이가 되어 줍니다.
● **전문가 인터뷰 및 칼럼 읽기:** 당신이 흥미를 느끼는 분야에서 일하는 사람들은 어떤 고민을

하고, 어떤 일을 할까요? 관련 분야의 전문가 인터뷰나 칼럼을 찾아 읽는 것은 당신의 막연한 동경을 구체적인 현실로 만들어 줍니다.

예를 들어, 막연히 '친구들의 심리'에 관심이 많았던 학생이 이 과정을 통해 '인지심리학'과 '행동 경제학'이라는 학문을 발견하고, '인간의 비합리적 선택을 마케팅에 활용하는 방안'이라는 구체적인 주제로 자신의 관심사를 발전시킬 수 있습니다.

(4) 마침내, 당신만의 '컨셉'을 문장으로 정의하라

이제 모든 준비가 끝났습니다. 내면 탐색을 통해 찾은 '나의 원석'과 외부 탐색을 통해 발견한 '세상의 지도'를 결합하여, 당신의 정체성을 보여 주는 단 한 문장의 '컨셉 스테이트먼트(Concept Statement)'를 만들 시간입니다.

다음 공식을 활용하면 조금 더 수월하게 문장을 만들 수 있습니다.

**[나는 OOO라는 세상의 문제/분야에 대해] + [OOO라는 나만의 강점/방식으로] + [탐구하고 기여하고 싶은 학생이다.]**

이 공식에 맞춰 만들어진 몇 가지 예시를 살펴볼까요?

**(공학계열)** "저는 **급격한 기후 변화로 인한 에너지 위기라는 문제에 대해, 기계공학의 열역학 원리와 데이터 분석 능력**을 활용하여 **차세대 신재생에너지 시스템의 효율을 최적화하는 방안을 탐구**하고 싶은 학생입니다."

**(인문계열)** "저는 **기술 발전으로 인해 소외되는 노인 세대의 문제**에 대해, **세대 간의 공감대를 형성하는 스토리텔링 능력**을 바탕으로 **그들의 삶을 기록하고 사회와 연결하는 미디어 콘텐츠를 기획**하고 싶은 학생입니다."

**(자연계열)** "저는 **인류를 위협하는 바이러스의 출현이라는 현상**에 대해, **분자생물학적 지식과 통계적 분석 능력**을 융합하여 **바이러스의 변이 과정을 예측하는 수학적 모델을 연구**하고 싶은 학생입니다."

어떤가요? 이 문장들 속에는 학생의 관심 분야뿐만 아니라, 그 문제를 해결하기 위해 어떤 도구와 방식을 사용할 것인지에 대한 "자기 인식"과 "전략"이 담겨 있습니다. 이 한 문장이 바로 앞으로 당신의 모든 활동을 하나로 묶어 줄 강력한 나침반, 당신만의 컨셉입니다.

### (5) 컨셉은 진화한다: 1학년의 씨앗, 3학년의 나무

한 가지 중요한 사실을 덧붙이고 싶습니다. 당신이 오늘 정의한 컨셉이 3년 내내 절대 불변의 법칙처럼 고정될 필요는 없습니다. 오히려 훌륭한 컨셉은 활동과 탐구를 통해 더욱 정교하게 '진화'합니다.

- **1학년 (씨앗):** "저는 환경 문제에 관심이 많습니다." (넓고 막연함)
- **2학년 (줄기):** "저는 환경 문제 중에서도 '도시 쓰레기 문제'를 해결하고 싶습니다." (탐구를 통해 구체화됨)
- **3학년 (나무):** "저는 '도시 쓰레기 문제'를, '데이터 분석을 통한 최적의 수거 경로 설계'라는 방식으로 해결하는 도시공학자가 되고 싶습니다." (해결 방식까지 구체화됨)

그러니 처음부터 너무 완벽한 컨셉을 만들려고 애쓰지 마세요. 일단 당신의 심장을 뛰게 하는 방향으로 나침반을 설정하고, 탐험을 시작하세요. 길을 걷다 보면 더 흥미로운 샛길을 발견할 수도 있고, 가려던 길이 막혀 새로운 길을 개척하게 될 수도 있습니다. 그 모든 과정이 바로 당신의 생기부를 풍성하게 만드는 성장의 이야기가 될 것입니다.

**[Expert's Voice: 현직 교사]**

"컨셉이 있는 학생은 학년이 올라갈수록 눈빛부터 달라집니다. 모든 활동에 '자기만의 이유'가 생기기 때문이죠. 2학년 때 갑자기 물리 동아리에서 경제 보고서를 쓰는 학생이 있어요. 뜬금없어 보이지만, '빅데이터로 사회 현상을 분석한다'는 컨셉을 가진 학생이었죠. 그런 활동이 진짜 깊이가 있는 겁니다."

[1-4 : Summary]

1. 컨셉은 '직업'을 정하는 것이 아니라, 나의 '지적 호기심의 방향성'을 설정하는 나침반이다.

2. 나만의 컨셉은 '내면 탐색(나의 원석)'과 '외부 탐색(세상의 지도)'의 결합을 통해 만들어진다.

3. 훌륭한 컨셉은 고정불변이 아니라, 탐구와 활동을 통해 더욱 구체적으로 '진화'한다.

## 1-5. [워크시트] 나의 강점과 호기심에서 합격 키워드 발견하기

(1) 당신의 마음속에 숨겨진 보물을 찾아서

지금까지 이번 장(章)의 앞선 소주제들을 통해 우리는 왜 '성장 스토리'가 중요한지, 그리고 그 스토리를 이끌어 갈 '컨셉'이라는 나침반이 왜 필요한지에 대해 충분히 이야기 나누었습니다. 아마 당신의 머릿속은 새로운 생각들로 가득 차 있을 겁니다. 동시에, '그래서 내 컨셉은 도대체 뭘로 해야 하지?'라는 막연한 두려움이 살짝 고개를 들고 있을지도 모릅니다.

괜찮습니다. 지극히 당연한 과정입니다. 위대한 탐험가도 처음부터 보물 지도를 손에 쥐고 출발하지는 않았습니다. 낡은 기록, 희미한 단서, 그리고 무엇보다 '저 너머에는 무엇이 있을까?'라는 자기 안의 목소리를 따라 한 걸음씩 내디뎠을 뿐입니다.

이번 소주제(1-4)는 당신이 마음속에 숨겨진 보물을 찾기 위한 첫걸음을 떼도록 돕는, 당신만의 '보물 지도 그리기' 안내서입니다. 정답을 맞혀야 하는 시험지가 아니니 부담 갖지 마세요. 세상에 '틀린' 컨셉이란 없습니다. 오직 '진짜 나'와 가깝거나, 혹은 멀리 있을 뿐입니다.

가장 편안한 자세로 앉아 잠시 눈을 감아 보세요. 입시의 무게, 성적에 대한 압박감, 주변의 기대를 잠시 내려놓고, 오롯이 당신 자신에게만 집중하는 시간을 갖는 겁니다. 이 워크시트는 당신이 지난 10여 년간 살아오면서 마음속에 차곡차곡 쌓아 온 생각과 감정의 조각들을 발견하고, 그것들을 연결하여 당신만의 별자리를 만드는 과정입니다. 준비가 되었다면, 이제 펜을 들고 당신의 마음을 탐험하는 여행을 시작해 봅시다.

(2) 워크시트: 나의 합격 키워드 발견하기

**[STEP 1] 나의 관심사 지도 그리기 (My Interest Map)**

*이 단계의 목표는 성적이나 입시의 유불리를 떠나, 순수하게 '나'라는 사람을 즐겁게 하고 몰입하*

게 만드는 것들이 무엇인지 발견하는 것입니다. 사소해도 좋으니, 솔직하게 적어 보세요.

1. **가장 즐거운 수업 시간**: 성적이 잘 나오는 과목이 아니라, 수업 내용 자체가 흥미로워서 선생님의 농담 하나 놓치기 싫었던 과목은 무엇인가요? (3가지) 그 이유는 무엇인가요?

2. **나를 사로잡은 콘텐츠**: 최근 1년간 가장 재미있게 읽은 책, 인상 깊게 본 영화나 다큐멘터리, 시간 가는 줄 모르고 정주행한 유튜브 채널은 무엇인가요? 그것들의 공통점은 무엇일까요?

3. **나도 모르게 찾아보는 정보**: 쉬는 시간이나 잠들기 전, 나도 모르게 검색하거나 찾아보는 정보의 분야는 무엇인가요? (예: 최신 IT 기기, 아이돌 그룹의 세계관, 역사 속의 숨겨진 이야기, 특정 스포츠팀의 전술 분석 등)

▶ 작성 후, 위 답변들에서 반복적으로 등장하는 단어나 주제에 동그라미를 쳐 보세요. 그것이 당신의 '관심사 키워드' 후보입니다.


## [STEP 2] 나의 재능 목록 만들기 (My Talent Inventory)

이 단계의 목표는 당신의 강점을 발견하는 것입니다. 자신을 과소평가하지 마세요. 당신이 당연하게 여기는 것이 남들에게는 특별한 재능일 수 있습니다. '잘하는 것'뿐만 아니라 '하면서 즐거움을 느끼는 행동'을 떠올려 보세요.

1. **다른 사람에게 받은 칭찬**: 친구, 가족, 선생님에게 "너는 참 OO을 잘해"라고 칭찬받았던 경험을 구체적으로 떠올려 보세요. 어떤 상황에서 어떤 칭찬을 들었나요?

2. **스스로 인정하는 강점**: 다른 건 몰라도 '이것만큼은 내가 자신 있다'고 생각하는 것은 무엇인가요? (예: 복잡한 문제의 핵심을 꿰뚫어 보는 것, 친구들의 갈등을 잘 중재하는 것, 계획을 세우고 꾸준히 실천하는 것 등)

3. **즐거움을 느끼는 '행동'**: 무엇을 '할 때' 가장 즐겁고 에너지가 솟아나나요? (예: 분석하기, 발표하기, 글쓰기, 만들기, 공감하기, 가르쳐 주기, 질문하기, 정리하기 등)

▶ 위 답변들을 종합하여 당신을 설명하는 '재능 키워드(강점 동사)'를 3~5개 적어보세요.

**[STEP 3] 나의 질문 노트 채우기 (My Question Notebook)**

*이 단계의 목표는 당신의 지적 호기심과 문제 해결 욕구가 어디를 향하고 있는지 확인하는 것입니다. '정답'을 찾는 것이 아니라, 당신을 계속 생각하게 만드는 '질문'을 찾는 과정입니다.*

1. **학교 안에서의 질문:** 수업을 듣거나 교과서를 읽다가, "왜 그럴까?", "다른 방법은 없을까?"라며 꼬리에 꼬리를 물었던 질문이 있나요?

2. **세상을 향한 질문:** 뉴스를 보거나 사람들의 이야기를 들으며, "저 문제는 왜 해결되지 않을까?", "더 좋은 방법이 있을 텐데"라며 안타까움을 느꼈던 사회 문제나 불편함이 있나요?

3. **미래를 향한 질문:** 앞으로 10년 뒤, 세상이 어떻게 변해 있을지 상상해 볼 때, 당신의 마음을 가장 두근거리게 만드는 기술이나 변화는 무엇인가요? 그 속에서 당신은 어떤 역할을 하고 싶나요?

▶ *당신의 머릿속을 맴도는 질문들을 종합하여, 당신이 궁극적으로 해결하고 탐구하고 싶은 '주제 키워드'를 찾아보세요.*

(3) [작성 예시] '나미래' 학생은 어떻게 키워드를 찾았을까?

막막하게 느껴지는 당신을 위해, 가상의 '나미래' 학생이 이 워크시트를 어떻게 작성했는지 함께 따라가 봅시다. 나미래 학생은 건축학과 진학을 막연하게 꿈꾸고 있습니다.

**STEP 1: 관심사 지도**

1. **수업:** 미술(공간 드로잉), 세계지리(도시별 특징 비교), 기하(도형의 원리)
2. **콘텐츠:** 건축 다큐멘터리 'Abstract: The Art of Design', 유튜브 채널 '건축학개론', 잡지 'SPACE'
3. **검색 정보:** 동네의 예쁜 카페 인테리어, 오래된 골목길 사진, 친환경 건축 기술

▶ *관심사 키워드 후보: #공간, #도시, #디자인, #건축, #자연*

**STEP 2: 재능 목록**

**1. 칭찬:** 미술 선생님께 "공간을 입체적으로 상상하고 표현하는 능력이 좋다"는 칭찬을 들음.

**2. 강점:** 복잡한 생각을 그림이나 모델로 시각화하여 명료하게 표현하는 것을 잘함.

**3. 즐거움:** 무언가를 상상하고(Imagining), 설계하고(Designing), 직접 만들어 볼 때(Building) 가장 즐거움.

▶ *재능 키워드: #시각화하다, #설계하다, #만들다, #공감하다*

**STEP 3: 질문 노트**

**1. 학교:** "왜 우리 학교 건물은 이렇게 답답하고 비효율적인 동선으로 지어졌을까?"

**2. 세상:** "왜 새로 짓는 아파트 단지는 모두 똑같이 생겼을까? 장애인이나 노인들이 살기에는 너무 불편해 보인다."

**3. 미래:** "기후 변화 시대에, 에너지를 낭비하지 않으면서도 인간적인 공간을 만들 수는 없을까?"

▶ *주제 키워드 후보: #인간소외, #지속가능성, #에너지효율, #커뮤니티*

**STEP 4: 키워드 조합해 보기**

● [관심사: 도시, 공간] + [재능: 설계하다] + [질문: 인간소외 문제] → **"획일적인 도시 공간 속에서 소외되는 사람들을 위해, 공동체를 활성화하는 공간을 설계하고 싶다."**

**STEP 5: 나의 최종 키워드 3가지 선정**

1. #인간중심

2. #공간디자인

3. #지속가능성

(4) 이제 당신은 자신만의 나침반을 가졌습니다

워크시트를 모두 작성한 당신에게 축하의 박수를 보냅니다. 쉽지 않은 과정이었을 겁니다. 지금 당신의 노트에 적힌 키워드들은 결코 가볍지 않습니다. 그것은 당신이 지난 10여 년간 살아온 삶의 궤적이자, 세상을 바라보는 당신만의 시선이며, 앞으로 나아갈 길을 비추는 등대입니다.

물론, 이 키워드들이 당장 완벽할 필요는 없습니다. 앞으로 2년의 시간 동안 더 많은 것을 배우고 경험하며 이 키워드들은 더욱 단단해지고 정교하게 진화할 것입니다. 중요한 것은 이제 당신에게 모든 활동을 꿰뚫을 '중심축'이, 길을 잃지 않게 도와줄 '나침반'이 생겼다는 사실입니다.

이것으로 책의 1장을 마무리합니다. 당신은 이제 완전히 새로운 관점과 강력한 무기를 손에 쥐었습니다. 이어지는 2장에서는 이 나침반을 가지고, 본격적으로 당신만의 보물 지도를 그려 나가는 구체적인 항해술을 배우게 될 것입니다.


**[1-5 : Summary]**

1. 나의 컨셉 키워드는 내 안의 '관심사', '재능', '질문'의 교차점에서 탄생한다.

2. 워크시트는 정답을 찾는 시험이 아니라, 나 자신을 발견하는 탐험의 과정이다.

3. 최종 키워드는 당신의 모든 활동을 하나로 묶어 주고 방향을 제시하는 '나침반'이 될 것이다.

**1. 성장 스토리의 중요성:**

합격하는 생기부의 핵심은 스펙의 '나열'이 아닌, 자신만의 '성장 스토리'를 보여 주는 것이다.

**2. 스토리를 이끄는 컨셉:**

성공적인 스토리를 위해서는 3년을 이끌어 갈 '나만의 컨셉'을 설정해야 한다. 이는 '직업'을 고정하는 것이 아니라, 탐구를 통해 계속해서 '진화'하는 '지적 호기심의 방향성'이다.

**3. 컨셉 발견의 출발점:**

나만의 컨셉과 키워드는 외부의 정보가 아닌, 자신의 내면(강점, 호기심, 질문)을 깊이 탐색할 때 비로소 발견할 수 있다.

**4. 기록을 넘어선 기획:**

따라서 생기부는 수동적으로 '기록'하는 것이 아니라, 자신만의 컨셉을 가지고 능동적으로 '기획'하는 3년짜리 프로젝트다.

**[연결되는 평가요소]** #진로역량 #학업역량

**[설명]** 제1장에서 배우는 '컨셉'과 '키워드' 설정은, 학생의 '진로 역량(전공에 대한 관심과 이해)'을 보여 주는 가장 근본적인 첫걸음입니다. 또한, 자신만의 스토리를 '기획'하려는 태도 자체가 '학업 역량(자기주도적 학습 태도)'의 시작을 의미합니다.

1학년을 마친 겨울방학, '윤슬기' 학생의 책상 위에는 지난 1년간의 활동이 담긴 생기부 초안이 놓여 있었다.

생물 동아리에서 열심히 작성한 관찰 일지, 미술 시간에 칭찬받았던 포스터 디자인, 친구들의 고민을 들어 주며 뿌듯했던 또래 상담 활동까지. 하나하나 떼어 놓고 보면 모두 의미 있는 시간들이었다. 하지만 전체를 한눈에 본 순간, 슬기는 어딘가 모를 답답함을 느꼈다.

"이 활동들 사이에 무슨 관계가 있지? 이걸로 내가 어떤 사람인지 설명할 수 있을까?"

마치 멋진 구슬들을 잔뜩 모아 두었지만, 그것들을 꿰어낼 실이 없는 기분이었다. 생물학자, 디자이너, 상담사… 그녀의 관심사는 여러 갈래로 흩어져 막연한 안개처럼 떠다닐 뿐이었다.

**바로 그때, 슬기는 이 책의 제1장을 만났다.**

1-1의 '김성실' 학생 이야기는 마치 자신의 이야기 같아 얼굴이 화끈거렸다. '아, 나도 그냥 성실한 스펙 수집가였구나.' 1-3의 '구슬과 목걸이' 비유는 그녀의 답답함의 원인을 명확하게 보여 주었다. 자신에게는 아직 구슬을 꿰어 낼 '끈(스토리)'이 없다는 사실을 인정한 순간, 오히려 마음이 편안해졌다.

가장 큰 변화는 1-5의 워크시트를 작성하면서 시작되었다. 슬기는 떨리는 마음으로 펜을 들고, 자신의 마음속을 탐험하기 시작했다.

**[윤슬기 학생의 워크-시트 요약]**

- **관심사 지도:** 그녀는 자신이 생물의 '생태' 자체보다, 동물이 특정 환경에서 '어떻게 행동하고 반응하는지'에 더 큰 흥미를 느낀다는 것을 발견했다. 또한, 미술 활동에서는 단순히 예쁜 것을 그리는 것보다, 복잡한 정보를 한눈에 알아보기 쉽게 정리하는 '인포그래픽'이나 '직관적인 디자인'에 더 큰 희열을 느낀다는 것을 깨달았다.
- **재능 목록:** 친구들은 그녀에게 "관찰력이 좋다", "이야기를 잘 들어 주고 핵심을 잘 파악한다"는 말을 자주 했다. 그녀의 재능 키워드는 '관찰하다', '공감하다', '구조화하다'였다.
- **질문 노트:** 그녀의 질문 노트에는 이런 것들이 적혀 있었다. "왜 어떤 스마트폰 앱은 설명서 없

이도 쓰기 편하고, 어떤 앱은 이렇게 복잡할까?", "사람들은 왜 온라인에서 그렇게 쉽게 오해하고 상처받을까?"

**마침내, 흩어졌던 점들이 연결되기 시작했다.**

슬기는 깨달았다. 자신이 진짜 관심 있었던 것은 생물, 디자인, 상담이라는 개별 분야가 아니었다. 그녀는 **'인간이라는 존재가 세상을 어떻게 인식하고(인지), 정보를 처리하며, 더 나은 방식으로 상호작용(인터랙션)할 수 있을까'**라는 더 큰 질문을 품고 있었던 것이다. 생물 관찰은 '행동 패턴'을 이해하는 것이었고, 디자인은 '효율적인 소통'을 위한 도구였다.

**그녀는 마침내 자신의 첫 번째 나침반이 되어줄 3개의 키워드를 노트에 적었다.**

### 윤슬기의 최종 키워드 3가지

1. #인간중심
2. #인지
3. #디자인

워크시트를 마친 슬기는 더 이상 불안하지 않았다. 그녀는 이제 자신의 흩어진 구슬들을 꿰어 낼 단단한 실을 손에 쥐었다. 앞으로 남은 2년의 시간 동안, 이 키워드들을 따라 탐험하며 자신만의 별자리를 그려 나갈 생각을 하니, 처음으로 고등학교 생활이 설레기 시작했다.

# 컨셉 설계와 심화: 나만의 이야기, 뼈대를 세우고 깊이를 더하다

훌륭한 로그라인(제1장)은 영화의 방향을 결정하지만, 그것만으로 관객의 마음을 사로잡는 명작이 되지는 않습니다. 아무리 좋은 주제라도, 엉성한 플롯과 평면적인 캐릭터로는 감동을 줄 수 없기 때문입니다.

제2장은 당신의 한 줄짜리 아이디어를, 3년의 시간을 관통하는 탄탄한 "시나리오"로 발전시키는 **'시나리오 집필(Screenwriting)'** 단계입니다. 이 장에서는 "진로 희망 로드맵"으로 이야기의 전체 구조를 잡고, "키워드 연결 고리"로 당신만의 캐릭터를 설정하며, "전략적 독서"를 통해 그 깊이를 더하는 구체적인 방법들을 배우게 될 것입니다.

이 장이 끝날 때, 당신의 손에는 3년의 촬영을 이끌어 갈, 깊이와 매력을 모두 갖춘 당신만의 시나리오 초고가 들려 있을 것입니다.

## 2-1. 매력적인 학생부의 첫 단추: 진로 희망 구체화 전략

### (1) '진로 희망'이라는 이름의 압박감

새 학년, 새 학기가 시작되면 우리는 어김없이 서류 한 장을 마주하게 됩니다. 바로 '학생 기초 조사서'. 그리고 그 안에서 우리를 가장 망설이게 하는 칸, **'진로 희망'**.

"뭐라고 써야 하지?"

볼펜을 든 손이 허공에서 멈칫합니다. '의사'라고 쓰기엔 아직 확신이 없고, '경영인'이라고 쓰기엔 너무 막연합니다. 주변 친구들은 이미 컨설팅이라도 받은 듯 '뇌과학 연구원', '데이터 기반 마케터'처럼 그럴싸한 직업명을 적어 냅니다. 그럴수록 마음은 점점 더 조급해지고, 결국 작년과 똑같은 직업을 적어 내거나, 그나마 가장 점수에 맞춰 갈 수 있을 것 같은 학과와 관련된 직업을 적어 넣고 맙니다.

이 압박감, 비단 당신 혼자만 느끼는 것이 아닙니다. 대한민국 고등학생이라면 누구나 겪는 통과 의례와도 같습니다. 하지만 우리는 이제 이 진로 희망 칸이 '미래의 직업을 예언하는 공간'이 아니라, "나의 탐구 방향성을 선언하는 전략적 공간"이라는 사실을 깨달아야 합니다.

입학사정관은 당신이 1학년 때 결정한 진로 희망을 3학년 때까지 바꾸지 않는 '일편단심'을 보고 싶어 하지 않습니다. 오히려 그들은 당신의 진로 희망이 3년에 걸쳐 **어떻게 고민하고, 탐구하고, 방황하며 '성장'하고 '구체화'되는지** 그 역동적인 과정을 보고 싶어 합니다. 또한, 생기부에 작성된 진로 희망은 입사관들에게 보이지 않습니다. 1학년 때의 막연한 꿈이, 2학년의 탐구를 거쳐, 3학년의 구체적인 목표로 발전하는 모습이야말로 가장 매력적인 성장 스토리이기 때문입니다. 그러니 두려워 마세요. 진로 희망은 정답이 아니라, 당신의 호기심이 이끄는 대로 그려 나가는 한 편의 탐험 지도입니다.


(2) '점'이 아닌 '선'으로, '직업'이 아닌 '분야'로

그렇다면 어떻게 이 탐험 지도를 그려 나가야 할까요? 많은 학생들이 저지르는 가장 큰 실수는 진로 희망을 '직업명'이라는 하나의 "점(Dot)"으로 생각하는 것입니다. '의사', '프로그래머', '변호사'… 하지만 이런 접근은 스스로를 좁은 틀에 가두게 될 위험이 큽니다.

대신, 당신의 진로 희망을 "분야(Field)"라는 넓은 "선(Line)"으로 생각의 틀을 바꾸어 봅시다.

예를 들어, 막연히 '의사'가 되고 싶다는 생각은 다음과 같이 훨씬 더 넓고 유연한 분야로 확장될 수 있습니다.

- **생명 현상의 근본 원리를 탐구하는 '기초 의과학 분야'**
- **데이터와 AI를 활용하여 질병을 정복하는 '의료 데이터 사이언스 분야'**
- **사회 시스템을 통해 건강 불평등을 해결하는 '공중 보건 정책 분야'**

어떤가요? '의사'라는 직업명에 갇혀 있을 때보다 훨씬 더 많은 탐구의 가능성이 열리지 않나요? 이렇게 분야로 접근하면, 설령 나중에 의사가 아닌 다른 꿈을 꾸게 되더라도 당신이 3년간 쌓아 온 탐구의 과정은 결코 무의미해지지 않습니다. '의료 데이터 사이언스'를 탐구했던 경험은 훗날 금융 분야의 데이터 사이언티스트나 인공지능 윤리학자로 꿈이 바뀌더라도 당신만의 강력한 무기가 되

어 줄 것입니다.

(3) 진로 구체화 3단계 깔때기 모델: 막연함에서 명확함으로

이제 당신의 막연한 호기심을 구체적인 진로 방향성으로 발전시키는 실용적인 도구를 소개해 드리겠습니다. 바로 "3단계 깔때기 모델"입니다. 넓은 관심사에서 출발하여 점점 더 구체적인 탐구 영역으로 초점을 좁혀 나가는 과정입니다.

### 1단계 (가장 넓은 입구): 호기심 분야 (Interest Field)

- 제1장(1-5)의 워크시트를 통해 찾은 당신의 핵심 키워드와 관심사를 바탕으로, 가장 마음이 끌리는 **넓은 학문/산업 분야**를 정의합니다.

*(예시) 생명과학, IT/컴퓨터, 사회문제, 인간 심리, 국제관계, 환경/에너지*

### 2단계 (중간): 문제 영역 (Problem Area)

- 1단계에서 정한 넓은 분야 속에서, 당신이 "특별히 해결하고 싶거나 깊이 파고들고 싶은 구체적인 '문제 영역'"을 찾아 냅니다.

*(예시) (생명과학 분야에서) → 암 정복, (IT 분야에서) → 정보 보안, (사회문제 분야에서) → 교육 불평등*

### 3단계 (가장 좁은 출구): 기여 방식 (Contribution Method)

- 2단계에서 찾은 문제를, **당신만의 강점과 방식으로 어떻게 해결하고 기여하고 싶은지** 그 '방법론'을 정의합니다. 이것이 당신의 컨셉과 직결되는 가장 중요한 부분입니다.

*(예시) (암 정복 문제를) → '신약 개발'을 통해, (정보 보안 문제를) → 'AI 알고리즘'을 통해, (교육 불평등 문제를) → '정책 연구'를 통해*

이 3단계를 거치면, "저는 의사가 되고 싶어요"라는 막연한 선언은 "저는 **(1단계)생명과학 분야**에서 **(2단계)암을 정복하는 문제**에, **(3단계)새로운 항암 치료제를 개발하는 방식**으로 기여하고 싶습니다"라는, 훨씬 더 구체적이고 깊이 있는 진로 희망으로 발전하게 됩니다.

(4) 학년별 진화 로드맵: 성장을 보여 주는 최고의 전략

'3단계 깔때기 모델'이 당신의 진로를 '정의'하는 도구였다면, "학년별 진화 로드맵"은 그 진로가 **'성장'하는 과정**을 보여 주는 전략입니다. 입학사정관에게 가장 매력적으로 보이는 것은 완성된 3학년의 모습이 아니라, 1학년의 서툰 질문이 3학년의 깊이 있는 탐구로 이어지는 그 '과정' 자체입니다.

다음은 컴퓨터공학과에 합격한 한 학생의 진로 희망 성장 과정 예시입니다.

- **1학년: 컴퓨터공학자**
  - **선언**: IT 기술 전반에 대한 넓은 호기심을 드러내는 단계.
  - **활동**: 파이썬 기초 학습, IT 관련 서적 독서 등 "탐색"에 집중.

- **2학년: 인공지능 전문가**
  - **진화**: 1학년 때의 탐색을 통해, IT 기술 중에서도 특히 '인공지능' 분야에 깊은 흥미를 발견했음을 보여 주는 단계.
  - **활동**: AI 관련 동아리 프로젝트, 데이터 분석 학습 등 '심화' 과정으로 나아감.

- **3학년: 의료 영상 진단 AI 개발 전문가**
  - **완성**: 인공지능 기술을 '의료'라는 특정 도메인 문제 해결에 적용하고 싶다는 **'융합적'**이고 **'구체적인'** 목표를 제시하는 단계.
  - **활동**: 의료 이미지 데이터 분석 보고서 작성, 기술 윤리 탐구 등 "전문성"을 드러냄.

이 학생은 3년에 걸쳐 자신의 진로 희망을 더욱 깊고, 뾰족하게 다듬어 나갔습니다. 그는 입학사정관에게 단순히 '코딩을 잘하는 학생'이 아니라, "자신만의 명확한 문제의식을 가지고 꾸준히 성장

하는 예비 공학자"라는 강력한 인상을 남겼습니다.

이제 당신의 차례입니다. 3단계 깔때기 모델로 당신의 현재 관심사를 정의해 보고, 그것이 앞으로 3년간 어떻게 진화해 나갈 수 있을지 즐거운 상상을 시작해 보세요. 당신의 진로 희망 칸은 더 이상 부담스러운 백지가 아닌, 당신의 멋진 성장 계획을 펼쳐 보일 가장 흥미진진한 무대가 될 것입니다.

**[2-1 : Summary]**

1. 진로 희망은 '직업'을 맞히는 예언이 아니라, 나의 '탐구 방향성'을 보여 주는 전략이다.
2. 진로 희망은 '점(직업)'이 아닌 '선(분야)'으로 생각해야 탐구의 가능성이 넓어진다.
3. '3단계 깔때기 모델'을 통해 나의 관심사를 구체적인 진로 방향성으로 발전시킬 수 있다.
4. '학년별 진화 로드맵'은 당신이 꾸준히 성장하는 인재임을 보여 주는 가장 강력한 스토리텔링 전략이다.

## 2-2. 흩어진 활동들을 하나의 스토리로 엮는 '키워드 연결 고리'

**(1) 점들을 연결하면 별자리가 된다**

밤하늘을 올려다본 적 있나요? 수없이 많은 별들은 그저 제각각의 위치에서 빛을 내고 있을 뿐입니다. 그 자체로는 어떤 의미도, 이야기도 없습니다. 하지만 옛사람들은 그 흩어진 별들 사이에 가상의 '선'을 그어 '북두칠성'이라는 국자를, '오리온자리'라는 용맹한 사냥꾼을 만들어 냈습니다. 무질서한 점들의 집합에 '이야기'라는 선을 연결하는 순간, 그것은 비로소 의미 있는 '별자리'가 된 것입니다.

당신의 생활기록부도 이와 같습니다. 당신이 3년간 수행하는 수많은 활동들은 밤하늘의 별과 같습니다. 동아리, 봉사, 독서, 발표… 각각의 별은 나름의 빛을 내지만, 그 자체로는 흩어져 있는 '점'일 뿐입니다. 입학사정관은 그 흩어진 별들의 목록을 보고 싶어 하지 않습니다. 그들은 당신이 어떤 선을 그어, 당신만의 고유한 별자리를 만들어 냈는지를 보고 싶어 합니다.

그렇다면 그 가상의 선은 무엇일까요? 바로, 우리가 제1장(1-4)의 워크시트를 통해 찾아낸 당신의 "핵심 키워드"입니다. 이 키워드들이야말로 당신의 모든 활동을 하나로 꿰어 의미 있는 별자리,

즉 '성장 스토리'로 만들어 줄 가장 강력한 "연결 고리"입니다.

### (2) 당신의 키워드는 '만능 열쇠'다

당신이 찾아 낸 3개의 핵심 키워드를 다시 한번 노트에 적어 보세요. 이 키워드들은 단순히 당신을 수식하는 형용사가 아닙니다. 앞으로 당신이 마주할 모든 교과목과 활동의 문을 열 수 있는 "만능 열쇠(Master Key)"입니다.

많은 학생들이 "저는 경영학과에 가고 싶은데, 과학 탐구 활동은 어떻게 연결해야 할지 모르겠어요"와 같은 고민을 합니다. 각 활동을 개별적인 칸막이 안에 가두어 생각하기 때문입니다. 하지만 당신에게 '키워드'라는 만능 열쇠가 있다면, 어떤 문이든 열고 들어갈 수 있습니다.

예를 들어, 당신의 핵심 키워드 중 하나가 "#데이터"라고 해 봅시다. 이 키워드 렌즈를 통해 세상을 바라보면, 모든 과목이 데이터와 연결될 수 있습니다.

- **국어 시간:** 윤동주 시인의 작품들을 분석하며, 특정 시대적 배경이 시어의 빈도수에 어떤 영향을 미쳤는지 **데이터**로 분석해 볼 수 있습니다.
- **역사 시간:** 조선왕조실록에 기록된 강수량 **데이터**를 바탕으로, 당시의 기후 변화가 농업 생산량과 민심에 어떤 영향을 주었는지 탐구해 볼 수 있습니다.
- **미술 시간:** 흩어진 정보를 한눈에 보여 주는 인포그래픽의 원리를 탐구하며, **데이터**를 효과적으로 시각화하는 디자인 기법을 연구해 볼 수 있습니다.
- **체육 시간:** 우리 반 학생들의 체력 측정 **데이터**를 분석하여, 가장 취약한 운동 능력을 보완하기 위한 맞춤형 운동 프로그램을 제안해 볼 수도 있습니다.

어떤가요? #데이터라는 키워드 하나만으로, 전혀 관련 없어 보이던 모든 교과목이 '나의 탐구 영역' 안으로 들어오게 됩니다. 이제 당신은 더 이상 "무슨 활동을 해야 하지?"라고 수동적으로 묻는 사람이 아닙니다. "이 수업에서 나의 키워드를 어떻게 녹여낼 수 있을까?"라고 능동적으로 질문하는 "탐구의 설계자"가 되는 것입니다.

(3) '활동의 재료'를 바꾸는 두 가지 기술

그렇다면 이 키워드 연결 고리를 실제로 어떻게 활용할 수 있을까요? 여기, 당신의 모든 활동을 '나의 이야기'라는 요리에 맞는 신선한 재료로 바꾸어 줄 두 가지 구체적인 기술을 소개합니다.

**기술 1: '뻗어 나가기 (Branching Out)' - 미래 활동을 설계하는 기술**

이것은 앞으로의 활동을 계획하는 '공격적인' 기술입니다. 학기가 시작될 때, A4 용지 한가운데에 당신의 핵심 키워드 3개를 적고 마인드맵을 그려 보는 겁니다. 각 키워드에서 가지를 뻗어 나가, 이번 학기에 듣는 주요 과목들과 연결하고, 그 안에서 할 수 있는 탐구 활동 아이디어를 미리 구상해 보는 것입니다.

- *(예시)* 핵심 키워드가 #갈등관리인 학생의 마인드맵
    - **역사:** 이순신 장군의 리더십이 임진왜란 당시 조선 수군의 내부 갈등을 어떻게 극복하게 했는가?
    - **문학:** 소설『우리들의 일그러진 영웅』을 통해 본, 권력 구조가 집단 내 갈등에 미치는 영향 분석
    - **생활과 윤리:** '롤스의 정의론'을 바탕으로 교내 동아리 예산 분배 갈등에 대한 합리적 해결 방안 모색

이렇게 학기 초에 자신만의 '탐구 지도'를 그려 놓으면, 당신은 더 이상 우연에 기대지 않고, 모든 수업과 활동을 당신의 스토리를 위한 필연적인 과정으로 만들 수 있습니다.

**기술 2: '의미 부여하기 (Framing)' - 과거 활동을 재해석하는 기술**

이미 해 버린 활동이 나의 키워드와 아무 관련 없어 보인다고 해서 좌절할 필요는 없습니다. 이 기술은 과거의 활동에 새로운 의미의 '액자'를 씌워 나의 이야기로 편입시키는 **방어적인** 기술입니다.

- *(예시)* 핵심 키워드가 #소통인 학생이, 별생각 없이 지역아동센터 내 카페에서 '음료수를 나누어 주는 봉사'를 했다고 가정해 봅시다.
    - **나쁜 프레이밍:** "지역아동센터 내 카페 봉사활동을 통해 소통의 기쁨을 느낌." (→ 평범하

고 막연함)

- ○ **좋은 프레이밍:** "지역아동센터 내 카페 봉사활동 중, 주문 오류가 잦은 원인이 메뉴판의 불친절한 디자인 때문임을 발견. 이를 개선하기 위해, 키오스크 사용이 어려운 어르신들을 위한 그림 중심의 메뉴판을 제안하고 동료들과 **소통**하여 개선안을 적용함. 이 경험을 통해 사용자 중심 **소통**의 중요성을 체득함."

어떤가요? 똑같은 활동이지만, '어떻게 의미를 부여하는가'에 따라 전혀 다른 깊이의 이야기로 재탄생했습니다. 당신의 모든 경험 속에는 키워드와 연결될 수 있는 숨겨진 의미가 반드시 존재합니다.

### (4) 당신의 별자리를 그릴 시간

이제 당신은 흩어져 있던 별들을 연결할 '선(키워드)'과, 그 선을 긋는 구체적인 '기술'까지 모두 손에 넣었습니다. 더 이상 당신의 활동들은 외로운 점으로 존재하지 않을 것입니다. 당신의 생기부라는 밤하늘 위에, 오직 당신만이 그릴 수 있는 고유한 별자리가 서서히 모습을 드러내기 시작할 겁니다.

이 키워드 연결 고리야말로 당신의 3년을 하나의 위대한 성장 서사로 만들어 줄 가장 강력한 무기입니다. 하지만 이 무기를 더욱 날카롭게 만들기 위해서는, 깊이 있는 지식과 통찰력이라는 '연료'를 꾸준히 공급해 주어야 합니다. 다음 소주제(2-3)에서는 바로 그 지적 연료를 가장 효과적으로 얻는 방법, '전략적 독서법'에 대해 함께 이야기해 보겠습니다.

**[2-2 : Summary]**

1. 나의 핵심 키워드는 흩어진 활동(점)을 의미 있는 이야기(별자리)로 만드는 '연결 고리'다.
2. 키워드는 어떤 과목, 어떤 활동이든 연결할 수 있는 '만능 열쇠'와 같다.
3. '뻗어 나가기'로 미래 활동을 설계하고, '의미 부여하기'로 과거 활동을 재해석하여 모든 경험을 나의 스토리로 만들어라.

## 2-3. 생각의 근육을 키우는 전략적 독서법

### (1) '독서활동'은 사라졌지만, '독서'는 더욱 중요해졌다

2024학년도 대입부터, 생활기록부의 '독서활동상황'란은 대학에 제공되지 않습니다. 이 소식을 듣고 많은 학생들이 "이제 책 안 읽어도 되는구나!"라며 안도의 한숨을 내쉬었을지도 모릅니다. 만약 당신도 그렇게 생각했다면, 당신은 입시의 판도를 바꾸는 가장 중요한 변화의 핵심을 놓치고 있는 것입니다.

결론부터 말하겠습니다. **'독서 목록'은 사라졌지만, 진짜 '독서'의 중요성은 그 어느 때보다 커졌습니다.**

과거의 '독서활동상황'은 사실상 '읽은 책 제목 리스트'에 불과했습니다. 학생이 그 책을 통해 어떤 고민을 했고, 어떻게 생각이 성장했는지 보여 주기에는 턱없이 부족한 공간이었죠. 하지만 이제 독서는 생기부의 특정 칸에 박제되는 활동이 아니라, 다른 모든 탐구 활동의 깊이를 더하고, 지적 호기심을 증명하는 '모든 활동의 시작점이자 재료'가 되었습니다.

생각해 보세요. 깊이 있는 세특 보고서를 쓰려면 무엇이 필요한가요? 수준 높은 동아리 프로젝트를 기획하려면 무엇이 가장 중요한가요? 바로 관련 분야의 책들을 통해 얻은 배경지식과 통찰력입니다. 이제 당신의 독서는 독서 목록 몇 줄로 끝나는 것이 아니라, **"OOO 책을 읽고 OOO에 대한 호기심이 생겨, OOO라는 주제로 심화 탐구를 진행함"**과 같이 세특과 동아리, 진로활동 등 생기부의 모든 영역에 살아 숨 쉬는 이야기가 되어야 합니다. 독서 목록이라는 '어항'은 사라졌지만, 독서는 이제 생기부 전체를 흐르는 '강물'이 되어야 하는 것입니다.

### (2) 당신은 '수집가'입니까, '탐험가'입니까?

그렇다면 어떤 독서가 '강물'이 될 수 있을까요? 많은 학생들이 독서에 대해 갖는 가장 큰 오해는 '수집가'의 관점을 취한다는 것입니다.

**'수집가(Collector)'의 서재:** 이 서재에는 인문, 사회, 과학, 예술 등 모든 분야의 '필독서'들이 보기 좋게 꽂혀 있습니다. 마치 박물관처럼, 『정의란 무엇인가』 옆에 『코스모스』가, 그 옆에는 『총, 균, 쇠』가 놓여 있습니다. 각각의 책은 매우 훌륭하고 인상적입니다. 하지만 이 책들 사이에는 아무런 연결 고리도, 대화도 없습니다. 그저 '지적으로 보이기 위한' 전시품들의 나열일 뿐입니다. 입학사정관의 눈에는 이것이 '과시적 독서'로 비칠 수 있습니다.

이제 우리는 수집가가 아닌 "탐험가(Explorer)"가 되어야 합니다.

**'탐험가(Explorer)'의 서재:** 탐험가의 서재는 일견 무질서해 보입니다. 한 권의 책에서 시작된 여정이 꼬리에 꼬리를 물고 이어져 있기 때문입니다. 그는 한 권의 책을 읽다가 발견한 작은 지도 조각(질문)을 단서 삼아, 다음 책으로, 그리고 전혀 다른 분야의 책으로 모험을 떠납니다. 그의 서재에는 책들이 서로 대화하고, 논쟁하고, 융합하며 만들어낸 그만의 '탐험 지도'가 그려져 있습니다.

대학은 당신의 화려한 소장 목록이 아니라, 당신이 어떤 지도를 그려 왔는지, 그 험난하고 흥미진진했던 탐험의 여정을 보고 싶어 합니다.


(3) 생각을 엮어 지도를 그리는 법: '꼬리물기 독서법'

당신만의 탐험 지도를 그리는 가장 효과적인 방법으로 "꼬리물기 독서법(Chain-Reading Method)"을 제안합니다. 이는 하나의 책에서 시작된 지적 호기심을 실마리 삼아, 다음 책으로 생각을 연결하고 확장해 나가는 전략적 독서법입니다.


**1단계: '앵커 북(Anchor Book)' 설정하기** - 당신의 핵심 키워드나 컨셉과 가장 맞닿아 있는, 당신의 탐험을 시작할 '기준점'이 되는 책을 한 권 정합니다. 이 책은 당신의 지적 탐험의 베이스캠프가 될 것입니다.

**2단계: '질문 실마리' 추출하기** - 앵커 북을 읽다가 당신의 마음을 가장 강하게 붙잡았던 특정 개념, 저자의 주장, 혹은 새롭게 생긴 질문 하나를 '실마리'로 추출합니다.

**3단계: '가지치기 독서'로 확장하기** - 추출한 실마리를 단서 삼아, 다음 책으로 탐험을 확장합니다. 가지치기에는 크게 세 가지 방향이 있습니다.


- **심화(Deepening):** 그 실마리에 대해 '더 깊게' 파고드는 전문 서적을 읽습니다.
- **확장(Expanding):** 그 실마리를 '다른 분야'에서는 어떻게 바라보는지, 융합적인 관점의 책을 읽습니다.
- **반론(Counter-argument):** 그 실마리에 대해 '다른 의견'을 제시하는, 비판적인 관점의 책을 읽습니다.

(4) 실제 독서 지도 그려 보기: 두 개의 탐험 여정

이 독서법이 어떻게 구현되는지, 두 가지 구체적인 탐험 여정을 따라가 봅시다.


**탐험 1: (생명과학 → 사회학 → 철학) '이타성'의 본질을 찾아서**

**1. 앵커 북:**『이기적 유전자』(리처드 도킨스)

**2. 질문 실마리:** "유전자는 이기적인데, 왜 인간을 포함한 생명체는 이타적인 행동을 할까?"

**3. 가지치기 독서:**

> ○ **심화:**『이타적 유전자』(매트 리들리) - 이타성의 진화를 사회생물학적 관점에서 더 깊이 탐구.

> ○ **확장:**『정의란 무엇인가』(마이클 샌델) - 생물학적 본능을 넘어, 인간 사회의 '정의'와 '공동선'이라는 철학적 관점에서 이타성을 고찰.


**탐험 2: (역사학 → 경제학 → 지리학) '국가의 흥망성쇠'를 탐구하다**

**1. 앵커 북:**『총, 균, 쇠』(재러드 다이아몬드)

**2. 질문 실마리:** "지리적 환경이 국가의 운명을 결정하는 가장 중요한 요소일까?"

**3. 가지치기 독서:**

> ○ **확장/반론:**『국가는 왜 실패하는가』(대런 애쓰모글루) - 지리적 요인보다 '제도'의 중요성을 강조하는 경제사학적 관점과 비교.

> ○ **심화:**『전쟁의 기원』(도널드 케이건) - 국가의 운명을 결정하는 '인간의 선택과 갈등'이라는 정치사적 관점에서 심화 탐구.


(5) 독서를 '세특'이라는 보물 상자에 담는 법

'꼬리물기 독서'의 최종 목적지는 당신의 머릿속이 아니라, 바로 **생활기록부, 그중에서도 '세특'이라는 보물 상자**입니다. 당신의 위대한 탐험 여정을 입학사정관에게 보여 줄 수 있는 유일한 공간이기 때문입니다.

당신의 독서 지도는 다음 같은 문장으로 세특에 담길 때 비로소 그 빛을 발합니다.


**(나쁜 예시)** "『이기적 유전자』,『정의란 무엇인가』를 읽고 깊은 감명을 받음."

**(좋은 예시)** "생명과학 시간에 유전의 원리를 배우고, 리처드 도킨스의 『이기적 유전자』를 읽으며 생명체의 이타적 행동의 기원에 대한 의문을 품음. 이 의문을 해결하기 위해, 사회생물학 관점의 『이타적 유전자』를 추가로 탐독하였고, 나아가 마이클 샌델의 『정의란 무엇인가』를 통해 이타성을 철학적 관점으로 확장하여 고찰함. 이 과정을 종합하여 '이기적 개체의 이타적 협력은 어떻게 가능한가'라는 주제의 보고서를 작성하여 발표함."

어떤가요? 후자는 단순히 책을 읽은 학생이 아니라, 책을 지렛대 삼아 자신의 지적 세계를 스스로 확장해 나가는 '능동적인 탐험가'의 모습을 명확히 보여 줍니다.

책은 점수를 따기 위한 도구가 아닙니다. 책은 인류 최고의 지성들을 당신의 개인 과외 선생님으로 만들어 주는 가장 위대한 스승입니다. 부디 권수와 목록의 함정에서 벗어나, 당신의 심장을 뛰게 하는 질문을 따라 지적인 모험을 떠나십시오. 그 용기 있는 여정 자체가 당신을 합격으로 이끄는 가장 확실한 지도가 될 것입니다.

**[Expert's Voice: 현직 입학사정관]**

"저희는 학생이 몇 권의 책을 읽었는지 숫자를 세지 않습니다. 저희가 보는 것은 한 권의 책에서 시작된 질문이, 어떻게 다음 책으로, 그리고 자신만의 탐구로 이어졌는가 하는 '지적 성장 과정'입니다. 얕게 읽은 열 권의 책보다, 자신만의 질문을 품고 깊이 파고든 단 한 권의 책이 훨씬 더 매력적입니다."

**[2-3 : Summary]**

1. '독서 목록'은 사라졌지만, 독서는 세특 등 모든 탐구를 위한 '핵심 재료'로서 더욱 중요해졌다.

2. 단순한 '수집가'가 아닌, 질문을 따라 지식의 지도를 그려 나가는 '탐험가'가 되어라.

3. '꼬리물기 독서법(앵커 북 → 질문 → 가지치기)'을 통해 사고의 깊이와 넓이를 동시에 확장하라.

4. 독서의 과정과 결과를 반드시 세특 등 다른 활동과 연결하여 '사고의 확장 과정'을 증명하라.

**1. 진로 희망의 재정의:**

당신의 '진로 희망'은 고정된 직업이 아니라, 탐구를 통해 계속해서 구체화하고 성장시켜 나아가는 '방향성'이다.

**2. 키워드의 전략적 활용:**

당신의 '핵심 키워드'는 모든 교과 활동과 탐구를 하나의 일관된 스토리로 엮어 주는 '만능 열쇠'로 활용해야 한다.

**3. 탐구의 깊이를 더하는 독서:**

탐구의 깊이는 '꼬리물기 독서법'을 통해 생각의 근육을 키우는 '전략적 독서'에서 나온다.

**4. 모든 것의 연결:**

진로 희망, 키워드, 독서는 각각 별개의 활동이 아니라, 당신만의 스토리를 위한 하나의 단단한 '뼈대'를 구축하는 과정이다.

**[연결되는 평가요소]** #진로역량 #학업역량

**[설명]** 제2장은 '컨셉'과 '키워드'를 통해 "진로 역량(전공 관련 탐색 노력)"의 뼈대를 세우는 핵심적인 장입니다. 또한, '전략적 독서'는 모든 심화 탐구의 기초가 되므로 "학업 역량(탐구력)"과 직결됩니다.

제1장에서 '컨셉'이라는 나침반을 손에 넣은 '윤슬기'는, 이제 제2장을 읽으며 본격적으로 자신의 항해 지도를 그리기 시작했다.

**진로 희망, '디자이너'에서 '설계자'로:** 2-1에서 배운 '깔때기 모델'은 그녀의 막연했던 꿈을 구체적인 언어로 바꾸어 주었다.

- **(1단계: 호기심 분야)** 인간의 행동과 심리, 그리고 디자인
- **(2단계: 문제 영역)** 기술 발전 속에서 발생하는 '정보 격차'와 '사용자 소외' 문제
- **(3단계: 기여 방식)** 인간의 인지적 특성을 고려한 '직관적인 시스템 설계'를 통해 그녀는 이제 자신의 진로 희망을 '시각 디자이너'가 아닌, "인간의 인지 과정을 이해하고, 모두를 위한 편리한 시스템을 설계하는 인지과학 연구원"이라고 자신 있게 설명할 수 있게 되었다.

**모든 활동을 꿰뚫는 키워드의 힘:** 2-2는 그녀에게 '만능 열쇠'를 쥐여 주었다. 그녀는 #인간중심, #인지, #디자인이라는 키워드를 가지고 2학년 활동 계획을 세우기 시작했다.

- **(정보 세특)** 학교 홈페이지의 비효율적인 메뉴 구조를 **인지심리학**의 '작업 기억 부하' 이론과 연결하여, 사용성(Usability)을 개선하는 **디자인** 방안을 제안하는 보고서를 써야겠다!
- **(미술 동아리)** 단순히 그림을 그리는 것을 넘어, 신입생들이 겪는 공간 **인지**의 어려움을 해결하기 위해, **인간중심** 원칙에 입각한 '가장 직관적인 학교 안내도'를 **디자인**하는 프로젝트를 제안해 봐야겠다!

**생각의 근육을 키우는 독서의 여정:** 마지막으로, 그녀는 2-3의 '꼬리물기 독서법'을 따라 자신만의 탐험을 시작했다.

- **(앵커 북)** 도널드 노먼의 『디자인과 인간 심리』

- **(질문 실마리)** "왜 어떤 디자인은 직관적이고, 어떤 디자인은 사용자를 혼란스럽게 만들까?"
- **(가지치기 독서)**
  - **(심화)** 『생각에 관한 생각』(대니얼 카너먼) - 인간의 비합리적 판단을 이끄는 '시스템 1, 2' 사고 과정을 심리학적으로 탐구.
  - **(확장)** 『웹 사용성 평가, 이렇게 하라!』(스티브 크룩) - 심리학적 원리가 실제 웹/앱 디자인에 어떻게 적용되는지 구체적인 사례를 학습.

2학년을 앞둔 겨울방학, 슬기의 책상 위에는 더 이상 흩어진 구슬들이 없었다. 그 자리에는 자신만의 키워드와 독서 지도를 따라, 앞으로 나아갈 길이 선명하게 그려진 한 장의 든든한 '항해 지도'가 놓여 있었다.

# 항목별 전략 실행: 설계도를 현실로, 항목별 포트폴리오 구축

탄탄한 시나리오(제2장)가 완성되었습니다. 하지만 최고의 시나리오도 배우의 연기와 감독의 연출이 없다면, 그저 종이 위의 글자에 불과합니다.

제3장은 당신의 시나리오를 실제 '장면'으로 구현하는 '프로덕션(Production)', 즉 촬영의 단계입니다. 우리는 이 장에서 "세특"을 통해 당신이라는 주인공의 지적 깊이를 보여주는 '클로즈업 씬'을 연출하고, "동아리"를 통해 동료들과 함께 문제를 해결하는 '앙상블 씬'을 촬영하며, **'자율/진로'** 활동을 통해 감독으로서 당신의 독창성을 드러내는 '시그니처 씬'을 만들어 나갈 것입니다.

이 장이 끝날 때, 당신의 **생활기록부**는 더 이상 비어 있는 칸들의 집합이 아닌, 당신의 이야기가 담긴 풍성한 **포트폴리오**로 채워지기 시작할 것입니다.

## 3-1. [세특] '수업 내용 요약'을 '지적 호기심 증명'으로 바꾸는 법

(1) 왜 지금 '세특'이 모든 것의 전부인가?

2024학년도 대입부터 학생부의 많은 항목들이 간소화되었습니다. 화려했던 수상 경력, 한때 스펙의 상징이었던 자율동아리 활동, 개인 봉사활동 실적 등은 더 이상 대입의 평가 자료로 활용되지 않습니다. 또한, **'독서활동상황'이라는 별도의 항목은 대입에 반영되지 않지만, 그 내용은 이제 창체, 세특, 행특 등에 깊이 녹여 내는 것이 더욱 중요해졌습니다.**

마치 화려한 조명과 특수효과가 모두 꺼진 텅 빈 무대와 같습니다. 이제 이 무대 위에는 오직 배우 한 명만이 남아 오롯이 자신의 연기력만으로 관객을 사로잡아야 합니다. 학생부에서 그 배우의 역할을 하는 것이 바로 '세부능력 및 특기사항', 즉 **세특**입니다.

세특은 이제 당신의 "학업적 성장"을 보여 줄 수 있는 가장 **직접적이고** 강력한 공간이 되었습니다. 창의적 체험활동(창체)에서도 물론 당신의 성장을 보여 줄 수 있지만, 교과목 수업과 직접적으로 연계하여 당신의 지적 수준이 어떻게 변화하고 심화되었는지를 보여 주는 "과정의 기록"은 오직 세특에서만 가능하기 때문입니다.

입학사정관은 이제 세특을 통해 당신의 모든 잠재력을 평가합니다. 학업 역량, 전공 적합성, 자기주도적 태도, 그리고 무엇보다 당신을 증명하는 고유한 지적 호기심이 그 평가의 핵심이 될 것입니다. 그러니 이제부터 당신의 모든 에너지를 바로 이 세특이라는 무대 위에 쏟아부을 준비를 해야 합니다. 당신이라는 주인공의 가장 빛나는 독백은 바로 이곳에서 시작되어야 합니다.

(2) 당신의 세특은 어떤 유형입니까?: 3가지 위험 신호

많은 학생들이 세특의 중요성을 알면서도, 무엇을 어떻게 해야 할지 몰라 안타까운 실수를 반복합니다. 본격적인 전략을 배우기 전에, 혹시 당신의 세특이 아래의 위험한 유형에 해당하지는 않는지 스스로 진단해 봅시다.

### 1. '성실한 앵무새' 유형

**(예시)** "물리학 수업에서 '전자기 유도'의 원리를 배우고, 패러데이의 법칙을 완벽히 이해하여 관련 문제 풀이에 뛰어난 능력을 보임. 수업 발표 시간에 공식을 명료하게 설명하여 친구들의 이해를 도움."

**진단:** 가장 흔한 유형입니다. 성실하고 착실한 학생임은 분명하지만, 선생님이 알려 준 지식을 수동적으로 '반복'하고 있을 뿐, 학생 자신의 고유한 '생각'이나 '질문'이 전혀 보이지 않습니다. 앵무새는 말을 따라 할 수는 있지만, 새로운 말을 창조하지는 못합니다.

### 2. '주제만 거창한 속 빈 강정' 유형

**(예시)** '인공지능의 미래와 인류의 과제'라는 주제로 보고서를 작성하여 제출함. 챗GPT와 같은 최신 기술 동향을 조사하고, 인공지능이 가져올 사회 변화에 대해 폭넓게 고찰함."

**진단:** 주제는 매우 흥미롭지만, 그 내용이 인터넷 검색이나 신문 기사를 요약한 수준에 그치는 경우가 많습니다. 교과서에서 배운 어떤 심화 개념과 연결되었는지, 자신만의 독창적인 분석이나 실험이 있었는지 전혀 드러나지 않습니다. 겉은 화려하지만 한 입 베어 물면 텅 비어 있는 속 빈 강정과 같습니다.

## 3. '연결 고리 없는 외딴섬' 유형

**(예시 - 경영학과 지망생의 생명과학 세특)** "생명과학 시간에 '광합성'의 원리를 배우고, 빛의 파장이 식물 생장에 미치는 영향에 대해 추가적인 실험을 설계하고 탐구함." 또는 "경영학을 지망하는 학생으로서 식물 성장의 효율성에 대해……"

**진단:** 탐구 내용 자체는 훌륭할 수 있습니다. 하지만 이 활동이 학생의 핵심 컨셉인 '경영학'과 어떤 관련이 있는지 전혀 설명되지 않습니다. 또는 생명과학 본래의 과목 성과보다는 진로에 초점을 맞춘 경우입니다. 이러한 경우는 마치 전체 별자리와 아무 상관없이 홀로 떠 있는 외딴섬처럼, 이 활동은 학생의 큰 그림에 기여하지 못하고 고립되어 버립니다.

이 세 가지 유형의 공통점은 바로 "나만의 질문"이 없다는 것입니다. 그렇다면 질문에서 시작하여 합격으로 이어지는 세특은 어떻게 만들어야 할까요?


### (3) 합격하는 세특의 공식: '호기심 성장 4단계 모델'

최고의 세특은 결코 우연히 탄생하지 않습니다. 그것은 치밀한 기획의 산물입니다. 여기, 당신의 평범한 수업 시간을 특별한 탐구의 장으로 바꾸어 줄 "호기심 성장 4단계 모델"을 소개합니다.


**1단계: 수업 안팎에서 '나만의 질문' 찾기 (Trigger)** - 모든 것은 **교실 안팎의 호기심**에서 시작됩니다. 선생님의 설명, 교과서의 문장뿐만 아니라, 잠들기 전 본 유튜브 다큐멘터리나 뉴스 기사 속에서도 탐구의 씨앗은 숨어 있습니다. 당신의 마음에 작은 파문을 일으키는 '왜?'라는 질문을 붙잡는 것이 첫 단계입니다. 이것이 당신의 모든 탐구를 촉발시키는 '방아쇠'가 됩니다.

**2단계: 질문을 '탐구 계획'으로 설계하기 (Action)** - 막연한 질문을 구체적인 '탐구 계획'으로 바꾸는 단계입니다. "이 질문에 답을 찾기 위해, 나는 어떤 책이나 논문 또는 전문 서적을 찾아볼 것인가? 어떤 작은 실험을 설계해 볼 것인가? 어떤 데이터를 분석해볼 것인가?"와 같이 구체적인 행동 계획을 세웁니다.

**3단계: 탐구를 '나의 컨셉'과 연결하기 (Connect)** - 이 탐구가 왜 '나'에게 중요한지를 증명하는 단계입니다. 2단계의 탐구 계획을 제1장(1-4)에서 찾았던 당신의 핵심 키워드와 연결합니다. "이 탐구는 나의 핵심 키워드인 #OOO에 대한 이해를 심화시키는 과정이다"라고 스스로, 그리고 선생님께 설명할 수 있어야 합니다.

**4단계: '새로운 질문'으로 마무리하기 (Evolve)** - 훌륭한 탐구는 정답을 찾고 끝나는 것이 아니라, 더 큰 질문을 낳습니다. 보고서나 발표의 마지막에, 이번 탐구를 통해 새롭게 알게 된 것과 더불어, 앞으로 더 탐구해 보고 싶은 '다음 질문(꼬리 질문)'을 제시하는 것입니다. 이는 당신의 지적 호기심이 일회성으로 끝나지 않고 계속 성장하고 있음을 보여 주는 가장 강력한 증거입니다.

(4) 과목별로 적용해 보기: 4단계 모델 실전 예시

이 4단계 모델이 각 과목에서 어떻게 구현될 수 있는지, 구체적인 사례를 개조식으로 살펴봅시다.

### 사례 1: 문학 (키워드: #공감, #심리)

● **(질문)** 소설 『아몬드』를 배우고, '주인공처럼 감정을 느끼지 못하는 사람들은 타인의 고통을 어떻게 이해할까?'라는 질문을 가짐.

● **(계획)** '사이코패스의 공감 능력에 대한 뇌과학적 연구' 논문을 찾아보고, '문학을 통한 감정 교육'의 효과에 대한 교육학 자료를 조사하기로 계획함.

● **(연결)** 이 탐구는 **#공감**이라는 나의 키워드를 문학 텍스트와 뇌과학, 교육학을 융합하여 심화시키는 과정임을 명확히 함.

● **(진화)** 발표 마지막에 "문학 작품을 활용한 서사 치료(Narrative Therapy)가 실제 심리 상담에서 어떻게 활용될 수 있을까?"라는 다음 질문을 제시함.

### 사례 2: 수학 (키워드: #최적화, #모델링)

● **(질문)** 미적분 시간에 '경사 하강법'의 원리를 배우고, '이 원리가 어떻게 인공지능의 학습에 사용될 수 있을까?'라는 호기심을 느낌.

● **(계획)** 딥러닝에서 손실 함수를 최소화하는 과정을 경사 하강법의 원리와 연결하여 설명하는 자료를 찾아보고, 간단한 파이썬 코드로 이를 시각화해 보기로 계획함.

● **(연결)** 이 탐구는 미적분학의 핵심 원리인 **'도함수와 접선의 기울기'를 활용**하여 복잡한 함수의 최솟값을 찾는 **#최적화** 과정을 **#모델링**하는 능력을 보여 주는 것임을 명확히 함.

● **(진화)** 보고서 마지막에 "경사 하강법의 지역 최소점(Local Minimum) 문제를 해결하기 위한 다른 수학적 기법들은 무엇이 있을까?"라는 다음 질문을 제시함.

## 사례 3: 생명과학 (키워드: #시스템, #상호작용)

- **(질문)** 신경계의 신호 전달 과정을 배우고, '뉴런들의 연결망, 즉 **시스템** 전체가 어떻게 유기적으로 작동하여 하나의 생각을 만들어 낼까?'라는 더 큰 질문을 가짐.
- **(계획)** 파킨슨병이 뇌의 특정 부위 뉴런 손상에서 시작된다는 사실에 주목, 미시적 문제가 전체 운동 **시스템**의 붕괴로 이어지는 **상호작용** 과정을 심층적으로 탐구하기로 계획함.
- **(연결)** 개별 요소가 아닌, 요소 간의 **#상호작용**이 전체 **#시스템**의 기능을 결정한다는 '시스템 생물학'의 관점을 체득하는 과정임을 명확히 함.
- **(진화)** 보고서 마지막에, "하나의 뉴런 손상이 뇌 전체 **시스템**에 미치는 영향을 수학적으로 **모델링**하여, 질병의 진행 속도를 예측할 수는 없을까?"라는 융합적 질문을 제시함.

## 사례 4: 사회탐구(경제) (키워드: #인센티브, #행동설계)

- **(질문)** 경제 시간에 '공유지의 비극'의 해결책으로 정부의 강제적 규제나 사유화를 배움. 하지만 '처벌이나 통제 없이, 사람들의 자발적인 행동 변화를 유도하는 더 창의적인 방법은 없을까?'라는 의문을 가짐.
- **(계획)** 행동경제학의 '넛지(Nudge)' 개념에 주목함. 강압이 아닌 부드러운 개입을 통해 사람들의 선택을 긍정적으로 유도하는 원리를 학습하고, 쓰레기통을 농구 골대 모양으로 만드는 등 실제 공공 문제 해결에 적용된 해외의 넛지 디자인 사례를 심층적으로 조사하기로 계획함.
- **(연결)** 이 탐구는 사회 문제를 해결하기 위해 법이나 제도를 바꾸는 거시적 접근을 넘어, 인간의 비합리적인 심리를 이해하고 긍정적 **#인센티브**를 **#행동설계**에 적용하는 마이크로적 접근법의 가능성을 탐구하는 과정임을 명확히 함.
- **(진화)** 발표 마지막에, "이러한 넛지 설계가 개인의 자유로운 선택을 침해하는 '조종'이 될 수 있는 윤리적 딜레마는 없는지, 그 한계는 무엇일까?"라는 다음 질문을 제시함.

## 사례 5: 화학 (키워드: #구조, #기능성)

- **(질문)** 화학 시간에 흑연과 다이아몬드가 모두 탄소(C) 원자로 이루어졌다는 사실을 배우고, '동일한 원자가 어떻게 이토록 극단적으로 다른 성질을 가진 물질을 만들어낼 수 있을까?'라는 근본적인 호기심을 가짐.

- **(계획)** 두 물질의 거시적 특성 차이가 원자 단위의 '결합 구조'와 '결정 구조'에서 비롯된다는 가설을 세움. 3D 분자 모델링 프로그램을 독학하여, 흑연의 층상 구조와 다이아몬드의 정사면체 그물 구조를 직접 시각적으로 구현하고 비교 분석하기로 계획함.
- **(연결)** 이 탐구는 '물질의 거시적 특성은 결국 원자 단위의 미시적 **#구조**가 결정한다'는 화학의 핵심 원리를 증명하고, 구조 제어를 통해 새로운 **#기능성**을 가진 물질을 만들 수 있다는 신소재 공학의 가능성을 엿보는 과정임을 명확히 함.
- **(진화)** 보고서 말미에, "흑연의 2차원적 층상 구조에서 '그래핀'이라는 신소재를 발견했듯, 다이아몬드의 3차원적 구조를 응용한다면 또 어떤 새로운 기능성 탄소 신소재를 설계할 수 있을까?"라는 다음 질문을 제시하며 탐구를 확장함.

### 사례 6: 영어 (키워드: #설득, #커뮤니케이션)

- **(질문)** 영어 시간에 마틴 루터 킹 목사의 'I Have a Dream' 연설문을 배우고 깊은 감동을 받음. '단순히 문법적으로 완벽한 문장을 넘어, 어떻게 이 연설은 수십 년이 지난 지금까지도 사람들의 마음을 움직이는 강력한 힘을 가질까?'라는 수사학적 호기심을 가짐.
- **(계획)** 연설문에 사용된 '반복법(Anaphora)', '은유법(Metaphor)', '점층법(Climax)' 등 수사학적 장치들을 분석하기로 계획함. 이를 스티브 잡스의 스탠포드 졸업 연설과 비교 분석하여, 시대를 초월하는 설득력 있는 말하기의 공통 원리를 탐구하기로 함.
- **(연결)** 이 탐구는 언어의 정보 전달 기능을 넘어, 청중의 공감대를 형성하고 행동을 이끌어 내는 **#설득**의 기술을 심층적으로 이해하는 과정임을 명확히 함. 이는 **#커뮤니케이션** 전문가라는 진로 희망과 직접적으로 연결함.
- **(진화)** 발표 마지막에, "이러한 설득의 기술이 현대 사회의 광고나 정치적 슬로건에서 대중을 현혹하기 위해 어떻게 사용되고 있으며, 우리는 미디어 소비자로서 이를 어떻게 비판적으로 수용해야 할까?"라는 다음 질문을 제시하며 미디어 리터러시로 논의를 확장함.

(5) 탐구의 깊이를 증명하는 가장 확실한 증거: '독서'

제2장(2-3)에서 우리가 함께 익혔던 "꼬리물기 독서법"을 기억하시나요? 이제 그 강력한 무기를 세특이라는 무대 위에서 어떻게 활용하여 당신의 탐구에 날개를 달아줄 수 있는지 알아봅시다.

세특 탐구에서 독서는 두 가지 핵심적인 역할을 수행합니다.

1. **탐구의 '출발점'**: 수업에서 배운 막연한 호기심을 구체적인 탐구 주제로 발전시키는 계기가 됩니다.
2. **주장의 '근거 자료'**: 나의 주장이 단순한 뇌피셜이 아니라, 학문적 근거를 바탕으로 하고 있음을 증명하는 가장 확실한 증거가 됩니다.

앞서 들었던 수학 예시를 '독서'와 연결하면 다음과 같이 훨씬 더 강력하고 구체적인 스토리가 완성됩니다.

**(업그레이드 예시) 독서가 결합된 수학 탐구의 황금 공식**

1. **(수업 내용 & 1차 독서)** 미적분 시간에 '경사 하강법'의 원리를 배움. 이후 『**수학이 필요한 순간**』이라는 책을 읽다가, 인공지능의 학습 원리가 바로 이 경사 하강법과 맞닿아 있다는 사실을 알고 강한 흥미를 느낌.
2. **(질문 구체화)** '이 수학적 원리가 어떻게 인공지능의 학습에 사용될 수 있을까?'라는 호기심을 구체화함.
3. **(2차 독서)** 이 질문을 해결하기 위해, **대학교 미적분학 교재**에서 다루는 다변수 함수의 경사 하강법 부분을 찾아보았고, '**딥러닝의 정석**'이라는 **책을 통해** 손실 함수를 최소화하는 과정을 학습함.
4. **(최종 보고서)** 학습한 내용을 바탕으로, 간단한 파이썬 코드로 경사 하강법을 시각화하고, 그 원리를 수학적으로 증명하는 보고서를 작성하여 제출함.

이처럼 당신의 독서 여정을 탐구 과정에 녹여 낼 때, 당신의 지적 성실성과 깊이는 의심할 여지 없이 증명될 것입니다.

(6) 선생님을 나의 '공동 연구자'로 만드는 법

마지막으로 가장 중요한 팁입니다. 세특의 최종 기록자는 선생님입니다. 따라서 아무리 훌륭한 탐구를 했더라도, 그 과정과 의미를 선생님께서 제대로 인지하지 못하면 아무 소용이 없습니다. 선생님을 귀찮게 해야 할 평가자가 아니라, 당신의 탐구를 지지하고 함께해 줄 "공동 연구자"로 만들어야 합니다.

**[수동적인 접근]** : 이렇게 접근하면 아쉬움만 남습니다

"선생님, 세특에 쓸 만한 거 뭐 없을까요?"

**[주도적인 접근]** : 이렇게 다가가면 가능성이 열립니다:

"선생님, 이번에 수업에서 OOO을 배우고 이런 점이 궁금해져서, 혼자서 이런 탐구를 해보려고 계획을 세워 봤습니다. 혹시 제가 세운 계획에 대해 조언해 주시거나, 참고할 만한 자료를 추천해 주실 수 있을까요?"

어떤 학생이 더 기특하고, 더 자세히 기록해 주고 싶을까요? 답은 명확합니다. 당신의 주도적인 질문과 계획은 선생님에게 당신의 잠재력을 보여 주는 가장 확실한 신호이자, 당신의 세특을 풍성하게 만들어 줄 최고의 촉매제가 될 것입니다.

**[3-1 : Summary]**

1. 세특은 당신의 '학업적 성장'을 보여 줄 수 있는 가장 직접적이고 강력한 공간이다.
2. 훌륭한 세특은 '호기심 성장 4단계 모델(질문→계획→연결→진화)'을 따른다.
3. 제2장에서 배운 '전략적 독서'는 당신의 탐구에 깊이와 신뢰도를 더하는 최고의 무기다.
4. 선생님을 평가자가 아닌 '공동 연구자'로 만들 때, 당신의 세특은 비로소 완성된다.

## 3-2. [동아리] 평범한 동아리를 '나의 전공 실험실'로 만드는 법

(1) 당신은 '손님'입니까, '주인'입니까?

2학년이 된 당신은, 작년에 이어 과학 토론 동아리 활동을 계속하기로 했습니다. 동아리 첫 모임, 부장이 올해의 활동 계획을 발표합니다. "올해 저희는 작년과 마찬가지로, 매달 과학 이슈를 하나씩 정해서 찬반 토론을 진행하겠습니다. 첫 달의 주제는 '원자력 발전'입니다."

익숙한 풍경입니다. 당신은 열심히 자료를 찾아 토론에 참여하고, 친구들의 날카로운 주장에 감탄하며 또 한 달을 보냅니다. 나쁘지 않습니다. 분명 배우는 것도 있고, 동아리 부원으로서의 의무도 다하고 있습니다. 하지만 마음 한구석의 허전함은 어쩔 수 없습니다. 이 활동이 과연 '나'의 성장과 어떤 관련이 있는지, 나의 지적 호기심을 채워 주고 있는지 확신이 서지 않습니다.

이것이 바로 동아리 활동에서 우리가 흔히 취하는 '손님'의 자세입니다. 선배들이 만들어 놓은 틀 안에서, 주어진 활동을 수동적으로 소비하는 것입니다. 손님은 편안하지만, 그 공간의 주인이 될 수는 없습니다.

이제 관점을 바꿔봅시다. 당신의 동아리는 편안히 머물다 가는 '사교 클럽'이 아니라, 당신의 아이디어를 마음껏 실험하고, 실패하고, 마침내 무언가를 창조해 내는 "나만의 전공 실험실"이자 "첫 번째 스타트업"입니다. 당신은 더 이상 손님이 아니라, 이 실험실의 방향을 결정하는 책임 연구원이자, 스타트업의 미래를 책임지는 프로젝트 매니저입니다. 당신이 '주인'이 되는 순간, 평범했던 동아리 활동은 당신의 꿈을 증명하는 가장 역동적인 무대로 변모할 것입니다.


## (2) '소속'을 넘어 '기여'로: 나만의 프로젝트 브랜딩 3단계

어떻게 동아리의 주인이 될 수 있을까요? 바로, 주어진 활동을 수동적으로 따라가는 것을 넘어, **나의 컨셉과 키워드를 담은 '시그니처 프로젝트'를 직접 기획하고 제안**하는 것입니다. '이 동아리 소속 ○○○'이 아니라, '이 동아리에서 ○○○ 프로젝트를 주도한 ○○○'으로 당신을 브랜딩해야 합니다.

다음은 당신을 동아리의 손님에서 주인으로 바꾸어 줄 "프로젝트 브랜딩 3단계"입니다.


**1단계: 씨앗 심기 - 나의 키워드와 동아리의 교집합 찾기** 모든 것은 당신의 키워드에서 시작됩니다. 당신의 핵심 키워드 3가지와 동아리의 활동 주제 사이의 '교집합'을 찾는 것이 첫 단계입니다. 예를 들어, 당신이 **시사 토론 동아리** 소속이고, 당신의 키워드가 **#환경, #데이터, "#정책**"이라고 해 봅시다. 이들의 교집합에는 어떤 프로젝트의 씨앗이 있을까요?


- '데이터로 본 대한민국 기후 변화와 에너지 정책의 미래' 토론회 개최
- '플라스틱 쓰레기 문제 해결을 위한 국내외 정책 비교 분석' R&E(과제연구)
- '교내 재활용 시스템의 문제점과 개선 방안' 정책 제안서 작성

**2단계: 싹 틔우기 - 한 장짜리 기획서로 설득하기** 머릿속의 아이디어는 구체적인 '기획서'가 될 때 비로소 힘을 갖습니다. 지도교사님과 동아리 부원들을 설득하기 위한 "한 장짜리 프로젝트 기획서"를 작성해보세요. 거창할 필요 없습니다. 다음 네 가지 질문에 답할 수 있으면 충분합니다.

- **Why? (문제 제기):** 왜 우리는 이 프로젝트를 해야 하는가?
- **What? (활동 목표):** 그래서 우리는 무엇을 알아내거나 만들어 낼 것인가?
- **How? (활동 계획):** 어떤 방법과 과정으로 진행할 것인가? (기간, 역할 분담 등)
- **Impact? (기대 효과):** 이 활동이 우리 동아리와 학교에 어떤 긍정적 영향을 줄 수 있는가? 이 한 장의 기획서는 당신이 단순히 아이디어만 던지는 사람이 아니라, 책임감 있는 기획자임을 증명하는 최고의 명함이 될 것입니다.

**3단계: 열매 맺기 - 과정 자체를 결과물로 만들기** 프로젝트의 성공 여부보다 더 중요한 것은 "과정의 기록"입니다. 입학사정관은 당신의 화려한 결과물보다, 그 결과를 만들기까지의 끈질긴 노력과 시행착오의 과정에 더 감동합니다.

- "탐구 일지"를 꾸준히 작성하세요. 팀원들과의 회의 내용, 실험이 실패했던 이유, 자료 조사를 하며 새롭게 알게 된 사실, 갈등을 해결했던 과정 등을 상세히 기록하세요. 이 탐구 일지는 훗날 생기부 기록의 가장 풍성한 재료이자, 면접에서 당신의 이야기를 뒷받침할 가장 강력한 증거가 될 것입니다.

(3) 어떤 동아리든 '나의 실험실'이 될 수 있다

"저는 이과 동아리가 아니라서, 이런 프로젝트는 어려워요." 천만에요. 당신이 어떤 동아리에 소속되어 있든, 당신의 키워드와 연결한다면 그곳이 바로 당신의 실험실이 될 수 있습니다.

지금부터 여러 동아리 사례를 통해, 평범한 활동이 어떻게 자신만의 특별한 프로젝트로 진화할 수 있는지 그 구체적인 변화를 보여 드리겠습니다. 각 사례의 "Before"와 "After"를 비교하며, 학생이 어떻게 자신만의 "키워드"를 적용하고 "주도적인 기획"을 통해 활동의 격을 높였는지 그 과정을 집중적으로 살펴보세요.

**사례 1: 역사 탐방 동아리 (키워드: #공간, #도시재생, #스토리텔링)**

- **Before (일반적인 활동):** 매년 정해진 유명 유적지를 답사하고, 인터넷에서 찾은 정보를 요약하여 보고서를 제출하는 활동에 그칩니다.
- **After (나만의 실험실로):** 자신이 사는 동네의 쇠락해 가는 '구도심'을 새로운 답사지로 직접 제안합니다.
  - **(역사 수집)** 직접 발로 뛰며 동네 어르신들을 인터뷰하고, 잊혀 가는 상점과 골목길에 얽힌 생생한 생활사를 수집합니다.
  - **(콘텐츠 제작)** 수집한 이야기들을 바탕으로, QR코드를 찍으면 관련 이야기를 읽을 수 있는 '구도심 골목길 스토리 지도'를 제작합니다.
  - **(대안 제시)** 이를 바탕으로, 구도심의 역사적 가치를 보존하면서도 상권을 활성화할 수 있는 '스토리텔링 기반 도시재생 아이디어'를 지역 커뮤니티에 제안하는 프로젝트를 주도합니다.

▶ **변화:** 단순히 과거의 역사를 '소비'하는 활동을 넘어, 현재 우리 주변의 잊혀 가는 역사를 직접 '발굴'하고, '콘텐츠'로 만들어 공유하며, 더 나아가 '도시재생'이라는 미래의 대안까지 고민하는, 살아 있는 역사학자이자 도시 기획자로서의 역량을 보여 주었습니다.


**사례 2: 오케스트라 동아리 (키워드: #심리학, #리더십, #소통)**

- **Before (일반적인 활동):** 매년 정기 연주회를 목표로, 악보를 익히고 기술적인 완성도를 높이는 파트별 연습과 합주에만 집중합니다.
- **After (나만의 실험실로):** 중요한 연주를 앞두고 단원들이 겪는 '무대 불안(Performance Anxiety)' 문제에 주목합니다.
  - **(원인 분석)** '연주 불안에 영향을 미치는 심리적 요인'에 대한 논문을 찾아 분석하며, 과도한 경쟁과 부정적 피드백이 문제의 원인임을 진단합니다.
  - **(솔루션 제안)** 이를 해결하기 위해, 기술적 지적 대신 서로를 격려하는 '긍정적 피드백 주기' 캠페인, 합주 전 5분간 진행하는 '마음 챙김 명상 훈련' 등 심리학에 기반한 새로운 연습 방식을 제안하여 동아리 내에 적용합니다.
  - **(효과 검증)** 프로그램 적용 전후, 단원들의 불안감 지수와 연주 만족도 변화를 익명 설문조

사로 수집하고, 그 효과를 데이터로 증명하는 보고서를 작성합니다.

▶ **변화:** 단순히 악기를 연주하는 '연주자'를 넘어, 팀원들의 심리적 어려움에 **공감**하고, **심리학**적 지식을 바탕으로 문제를 해결하며, 공동체의 **소통** 방식을 개선하는 '팀 퍼포먼스 컨설턴트'로서의 리더십을 보여 주었습니다.

### 사례 3: 경제/창업 동아리 (키워드: #마케팅, #데이터, #심리학)

- **Before (일반적인 활동):** 모의 주식 투자 대회를 하거나, 학교 축제에서 단순히 떡볶이를 만들어 파는 활동에 그칩니다.
- **After (나만의 실험실로):** 교내 매점의 비효율적인 운영 방식에 주목하고, '교내 매점 활성화를 위한 마케팅 전략 제안'이라는 장기 프로젝트를 직접 기획합니다.
  - **(데이터 수집)** 전교생을 대상으로 '매점 이용 만족도 및 선호 제품'에 대한 설문조사를 실시하고, 실제 시간대별 매출 데이터를 분석하여 문제점을 진단합니다.
  - **(이론 적용)** 행동경제학의 '넛지 효과' 등 심리학적 원리를 학습하여, 학생들의 동선을 고려한 제품 재배치, 인기 상품과 비인기 상품을 묶는 번들 전략 등 구체적인 개선안을 도출합니다.
  - **(실행 및 검증)** 매점 측의 허락을 받아 특정 기간 동안 자신들의 마케팅 전략을 실제로 적용해 보고, 이전 기간 대비 매출 변화를 데이터로 비교 분석하여 최종 보고서를 작성합니다.

▶ **변화:** 단순한 경제 지식 학습을 넘어, 실제 데이터를 기반으로 문제를 진단하고, 심리학적 이론을 적용하여 마케팅 전략을 수립하고, 그 효과까지 검증하는, 살아 있는 '비즈니스 컨설팅' 프로젝트로 활동의 격을 높였습니다.

### 사례 4: 또래 상담 동아리 (키워드: #공감, #정서, #공동체)

- **Before (일반적인 활동):** 상담의 기본 원리를 배우거나, '애플 데이' 같은 일회성 행사를 진행합니다.
- **After (나만의 실험실로):** 신입생들이 새로운 고등학교 생활에 적응하며 겪는 정서적 어려움에 주목하고, '신입생 학교 적응을 위한 또래 멘토링 프로그램'을 직접 설계하고 운영하는 프

로젝트를 주도합니다.

- ○ **(문제 진단)** 먼저 신입생들을 대상으로 '학교생활의 어려움'에 대한 익명 설문조사를 실시하여, 그들이 가장 필요로 하는 도움이 무엇인지 파악합니다.
- ○ **(프로그램 기획)** 설문 결과를 바탕으로, 2학년 부원들과 1학년 신입생을 1:1로 매칭합니다. 정기적인 만남을 통해 학교생활 팁을 알려 주고 고민을 들어 주는 체계적인 프로그램을 기획하고, 효과적인 공감 대화법과 비밀 유지 원칙 등을 담은 '멘토 가이드북'을 직접 제작합니다.
- ○ **(성과 분석)** 프로그램 종료 후, 참여했던 신입생들의 학교 만족도 및 정서적 안정감 변화를 사전/사후 설문으로 비교 분석하여, 프로그램이 공동체에 미친 긍정적 영향을 객관적으로 증명합니다.

▶ **변화:** 막연한 '상담' 활동을 넘어, 실제 수요 조사를 통해 문제를 진단하고, 체계적인 프로그램을 기획·운영하며, 그 성과까지 분석하는 '사회복지 프로그램 개발' 프로젝트로 발전시켰습니다.

### 사례 5: 교육 봉사 동아리 (키워드: #교육, #격차, #시스템)

- **Before (일반적인 활동):** 매주 지역아동센터에 방문하여 아이들의 숙제를 일대일로 도와주는 활동을 반복합니다.
- **After (나만의 실험실로):** 일회성 숙제 지도로는 아이들의 근본적인 학습 결손을 메울 수 없다는 문제의식을 느끼고, '학습 부진 아동을 위한 맞춤형 교육 콘텐츠 개발' 프로젝트를 제안합니다.
  - ○ **(원인 분석)** 몇 주간 아이들을 가르치며, 아이들이 공통적으로 어려워하는 수학 개념(예: 분수의 나눗셈)이 학습 격차의 핵심 원인임을 진단합니다.
  - ○ **(콘텐츠 개발)** 딱딱한 문제집 풀이 대신, 아이들이 놀이를 통해 분수의 원리를 체득할 수 있는 '분수 피자 만들기' 보드게임과 같은 구체적인 학습 교구를 직접 개발합니다.
  - ○ **(지속가능성 확보)** 자신만 사용하는 것에 그치지 않고, 교구 활용법을 담은 간단한 매뉴얼을 만들어 다른 봉사자들이나 센터 선생님들도 지속적으로 활용할 수 있는 작은 시스템을 구축합니다.

▶ **변화:** 단순한 '노력 봉사'를 넘어, 문제의 근본 원인을 진단하고, 창의적인 교육 콘텐츠를 개발하며, 지속가능한 시스템까지 고민하는 '교육 혁신' 프로젝트로 활동의 가치를 심화시켰습니다.

어떤가요? 이 학생들의 놀라운 변화가 보이시나요?

평범했던 역사 동아리는 쇠락한 구도심에 활기를 불어넣는 도시 기획 연구소가 되었습니다. 시끄럽기만 하던 오케스트라 동아리는 단원들의 마음을 보듬는 팀 퍼포먼스 심리상담실이 되었습니다. 단순히 물건을 팔던 경제 동아리는 교내 매점의 매출을 끌어올리는 비즈니스 컨설팅펌으로 변신했습니다. 막연했던 또래 상담 동아리는 신입생들의 학교 적응을 체계적으로 돕는 사회복지 프로그램 개발실이 되었습니다. 그리고 평범했던 교육 봉사 동아리는 아이들을 위한 혁신적인 교구를 만드는 교육 콘텐츠 스타트업이 되었습니다.

이 놀라운 변화들의 공통점은 무엇일까요? 바로 동아리의 이름이나 주어진 활동이 아니라, 그 안에서 '손님'이 아닌 '주인'이 되기를 선택한 한 학생의 주도적인 '질문'과 '기획'이 있었다는 점입니다. 학생들은 주어진 판을 그대로 따르는 대신, 자신만의 컨셉 키워드를 가지고 공동체의 문제를 해결하기 위해 스스로 새로운 판을 짰습니다.

그리고 이 행동, 이것이야말로 우리가 다음으로 이야기할 진정한 '리더십'의 시작입니다.

## (4) '감투'가 아닌 진짜 '리더십'을 보여 주는 법

많은 학생들이 '리더십'을 보여 주기 위해 동아리 부장이나 차장 같은 '감투'에 집착합니다. 물론 직책은 리더십을 발휘할 좋은 기회이지만, 직책 자체가 리더십을 증명해 주지는 않습니다. 진짜 리더십은 직책과 상관없이, 공동체의 문제를 발견하고 해결하기 위해 주도적으로 행동하는 과정에서 드러납니다.

- **문제 해결의 리더십:** "우리 동아리의 활동이 매년 똑같아서 지루해. 새로운 걸 해 보자." 문제를 제기하고, 새로운 프로젝트를 "최초로 제안"하는 것이 진짜 리더십입니다.
- **협업의 리더십:** 프로젝트 진행 중 의견 충돌이 생겼을 때, 양측의 의견을 경청하고 합리적인 대안을 제시하여 갈등을 "중재"하는 것이 진짜 리더십입니다.
- **헌신의 리더십:** 팀원들이 모두 꺼리는, 어렵고 힘든 자료 조사나 데이터 정리 같은 궂은일을

묵묵히 "자처"하여 팀의 사기를 높이는 것이 진짜 리더십입니다.

당신이 동아리에서 어떤 프로젝트를 주도했다면, 그 과정에서 발휘된 위와 같은 리더십의 순간들을 탐구 일지에 구체적으로 기록해 두세요. '부장으로서 리더십을 발휘함'이라는 추상적인 문장보다, '갈등을 중재하여 팀워크를 이끌어 냄'이라는 구체적인 사례 한 줄이 훨씬 더 강력한 힘을 가집니다.


**[Expert's Voice: 현직 교사]**

"동아리에서 어떤 직책을 맡았는지는 중요하지 않아요. 평범한 부원이었더라도, 팀의 문제를 해결하기 위해 먼저 나서서 아이디어를 내고 동료들을 설득했던 학생이 있다면, 저는 반드시 그 학생의 리더십과 성장 과정을 기록해 줍니다. 과정이 보이는 학생이 진짜입니다."


**[3-2 : Summary]**

1. 동아리는 수동적으로 머무는 '사교 클럽'이 아니라, 나의 컨셉을 실험하는 '전공 실험실'이다.
2. '소속'을 넘어 '기여'하라. 당신의 키워드를 담은 '시그니처 프로젝트'를 직접 기획하고 주도하라.
3. 어떤 동아리든 당신의 질문과 만나면 훌륭한 실험실이 될 수 있다.
4. 진짜 리더십은 '직책'이 아니라, 공동체를 위해 문제를 제기하고 해결하는 '행동'에서 나온다.


## 3-3. [자율·진로] 흩어진 활동들을 '컨셉 활동'으로 엮는 법

(1) '복사-붙여넣기' 생기부의 비극

당신의 1학년 생기부 '자율활동' 란을 한번 떠올려 봅시다. 아마 이런 기록으로 채워져 있을 가능성이 높습니다.


● 학교 축제 'OO제'에 참여하여 즐거운 시간을 보냄.
● '폭력 예방 교육' 및 '생명 존중 교육'에 진지한 태도로 임함.

'진로활동' 란은 어떤가요?

- 커리어넷 진로 적성 검사를 실시하여 자신의 흥미와 적성을 탐색함.
- '선배와의 대화' 행사에 참여하여 다양한 직업 세계에 대한 이해를 높임.

이 기록들이 잘못된 것은 아닙니다. 모두 학교생활의 소중한 일부입니다. 하지만 이 기록들 속에서 '당신'이라는 사람의 고유한 색깔을 찾아볼 수 있나요? 아마 어려울 겁니다. 왜냐하면 이 활동들은 나를 포함한 우리 학교 전교생이 똑같이 참여한 '공통 활동'이기 때문입니다.

이것이 바로 "복사-붙여넣기의 비극"입니다. 자율활동과 진로활동을 단순히 학교가 제공하는 프로그램에 '참여'하는 것으로만 생각하면, 나의 생기부는 결국 수백, 수천 명의 다른 학생들과 똑같은 내용으로 채워질 수밖에 없습니다. 이 항목들을 '기타' 혹은 '어쩔 수 없이 채워야 하는' 공간으로 여기는 순간, 당신은 자신을 차별화할 가장 중요한 기회를 놓치게 됩니다.

### (2) 당신은 '참가자'가 아닌 'PD'다

이제부터 당신은 학교 프로그램의 수동적인 '참가자'가 아니라, '나의 성장'이라는 프로그램을 직접 기획하고 연출하는 "PD(Program Director)"가 되어야 합니다. 자율활동과 진로활동은 정해진 커리큘럼이 없기에, 오히려 당신의 기획력과 주도성을 가장 자유롭게 펼쳐 보일 수 있는 최고의 무대입니다.

PD의 역할은 무엇인가요? 방송국의 정규 편성표(학교의 공식 행사)를 그대로 따르면서도, 그 사이사이에 자신만의 색깔을 담은 '특별 기획' 코너를 만들어 시청자(입학사정관)의 눈길을 사로잡는 것입니다. '우리 반 단합 활동'이라는 주어진 미션 속에서 어떻게 나만의 의미를 창출할지, '진로 탐색'이라는 막연한 과제를 어떤 구체적인 프로젝트로 완성할지, 그 모든 것을 기획하는 사람이 바로 당신입니다.

### (3) [자율활동] 공동체에 나만의 색깔을 입히는 법

자율활동은 '나'를 넘어 **'우리'라는 공동체(학급, 학년, 학교)에 어떻게 기여하는 사람인지**를 보여 주는 공간입니다. 당신의 컨셉 키워드를 공동체의 문제 해결과 연결하는 두 가지 전략을 소개합니다.

### 전략 1: '판을 까는 리더십' - 행사를 나의 무대로 만들기

학교의 공식 행사에 수동적으로 참여하는 것을 넘어, "당신의 컨셉을 담은 작은 코너나 캠페인을 직접 '기획'하고 '실행'하는 것입니다.

**(사례)** 학교 축제 준비 기간, **#환경**, "#지속가능성"이 키워드인 학생이 있었습니다. 그는 다른 학생들이 모두 즐길 거리에만 집중할 때, 축제 기간 동안 쏟아져 나올 쓰레기 문제에 주목했습니다. 그는 '쓰레기 없는 축제를 위한 업사이클링 캠페인'을 스스로 기획하여 학생회에 제안했습니다. 직접 피켓을 만들고, 각 반을 돌며 분리수거의 중요성을 홍보하고, 축제 당일에는 폐현수막을 활용한 파우치 만들기 부스를 운영했습니다.

▶ **생기부 기록 예측:** *"학교 축제에서 '쓰레기 없는 축제' 캠페인을 자발적으로 기획하고 주도함. 폐현수막을 활용한 업사이클링 부스를 운영하며, 축제를 즐기는 것을 넘어 공동체의 환경 문제 해결에 기여하는 성숙한 시민의식을 보여 줌."*

### 전략 2: '의미를 창출하는 자발성' - 작은 행동의 힘

반드시 거창한 행사일 필요는 없습니다. 학급이라는 작은 공동체 안에서 문제를 발견하고, 이를 자발적으로 해결하려는 **작은 행동 하나가 때로는 더 큰 울림**을 줍니다.

**(사례)** **#공동체**, "#정보격차"가 키워드인 학생이 있었습니다. 그는 학급의 온라인 알림장을 확인하지 못해 주요 공지를 놓치는 친구들이 많다는 사실을 발견했습니다. 그는 담임 선생님의 허락을 받아, 매일 종례 시간 후 5분을 활용하여 그날의 주요 공지사항과 다음 날 준비물을 칠판 한편에 깔끔하게 정리하는 '학급 알림판'을 자발적으로 운영하기 시작했습니다.

▶ **생기부 기록 예측:** *"학급 내 정보 전달의 비효율성을 발견하고, 이를 해결하기 위해 '학급 알림판'을 자발적으로 운영함. 사소한 문제도 그냥 지나치지 않고, 공동체의 원활한 소통을 위해 묵묵히 헌신하는 이타적인 태도와 책임감이 돋보임."*

(4) [진로활동] 탐색의 깊이를 증명하는 법

진로활동은 **당신의 관심사가 얼마나 '진심'이고, 얼마나 '전문적'인 수준으로 깊어지고 있는지**를 증명하는 공간입니다. 주어진 프로그램을 넘어, 한 발 더 나아가는 당신의 모습을 보여 주세요.


**전략 1: '정보 소비자'에서 '지식 생산자'로** 진로 강연을 듣고, 직업 박람회에 다녀오는 것은 모두 정보를 '소비'하는 활동입니다. 이제는 당신이 직접 지식을 '생산'하고 '공유'하는 단계로 나아가야 합니다.

**(사례)** 법조인이 꿈이고, **#논리**, "#정의"가 키워드인 학생이 있었습니다. 학교에서 '모의재판' 행사가 열렸습니다. 다른 학생들은 단순히 방청객으로 참여했지만, 그는 행사가 끝난 후 모의재판에 참여했던 판사, 검사, 변호사 역할의 학생들을 인터뷰했습니다. 그리고 각자의 입장에서 느낀 딜레마와 논리의 허점을 분석하여 '우리들의 모의재판, 그 후의 이야기'라는 제목의 짧은 소식지를 만들어 학급 친구들에게 공유했습니다.


▶ **생기부 기록 예측:** *"모의재판 행사에 참여한 후, 각 역할의 입장을 심층적으로 인터뷰하고 분석하여 '모의재판 리뷰 소식지'를 제작함. 현상을 수동적으로 받아들이는 것을 넘어, 자신만의 시각으로 재해석하고 지식을 공유하는 능동적인 탐구 자세를 보여 줌."*


**전략 2: '나만의 멘토'를 찾아라 - 용기 있는 질문의 가치** 당신의 궁금증이 학교의 울타리를 넘어섰다면, 세상의 전문가에게 용기 내어 질문을 던져 보세요. 그 시도 자체가 당신의 적극성과 진정성을 보여 주는 가장 확실한 증거입니다.

**(사례)** 건축가가 꿈인 '나미래' 학생은 '지속가능한 건축'에 대한 탐구를 하던 중, 한계에 부딪혔습니다. 그는 자신이 가장 감명 깊게 본 공공도서관을 설계한 건축가의 이메일 주소를 찾아, 정중하고 구체적인 질문이 담긴 메일을 보냈습니다.


● **(나쁜 질문)** "건축가가 되려면 어떻게 해야 하나요?"
● **(좋은 질문)** "○○○ 도서관의 '중정'을 통해 자연 채광을 극대화하신 설계에 깊은 감명을 받았습니다. 혹시 초기 설계 단계에서 에너지 효율과 디자인의 미학 사이에서 어떤 점을 가장 중

요하게 고민하셨는지 조언을 얻을 수 있을까요?"

▶ **생기부 기록 예측:** *'지속가능한 건축'에 대한 탐구 중 생긴 의문을 해결하기 위해, ○○○ 건축가에게 직접 이메일로 질문하여 피드백을 받는 등 자신의 지적 호기심을 해결하기 위해 경계를 넘어 적극적으로 행동하는 열정을 보여 줌."*


(5) '자기주도성'과 '진로 역량'의 최종 증명서

세특이 교과목 선생님과 함께하는 '학문적 깊이'의 증명서이고, 동아리가 친구들과 함께하는 '협업 능력'의 증명서라면, 자율활동과 진로활동은 그 누구의 도움 없이 오롯이 당신 스스로의 의지와 기획으로 채워 나가는 "자기주도성"을 바탕으로, 지원하고자 하는 분야에 대한 전문적인 관심과 발전 가능성, 즉 "진로 역량"을 증명하는 최종 증명서입니다.

이 비어 있는 캔버스를 두려워하지 마세요. 이곳이야 말로 선생님이 정해 준 주제도, 동아리의 정해진 목표도 없는, 오직 당신의 컨셉과 키워드, 당신의 색깔만을 마음껏 칠할 수 있는 가장 자유로운 공간입니다. 당신이 기획한 작은 캠페인 하나, 당신이 던진 용기 있는 질문 하나가, 당신이 얼마나 주체적으로 자신의 삶과 성장을 이끌어 가는 사람인지를 보여 주는 가장 빛나는 서명이 될 것입니다.


[3-3 : Summary]

1. 자율/진로활동은 '기타 항목'이 아니라, 당신의 주도성과 정체성을 가장 자유롭게 보여 줄 수 있는 '특별 기획' 무대다.

2. '참가자'가 아닌 'PD'의 관점에서, 학교 행사를 당신의 컨셉을 담은 무대로 직접 기획하고 연출하라.

3. 자율활동은 '공동체에 대한 기여'를, 진로활동은 '탐구의 전문적 깊이'를 보여 주는 데 집중하라.

4. 이 항목들은 당신의 "자기주도성"을 바탕으로 "진로 역량"을 보여 주는 가장 중요한 바로미터임을 기억하라.

### 1. 세특: 지적 깊이를 증명하다

'호기심 성장 4단계 모델'을 통해, 수업 내용에서 출발한 호기심을 깊이 있는 탐구로 발전시켜 학업 역량을 증명해야 한다.

### 2. 동아리: 협업과 기획력을 증명하다

수동적인 '참여자'를 넘어, 자신만의 '시그니처 프로젝트'를 직접 기획하고 주도하여 동아리를 '나의 전공 실험실'로 만들어야 한다.

### 3. 자율·진로: 주도성과 정체성을 증명하다

주어진 활동을 넘어, 자발적인 '기획'과 '연결'을 통해 공동체에 기여하고(자율), 진로 탐구의 깊이(진로)를 보여 주어야 한다.

**[연결되는 평가요소]** #학업역량 #진로역량 #공동체역량

**[설명]** 제3장은 세 가지 평가요소가 모두 드러나는 핵심적인 '실행'의 장입니다. **세특**은 "학업 역량"을, **동아리**와 **진로활동**은 "진로 역량"을, 그리고 동아리와 자율활동에서의 **협업 및 기여**는 "공동체 역량"을 증명합니다.

2학년이 된 '윤슬기'는 제2장에서 그려 놓은 자신만의 '항해 지도'를 들고 본격적인 탐험에 나섰다. 그녀에게 제3장은, 머릿속의 계획을 실제 활동으로 하나씩 증명해 나가는 '실행'의 시간이었다.

**세특, 질문의 깊이를 더하다.** 슬기는 정보 교과 시간에 '학교 홈페이지'를 분석하는 과제를 받았다. 다른 친구들이 단순히 디자인의 문제점을 지적할 때, 슬기는 제3장의 호기심 성장 모델을 적용했다.

- **(질문)** "왜 우리 학교 홈페이지는 처음 방문하는 신입생이나 학부모가 원하는 정보를 찾기 어려울까?"
- **(계획&연결)** 그녀는 제2장에서 탐구했던 "#인지심리학"의 '작업 기억 부하 이론'과 '멘탈 모델' 개념을 가져왔다. 이를 근거로 복잡한 메뉴 구조와 일관성 없는 레이아웃이 사용자의 인지적 부담을 가중시킨다는 점을 #디자인 관점에서 분석하는 보고서를 작성했다.
- **(진화)** 보고서 말미에는 "그렇다면 인지 능력이 저하된 노년층을 위한 웹사이트는 어떤 디자인 원칙을 따라야 할까?"라는 다음 질문을 던지며, 자신의 탐구를 "#인간중심"이라는 더 큰 주제로 확장시켰다.

**동아리, 나의 실험실을 만들다.** 미술 동아리에서 슬기는 제3장의 가르침대로 '손님'이 아닌 '주인'이 되기로 결심했다.

- **(프로젝트 제안)** 그녀는 "신입생들의 학교 적응을 돕기 위한 가장 직관적인 학교 안내도 디자인" 프로젝트를 제안했다.
- **(실행)** 실제 신입생들을 인터뷰하여 그들이 가장 헷갈리는 공간이 어디인지 '사용자 데이터'를 수집했다. 이를 바탕으로 기존의 복잡한 2D 지도가 아닌, 주요 건물을 아이콘화하고 동선을 색깔로 구분한 3D 형태의 '인지 지도(Cognitive Map)'를 디자인하여 큰 호응을 얻었다.

**자율/진로, 세상을 향해 손을 뻗다.** 제3장을 읽은 슬기는 자신의 관심사를 학교 밖의 실제 문제와 연결하고 싶어졌다.

- **(자율활동)** 그녀는 할머니와 병원에 갔다가, 많은 어르신들이 키오스크 앞에서 당황하는 모습을 목격했다. 그녀는 이 문제를 해결하기 위해, 어르신들의 인지적 특성을 고려한 '가장 쉬운 키오스크 UI 디자인 가이드라인'을 직접 만들어 지역 주민센터에 제안하는 개인 프로젝트를 진행했다.

2학년을 마칠 무렵, 슬기의 생기부는 더 이상 흩어진 활동들의 목록이 아니었다. 세특, 동아리, 자율활동이라는 각각의 캔버스 위에는 '인간의 인지 과정을 이해하고, 모두를 위한 디자인을 고민하는 학생'이라는 하나의 선명한 자화상이 그려져 있었다.

# 표현의 기술: 기록의 격을 높이는 마지막 한 끗

제3장의 여정을 통해, 당신의 생기부는 이제 3년간의 스토리가 담긴 다채로운 장면(활동 기록)들로 채워졌습니다. 하지만 최고의 배우가 열연한 필름 조각들도, 서투른 편집을 만나면 그저 그런 영상이 되고 맙니다. 어떤 장면을 강조하고, 어떤 순서로 연결하는가에 따라 영화의 최종적인 품격이 결정됩니다.

제4장은 당신이 촬영한 결과물들을 섬세하게 다듬어 한 편의 작품으로 완성하는 '**포스트 프로덕션(Post-production)**', 즉 편집의 기술을 다룹니다. 이 장에서는 이야기의 논리를 완성하는 "A+ 탐구 보고서 작성법"과, 모든 장면에 윤기를 더하는 "매력적인 문장 표현법"이라는 프로 편집자의 두 가지 핵심 기술을 배우게 될 것입니다.

이 장이 끝날 때, 당신의 평범했던 활동 기록들은 평가자의 시선을 사로잡는, 논리와 매력을 모두 갖춘 "결정적 한 줄"로 완성될 것입니다

## 4-1. A+ 탐구 보고서 작성을 위한 5단계 법칙

(1) 백지 앞에서 작아지는 당신에게

'탐구 보고서를 작성하시오.'

이 한 문장은 고등학생에게 가장 큰 압박감을 주는 과제 중 하나일 겁니다. 눈앞에는 새하얀 워드프로세서 화면이 깜빡이고, 머릿속은 무엇부터 시작해야 할지 모를 막막함으로 가득 찹니다. '주제는 뭘로 하지?', '서론은 어떻게 시작해야 해?', '인터넷에 있는 내용을 그냥 요약하면 되는 건가?'

수많은 질문들이 떠오르지만, 누구 하나 명쾌하게 답해 주지 않습니다. 결국 마감일에 쫓겨 부랴부랴 인터넷 자료를 짜깁기하고, 어딘가 엉성해 보이는 보고서를 제출하며 찜찜한 마음을 감추지 못했던 경험. 혹시 당신의 이야기는 아닌가요?

괜찮습니다. 글쓰기는 원래 막막한 것입니다. 특히 논리적인 근거를 바탕으로 자신의 주장을 증명해야 하는 탐구 보고서는 더욱 그렇습니다. 하지만 탐구 보고서 작성에도 분명한 '공식'과 '지도'가 존재합니다. 이번 장에서는 당신이 더 이상 백지 앞에서 작아지지 않도록, A+ 보고서로 가는 가장 확실한 5단계 길을 안내하고자 합니다. 이 5단계 법칙만 따라온다면, 당신의 보고서는 단순한 과제물을 넘어, 당신의 지적 역량을 증명하는 가장 강력한 무기가 될 것입니다.

### (2) 1단계: '나만의 질문'으로 시작하기 (주제 선정)

모든 훌륭한 탐구는 거창한 주제가 아닌, 작고 날카로운 '질문' 하나에서 시작됩니다. 많은 학생들이 '인공지능의 미래', '환경오염 문제'처럼 너무 광범위한 주제를 선택하는 실수를 저지릅니다. 이런 주제는 결코 고등학생 수준에서 깊이 있는 탐구를 할 수 없습니다.

A+ 보고서의 첫 단추는, 교과서에서 배운 지식과 나의 호기심이 만나는 지점에서 '나만의 구체적인 질문'을 찾아내는 것입니다.

### 좋은 질문을 만드는 '깔때기 기법'

- **넓은 입구 (교과서 개념):** 수업 시간에 배운 가장 흥미로웠던 개념 하나를 떠올립니다. (예: 사회·문화의 '문화 지체 현상')
- **중간 깔때기 (관심 분야 연결):** 그 개념을 나의 관심 분야와 연결합니다. (예: 스마트폰, 청소년 문화)
- **좁은 출구 (나만의 질문):** 두 가지를 결합하여 구체적이고 탐구 가능한 질문을 만듭니다.

| 구분 | Before (나쁜 주제) | After (좋은 질문) |
| --- | --- | --- |
| 사회 | 문화 지체 현상에 대한 고찰 | "10대들의 '신조어' 사용은 빠르게 변하는데, 왜 학교의 언어 예절 교육은 이를 따라가지 못할까?" |
| 과학 | 미세먼지 문제의 심각성 | "미세먼지 농도가 높은 날, 우리 학교 교실의 창문 개방 여부에 따른 실내 공기 질의 변화는 어떠할까?" |
| 수학 | 통계의 중요성 | "우리 학교 학생들의 수면 시간과 학업 성취도 사이에는 정말 유의미한 상관관계가 존재할까?" |

좋은 질문은 '탐구의 절반'이라는 말을 기억하세요. 당신의 보고서는 이제 세상에 단 하나뿐인 당신만의 것이 되었습니다.


(3) 2단계: 똑똑하게 자료 조사하기 (정보 수집)

좋은 질문을 찾았다면, 이제 그 질문에 답하기 위한 재료를 모아야 합니다. 이때, 단순히 포털 사이트의 블로그나 지식백과를 검색하는 수준에 머물러서는 안 됩니다.

**가장 먼저 기억해야 할 점은, 탐구 보고서를 위한 자료 조사가 완전히 새로운 시작이 아니라는 것입니다. 이것은 제2장(2-3)에서 시작된 당신의 '꼬리물기 독서' 여정을 심화시키는 과정입니다.** 당신의 앵커 북에서 시작된 질문, 그 질문을 파고들기 위해 읽었던 두 번째, 세 번째 책들이 바로 당신의 가장 중요한 1차 자료입니다. 이제 아래의 전문 정보원들은, 당신의 탐험 지도에 새로운 경로를 추가하고 주장에 대한 객관적인 증거를 더해줄 든든한 지원군이 되는 셈입니다.


**당신의 보고서 격을 높여 줄 전문 정보원 리스트**
- **RISS (학술연구정보서비스):** 국내 대학의 학위논문과 학술지 논문을 검색할 수 있는 최고의 사이트로 고등학생도 무료로 이용 가능합니다.
- **구글 스칼라 (Google Scholar):** 전 세계의 학술 자료를 검색할 수 있습니다. 특히 최신 해외 연구 동향을 파악하는 데 유용합니다.
- **국회도서관 / 국립중앙도서관:** 온라인으로 접속하여 방대한 양의 서적, 논문, 정부 보고서 등을 열람할 수 있습니다.
- **통계청 국가통계포털 (KOSIS):** 사회 현상에 대한 탐구를 할 때, 신뢰도 높은 국가 통계 데이터를 직접 찾아보고 활용할 수 있습니다.


**팁:** 자료를 찾을 때는 질문의 핵심 키워드 2~3개를 조합하여 검색 범위를 좁히세요. (예: '청소년 신조어 언어 예절'과 같이 핵심 단어를 띄어쓰기로 조합). 검색된 자료는 처음부터 정독하기보다, 서론과 목차, 결론을 먼저 훑어보며 나의 탐구 주제와 부합하는지 빠르게 '선별'하는 과정이 필수적입니다.

(4) 3단계: 탄탄한 설계도 그리기 (개요 작성)

재료 준비가 끝났다면, 이제 본격적으로 집을 짓기 전에 '설계도'를 그려야 합니다. 논리적인 개요 없이 글을 쓰기 시작하면, 이야기가 중구난방으로 흘러가 결국 무너지고 맙니다. 대부분의 우수한 보고서는 다음과 같은 표준 구조를 따릅니다.

**[탐구 보고서 표준 설계도]**

**1. 서론 (Introduction)**

탐구 동기 및 목적, 탐구 문제 및 범위

**2. 이론적 배경**

내 탐구와 관련된 핵심 개념이나 선행 연구들을 요약하여 소개. (내가 이만큼 공부했다는 것을 보여 주는 부분). **특히 제2장에서 다룬 당신의 '앵커 북'과 '가지치기 독서' 목록이 이 부분의 핵심적인 뼈대가 되어야 합니다.**

**3. 탐구 과정 및 방법**

**가장 중요한 부분!** 내가 어떤 순서로, 어떤 방법을 통해 질문에 대한 답을 찾아갔는지 상세히 기록. (설문조사, 실험, 문헌 연구, 인터뷰 등) 다른 사람이 이 글을 읽고 그대로 따라 할 수 있을 만큼 구체적이어야 합니다.

**4. 탐구 결과**

탐구 과정을 통해 내가 발견한 사실이나 데이터를 객관적으로 제시. (아직 나의 주관적 해석은 넣지 않음)

**5. 결론 및 제언**

탐구 결과 분석, 시사점 및 의의, 한계 및 제언

이 설계도에 맞춰, 처음부터 완벽한 문장을 쓰려고 애쓰지 마세요. 대신 각 섹션에 들어갈 내용의 **뼈대를 핵심 단어나 짧은 문장으로 먼저 메모하듯 정리**해 보는 것입니다. 이렇게 생각의 뼈대를 먼저 세우고 나면 글쓰기의 막막함이 절반 이상 사라지고, 어떤 살을 붙여야 할지 길이 명확하게 보일 것입니다.

(5) 4단계: 데이터로 주장하기 (결과 분석)

'느낌'이나 '생각'만으로 주장을 펼치는 것은 일기입니다. 탐구 보고서는 "객관적인 '데이터'로 말해야 합니다. 당신이 진행한 설문조사 결과, 실험 측정값, 문헌 자료의 통계 등은 당신의 주장을 뒷받침하는 가장 강력한 무기입니다. 그리고 이 데이터는 독자가 한눈에 이해할 수 있도록 '시각화'하는 과정이 필수적입니다.

**(좋은 예시)** "위의 [그래프 1]에서 볼 수 있듯, 창문을 닫은 교실의 이산화탄소 농도는 창문을 연 교실에 비해 평균 2.5배 높게 나타났다. **이는** 환기가 실내 공기 질에 매우 결정적인 영향을 미친다는 것을 의미하며…"

데이터는 스스로 말하지 않습니다. 데이터가 의미하는 바를 해석하고, 그것을 당신의 주장과 연결하는 것이 바로 '분석'의 핵심입니다.

(6) 5단계: '그래서 뭘 배웠나?'로 마무리하기 (결론 작성)

많은 학생들이 결론을 본론의 내용을 요약하는 것으로 착각합니다. 하지만 훌륭한 보고서의 결론은 요약 그 이상을 담아야 합니다. 그것은 바로 당신의 "성장"을 증명하는 공간입니다. 결론에서는 다음 세 가지를 반드시 보여 주어야 합니다.

1. **그래서, 답은 무엇인가?:** 당신이 1단계에서 던졌던 질문에 대한 명확한 답을 제시하세요.
2. **그래서, 이게 왜 중요한가?:** 당신의 탐구 결과가 우리(학급, 학교, 사회)에게 어떤 의미나 교훈을 주는지 설명하세요.
3. **그래서, 다음 질문은 무엇인가?:** 이번 탐구를 통해 새롭게 생긴 호기심이나 아쉬웠던 점(한계)을 솔직하게 밝히고, 앞으로 더 탐구해 보고 싶은 '다음 질문'을 던지며 마무리하세요.

마지막 '다음 질문'을 던지는 것은, 당신의 지적 호기심이 이 보고서로 끝나지 않고 계속해서 성장하고 진화하고 있음을 보여 주는 화룡점정입니다.


(7) 실전 적용: 샘플 탐구 보고서 개요 따라가기

그럼 지금까지 살펴본 5단계 법칙을 기준으로, 각 계열별 대표 주제에 대한 매력적인 "샘플 탐구 보고서 개요"를 만들어 보겠습니다. 각기 다른 주제들이 5단계 설계도를 통해 어떻게 구체적이고 논리적인 탐구 계획으로 발전하는지 그 과정을 따라가 봅시다.


## 〈샘플 탐구 보고서 개요 4선〉


### [이과] 1. 의약학 계열

● **탐구 제목:** 신경과학으로 본 침술의 통증 완화 메커니즘 연구: 동서 의학 융합의 가능성 탐색

1. **탐구 동기 및 목적:** 할머니께서 침을 맞고 통증이 완화되는 것을 보며, 침술의 과학적 원리에 대한 의문을 가짐. 한의학의 침술 효과를 현대 신경과학 관점에서 분석하여, 통합의학의 가능성을 모색하고자 함.

2. **이론적 배경:** 한의학의 경락/경혈 이론, 서양의학의 통증 전달 경로, 통증 조절에 대한 주요 과학 이론(게이트 컨트롤, 엔도르핀 분비 이론) 고찰.

3. **탐구 과정 및 방법:** 문헌 연구(RISS, 구글 스칼라), 인체 해부도와 경혈도 비교 분석, 임상시험 논문의 통증 감소 수치(VAS Score) 데이터 분석.

4. **예상 결과:** 침술 자극이 뇌의 특정 부위를 활성화시켜 내인성 통증 억제 물질(엔도르핀 등)의 분비를 촉진함을 확인. 주요 경혈점이 신경 밀집 부위와 높은 해부학적 일치도를 보일 것으로 예상.

5. **결론 및 제언:** 침술은 현대 과학으로 설명 가능한 치료법이며, 두 의학 체계의 상호 보완적 발전 가능성을 확인. 향후 뇌파(EEG), fMRI 등을 활용한 후속 연구를 제언함.


### [이과] 2. 공학 계열

● **탐구 제목:** 데이터 분석을 통한 공유 전동 킥보드의 안전 문제 진단 및 공학적 해결 방안 연구

1. **탐구 동기 및 목적:** 교내외 공유 전동 킥보드의 위험한 주행과 무분별한 주차 문제의 심각성을 인지. 이 문제를 공학적 관점에서 진단하고, 기술 기반의 실질적인 안전 강화 방안을 제시하고자 함.

2. **이론적 배경:** 개인형 이동장치(PM) 관련 도로교통법규, 사고 발생 통계, GPS 기반 지오펜싱(Geofencing) 기술, IoT 기반 안전장치 기술 동향 연구.

3. **탐구 과정 및 방법:** 교내 학생 대상 설문 조사, 등하교 시간 교문 주변 위험 주행 및 불법 주차 현장 관찰 및 '핫스팟' 지도 제작, 관련 안전 기술 탐색.

4. **예상 결과:** 낮은 헬멧 착용률과 높은 위험 주행 경험률 확인. 특정 구간(내리막길, 교차로)에서 사고 위험이 급증함을 데이터로 증명.

5. **결론 및 제언:** 교내 특정 구역 진입 시 자동으로 속도를 제한하는 지오펜싱 기술, 킥보드 자체에 헬멧을 부착하고 IoT 기술로 착용 여부를 확인하는 시스템 등 하드웨어와 소프트웨어를 결합한 다각적인 공학적 솔루션을 제안함.


### [문과] 3. 경영/경제 계열

● **탐구 제목:** OTT 플랫폼의 오리지널 콘텐츠 전략이 10대 이용자의 구독 유지 결정에 미치는 영향 분석

1. **탐구 동기 및 목적:** OTT 서비스 경쟁 심화 상황에서, '오리지널 콘텐츠'가 10대 소비자의 구독 유지(Retention)에 미치는 영향을 분석하고자 함.

2. **이론적 배경:** 구독 경제(Subscription Economy)의 개념, 미디어 산업의 락인 효과(Lock-in Effect), 콘텐츠 마케팅 전략 이론 연구.

3. **탐구 과정 및 방법:** 교내 학생 대상 설문 조사, 넷플릭스와 디즈니플러스의 전략 사례 연구, 소규모 심층 인터뷰(FGI) 진행.

4. **예상 결과:** 최초 구독은 특정 '킬러 콘텐츠'의 영향을 받지만, 장기 구독 유지는 '꾸준한 신규 공급'과 '라이브러리 다양성'에 더 큰 영향을 받는 것으로 나타날 것임.

5. **결론 및 제언:** 10대 시장 공략을 위해서는 소수의 블록버스터급 오리지널로 신규 가입을 유도함과 동시에, 꾸준히 다양한 콘텐츠를 공급하여 이탈을 방지하는 하이브리드 전략이 필수적임을 제언함.

[문과] 4. 언론/미디어 계열

● **탐구 제목:** 유튜브 뉴스 콘텐츠의 신뢰도에 대한 청소년 인식 연구: 전통 언론사와 1인 유튜버 채널의 비교를 중심으로

1. **탐구 동기 및 목적:** 또래 친구들이 주요 사회 이슈를 1인 유튜버를 통해 접하는 현상을 보며, 청소년들이 뉴스의 신뢰도를 어떤 기준으로 판단하는지 분석하고자 함.

2. **이론적 배경:** 미디어 리터러시(Media Literacy), 확증 편향(Confirmation Bias), 필터 버블(Filter Bubble) 등 미디어 이론 및 저널리즘의 기본 원칙 연구.

3. **탐구 과정 및 방법:** 특정 사회 이슈에 대한 KBS 뉴스와 유명 시사 유튜버 영상의 내용 분석, 두 영상을 시청한 후의 인식 조사(설문), 소규모 심층 인터뷰 진행.

4. **예상 결과:** 청소년들은 전통 언론사의 '객관성'보다 1인 유튜버의 '진정성'과 '쉬운 설명 방식'을 신뢰도의 중요한 기준으로 여기는 경향을 보일 것임.

5. **결론 및 제언:** 청소년들의 미디어 소비 행태 변화에 맞춰, 객관적 사실을 전달하면서도 유대감을 형성할 수 있는 새로운 뉴스 콘텐츠 개발이 필요함을 제언함. 또한, 청소년을 위한 비판적 미디어 읽기 교육 강화를 주장함.


이처럼 하나의 질문에서 시작하여, 여러분만의 논리적인 탐구 지도를 얼마든지 그려 나갈 수 있습니다.


더 구체적이고 다양한 계열별 탐구 주제 아이디어가 필요하다면, 2부 실전편의 제7장 1부(7-1), '탐구 주제: 계열별 아이디어 백과사전'을 참고하십시오. 이 아이디어들을 출발점 삼아, 여러분만의 멋진 탐구 주제를 반드시 찾아내시길 바랍니다.


**[4-1 : Summary]**

1. 훌륭한 탐구는 거창한 주제가 아닌, 작고 구체적인 '나만의 질문'에서 시작된다.

2. 탐구 보고서는 별개의 활동이 아니라, 제2장에서 설계한 당신의 '컨셉'과 '독서 지도'를 최종적으로 증명하는 결과물임을 기억하라.

3. 본론의 핵심은 '결과'가 아니라, 다른 사람이 따라 할 수 있을 만큼 구체적인 '과정'이다.

4. 데이터는 스스로 말하지 않는다. 그래프와 표를 활용하고, 그것이 무엇을 의미하는지 반드시 해석하라.

5. 결론은 단순 요약이 아니다. 탐구를 통해 '무엇을 배웠고, 다음엔 무엇이 궁금한지' 당신의 성장을 증명하라.

## 4-2. 생기부 '한 줄'을 살리는 매력적인 문장 표현법

(1) 같은 활동, 다른 기록: '어떻게'가 '무엇을'을 이긴다

여기 똑같은 과학 동아리에서, 똑같은 '산성비 측정 실험'에 참여한 두 학생이 있습니다. 학기 말, 두 학생의 생기부 세특에는 다음과 같이 기록되었습니다.

**학생 A**: "과학 동아리에서 '산성비의 심각성'을 주제로 한 탐구 활동에 성실하게 참여함. 교내 여러 장소의 빗물을 채취하여 pH 농도를 측정하는 실험을 통해 산성비의 원인과 해결 방안에 대해 고찰하는 기회를 가짐."

**학생 B**: "과학 동아리에서 '산성비가 교내 수목에 미치는 영향'이라는 구체적인 주제를 직접 제안함. 차량 통행이 잦은 정문과 나무가 우거진 후문의 pH 농도 차이를 비교 분석하여, '자동차 매연이 산성비의 주된 원인일 것'이라는 가설을 설정하고 이를 데이터로 증명함. 실험 과정에서 측정값의 오차 원인을 분석하고 해결 방안을 제시하는 등 과학적 탐구의 정확성을 높이는 데 기여함."

어떤 학생이 더 눈에 들어오나요? 두 학생은 분명 동일한 활동을 했습니다. 하지만 A학생은 그저 성실한 '참여자'로 보이고, B학생은 주도적인 '탐구자'로 보입니다. 이 결정적 차이를 만든 것이 바로 '어떻게 표현되었는가', 즉 문장의 힘입니다.

생기부는 선생님이 최종적으로 작성하지만, 그 문장의 재료가 되는 것은 당신의 활동 보고서, 발표, 그리고 선생님과의 상담에서 당신이 사용하는 '언어'입니다. 이번 소주제(4-2)에서는 당신의 노력이 단 한 줄도 낭비되지 않도록, 잠자는 기록을 깨우고 빛나게 만드는 문장 표현의 마법을 알려드리겠습니다.

(2) 잠자는 기록을 깨우는 '파워 동사'의 마법

매력적인 문장의 시작은 '동사'의 선택에서 비롯됩니다. 많은 학생들이 자신의 활동을 설명할 때 '~을 배움', '~을 느낌', '~에 참여함', '~을 조사함'과 같은 수동적이고 막연한 동사를 사용합니다. 이런 동사들은 당신을 수동적인 지식 소비자처럼 보이게 만듭니다.

이제부터는 당신의 '역량'을 직접적으로 보여 주는 "파워 동사(Power Verb)"를 사용해야 합니다. 파워 동사는 당신을 지식의 소비자를 넘어, 새로운 가치를 창출하는 능동적인 생산자로 만들어 줍니다.

**[역량별 파워 동사 리스트]**

| 역량 구분 | 파워 동사 예시 |
|---|---|
| 분석 역량 | 분석하다, 규명하다, 도출하다, 비교하다, 분류하다, 해석하다, 예측하다, 검증하다 |
| 리더십 역량 | 주도하다, 제안하다, 조직하다, 이끌다, 중재하다, 조율하다, 독려하다, 개선하다 |
| 문제해결 역량 | 해결하다, 설계하다, 개발하다, 구축하다, 최적화하다, 제안하다, 상용화하다 |
| 소통/협업 역량 | 소통하다, 설득하다, 협업하다, 기여하다, 발표하다, 시각화하다, 공유하다, 캠페인을 벌이다, 상호작용하다 |
| 창의/융합 역량 | 융합하다, 연결하다, 재해석하다, 창안하다, 기획하다, 디자인하다, 모델링하다 |

이 동사들을 당신의 활동 보고서나 발표 자료에 의식적으로 사용해 보세요. "환경 문제에 대해 조사함"이 아니라 "환경 문제의 원인을 **규명하고**, 해결 방안을 **설계하여 제안함**"이라고 쓰는 순간, 문장의 격이 달라집니다.


(3) '결과'만 말하지 말고 '과정'을 보여 주라

"행동경제학 탐구를 통해, 저는 인간이 항상 합리적으로만 선택할 것이라는 저의 기존 생각이 틀렸음을 깨달았습니다."

이것은 탐구를 통해 얻은 '깨달음'이자 '결론'입니다. 물론 훌륭한 지적 성과입니다. 하지만 입학 사정관이 정말 궁금한 것은 그 깨달음의 결과가 아니라, **'그래서 어떻게 그런 깨달음을 얻었는데?'** 라는 "과정"입니다. 당신이 어떤 순진한 믿음을 가지고 있다가, 어떤 책을 읽고, 어떤 실험을 설계하고, 어떤 예상 밖의 결과에 부딪혔기에 마침내 생각이 바뀌게 되었는지, 바로 그 지적인 여정 말입니다.

당신이 어떤 어려움을 겪었고, 그것을 어떻게 극복했는지, 그 과정 속에서 무엇을 배우고 성장했는지를 보여줄 때, 당신의 깨달음은 비로소 깊이와 진정성을 갖게 됩니다.

**Before (결과 중심):** "팀원들과 협력하여 성공적으로 프로젝트를 마침."

**After (과정 중심):** "프로젝트 초기, 팀원들의 의견 충돌로 계획이 지연되는 문제가 발생함. 이에 각자의 아이디어의 장단점을 표로 정리하여 **비교 분석**하는 객관적인 토론의 장을 **제안함.** 합의된 아이디어를 바탕으로 명확한 역할 분담을 **주도**하여, 팀워크를 회복하고 프로젝트를 성공적으로 완수하는 데 **기여함.**"

특히, **'실패'의 경험**은 과정을 보여 주는 가장 강력한 재료가 될 수 있습니다.

**Before (실패 숨기기):** "실험을 통해 유의미한 데이터를 얻음."

**After (실패를 성장으로):** "첫 번째 실험에서 가설과 다른 예상 밖의 결과가 도출됨. 실험의 실패 원인을 찾기 위해 변인을 재점검하는 과정에서, 측정 도구의 미세한 오차를 **발견**하고 이를 보정하는 새로운 실험을 **설계함**. 이 경험을 통해 과학 탐구에서 **실패가 더 중요한 데이터가 될 수 있음을 체득함.**"

실패를 인정하고, 그 원인을 분석하여 극복해내는 모습은 당신이 얼마나 성숙하고 잠재력 있는 인재인지를 보여 주는 최고의 서사가 됩니다. 입학사정관은 완벽한 성공의 결과보다, 실패 앞에서도 좌절하지 않고 배우고 성장하는 당신의 '과정'을 훨씬 더 높이 평가할 것입니다.

(4) 선생님에게 완벽한 재료를 제공하는 STAR 기법

이 모든 좋은 표현들을 어떻게 정리하여 선생님께 효과적으로 전달할 수 있을까요? 세계적인 기업들에서 역량 면접의 기준으로 사용하는 **STAR 기법**을 활용하면, 당신의 경험을 가장 논리적이고 설득력 있게 구조화할 수 있습니다.

- S (Situation): 어떤 상황, 어떤 문제에 직면했는가?
- T (Task): 그 상황에서 당신에게 주어진 과제는 무엇이었는가?
- A (Action): 그래서 당신은 어떤 '행동'을 했는가? **(이 부분에 제1장에서 찾은 당신의 핵심 키워드와 제4장(4-2)의 '파워 동사'를 결합하여 서술!)**
- R (Result): 그 행동의 결과, 어떤 변화가 있었고 무엇을 배우고 성장했는가?

학기 말, 선생님과 상담하기 전에 당신의 주요 활동들을 이 STAR 기법에 맞춰 한두 문단으로 정리해 보세요. 이것이야말로 선생님께서 당신의 생기부를 풍성하게 채워 주실 최고의 '재료'가 될 것입니다.

(5) 실전 적용: '김민찬' 학생의 도서관 개선 프로젝트

그럼 이제부터 우리가 배운 모든 기술들—파워 동사, 과정 중심 서술, STAR 기법—이 하나의 실제 프로젝트에서 어떻게 종합적으로 활용되어 평범한 활동을 비범한 기록으로 바꾸어 놓는지, 그 전체 과정을 따라가 보겠습니다.

인문학에 관심이 많은 2학년 '김민찬' 학생은 평소 학교 도서관을 즐겨 이용합니다. **이 모든 생각의 시작은 책 한 권이었습니다. 그는 『도서관 산책자』라는 책을 읽고, 도서관이 단순히 책을 빌리는 공간을 넘어, 사람과 지식을 연결하고 공동체의 문화를 만드는 '플랫폼'이 될 수 있다는 사실에 큰 영감을 받았습니다.** 이 영감은 곧 그의 문제의식으로 이어졌습니다.

*"우리 학교 도서관은 '책 창고'에 가까운 것 같아. 어떻게 하면 이곳을 살아 숨 쉬는 '문화 플랫폼'으로 만들 수 있을까?"*

이처럼 독서를 통해 얻은 영감과 문제의식이 어떻게 매력적인 생기부 기록으로 발전하는지, 그 여정을 함께 따라가 봅시다.

**1. '파워 동사'로 행동의 격을 높이다.** - 민찬 학생은 먼저 문제의 원인을 파악하기 위해 행동에 나섭니다. 그의 행동은 다음과 같은 '파워 동사'로 표현될 수 있습니다.

| 평범한 동사 | → | 파워 동사 |
| --- | --- | --- |
| 도서관 문제에 대해 생각함 | → | 교내 도서관의 낮은 이용률 문제를 **진단하고 원인을 분석함** |
| 친구들에게 물어봄 | → | 학생들의 독서 취향과 이용 실태에 대한 설문조사를 **설계하고 시행함** |
| 해결책을 찾아봄 | → | '북 큐레이션' 개념을 도입하여, 매월 새로운 주제의 도서 추천 제도를 **기획하고 제안함** |
| 선생님, 친구들과 이야기함 | → | 사서 선생님과는 실현 가능성을, 학생회와는 홍보 방안을 **협업하여 조율함** |

**2. '과정'을 보여 주어 깊이를 더하다.** - 단순히 "큐레이션 제도를 제안했다"는 결과만으로는 그의 고민이 드러나지 않습니다. 그가 "어떤 어려움을 겪고, 어떻게 그것을 극복했는지 '과정'을 보여 줄 때 이야기는 입체적으로 변합니다.

*"초기에는 단순히 '좋은 책 추천 목록'을 만드는 것을 목표로 했으나, 설문조사 결과 학생들이 '무슨 책을 읽어야 할지 모른다'는 근본적인 문제를 발견했다. 이를 해결하기 위해, 단순 추천을 넘어 'MBTI 유형별 추천 도서', '영화 원작 소설 기획전' 등 학생들의 흥미를 유발할 수 있는 구체적인 큐레이션 컨셉을 **기획했다.** 하지만 학생회 홍보 예산 부족이라는 현실적 어려움에 부딪혔고, 이를 극복하기 위해 SNS 챌린지, 교내 신문과의 협업 등 비용 없이 홍보 효과를 극대화하는 방안을 **제안하여 관철시켰다.**"*

**3. STAR 기법으로 완벽한 재료를 만들다.** - 학기 말, 민찬 학생은 이 경험을 STAR 기법을 활용하여 선생님께 전달할 완벽한 '재료'로 정리합니다.

**[김민찬 학생의 STAR 분석]**

- **S (Situation):** 교내 도서관에 양질의 도서가 많음에도, 홍보 부족과 가이드라인 부재로 인해 학생들이 일부 베스트셀러에만 편중된 독서를 하는 **상황**이었습니다.
- **T (Task):** 학생들의 잠재적 관심사를 자극하여 자발적이고 다양한 독서 문화를 활성화하는 지속 가능한 **과제**를 목표로 삼았습니다.
- **A (Action):** 저의 핵심 키워드인 **#데이터 분석, #스토리텔링, #공동체** 역량을 발휘하여 다음과

같은 행동을 했습니다.

1. 학생 100명의 독서 실태 설문조사와 최근 3개월간의 대출 **데이터를 분석**하여 문제의 원인을 진단했습니다.
2. 이를 바탕으로 '영화 원작 소설 기획전'과 같이 학생들의 흥미를 끄는 **스토리텔링**형 '월간 북 큐레이션' 제도를 **기획하여 제안**했습니다.
3. 사서 교사 및 학생회와 **협업**하여 우리 학교 **공동체** 모두가 참여할 수 있는 SNS 홍보 전략을 수립하고 실행했습니다.

● R (Result): 그 **결과**, 해당 코너의 도서 대출률이 이전 대비 70% 증가했고, 숨겨져 있던 양서들이 재조명받는 성과를 거두었습니다. 이 경험을 통해 데이터 분석, 기획, 협업 등 종합적인 역량의 중요성을 **체득**했습니다.

**최종 결과물: 매력적인 생기부 한 줄의 탄생** - 선생님은 민찬 학생이 제공한 이 완벽한 재료를 바탕으로, 다음과 같은 강력한 기록을 남겨 줄 수 있습니다.

▶ **최종 생기부 기록 예시:** "교내 도서관의 낮은 이용률 문제를 개선하기 위해 자발적으로 프로젝트를 **기획함**. 학생들의 독서 실태에 대한 **데이터 분석**을 바탕으로, '월간 북 큐레이션'이라는 창의적인 해결책을 **제안**하고, 사서 교사 및 학생회와의 **협업을 주도**하여 이를 성공적으로 정착시킴. 현상의 문제점을 정확히 **진단**하고, 대안을 **설계**하며, 주변을 **설득**하여 공동의 목표를 달성해내는 뛰어난 문제해결능력과 기획력, 소통 능력을 보여 줌."

이것이 바로 평범한 활동이 특별한 기록으로 완성되는 과정입니다.

**[Expert's Voice: 입학사정관]**

"같은 활동을 했더라도, '~에 참여함'이라고 쓰인 기록과 '~문제를 해결하기 위해 ~을 설계하고 제안함'이라고 쓰인 기록은 무게감이 완전히 다릅니다. 저희는 학생의 '행동'과 '사고'가 드러나는 구체적인 동사를 통해 그 학생의 역량을 추론합니다."

[4-2 : Summary]

1. 같은 활동도 '어떻게' 표현하는지에 따라 그 가치가 달라진다.

2. '~을 배움' 대신, 당신의 역량을 보여 주는 "파워 동사"를 사용하라.

3. 성공한 '결과'만 나열하지 말고, 어려움을 극복한 "과정"과 '실패를 통해 배운 점'을 보여 주라.

4. **STAR 기법**을 활용하여 당신의 경험을 논리적으로 구조화하고, **당신의 키워드와 연결**하여 선생님께 완벽한 기록의 재료를 제공하라.

1. A+ 탐구 보고서:

좋은 탐구 보고서는 단순한 정보 요약이 아니다. "나만의 질문"에서 시작하여 논리적인 구조에 따라 자신의 탐구 "과정"을 증명하고 "다음 질문"으로 마무리해야 한다.

2. 매력적인 문장 표현법:

평범한 활동도 어떻게 표현하는지에 따라 가치가 달라진다. '규명하다', '설계하다'와 같은 "파워 동사"를 사용하고, 'STAR 기법'을 활용하여 결과를 넘어선 성장 '과정'을 보여 주어야 한다.

**[연결되는 평가요소]** #학업역량 #진로역량

**[설명]** 논리적인 보고서 작성 능력과 자신의 활동을 설득력 있게 표현하는 기술은 학생의 "학업 역량(탐구력, 학업 태도)"을 보여 주는 결정적인 증거입니다. 또한, 자신의 탐구 과정을 명확히 드러냄으로써 "진로 역량"의 깊이를 더해 줍니다.

2학년 2학기, '윤슬기'는 그 어느 때보다 바쁘지만 보람 있는 시간을 보냈다. 제3장에서 배운 대로, 그녀는 자신의 컨셉을 세특, 동아리, 자율활동 곳곳에 녹여 내며 자신만의 포트폴리오를 구축했다. 이제 남은 것은 그 모든 과정을 매력적인 '글'로 증명하여, 생기부에 온전히 담아내는 일이었다. 그녀에게 제4장은 '생각의 재료'를 '보석'으로 세공하는 시간이 되었다.

**탐구 보고서, 5단계 법칙으로 완성하다.** 슬기는 정보 과제로 제출해야 하는 '학교 홈페이지 UI/UX 개선 방안' 보고서를 제4장에서 배운 "5단계 법칙"에 따라 작성했다.

- **(1단계: 질문)** "왜 우리 학교 홈페이지는 처음 방문하는 사람이 원하는 정보를 찾기 어려울까?"라는 구체적인 질문으로 시작했다.
- **(2단계: 자료조사)** 제2장에서 읽었던 『웹 사용성 평가, 이렇게 하라!』를 이론적 배경의 핵심으로 삼고, '힉의 법칙', '피츠의 법칙' 등 관련 HCI 이론 논문을 찾아 근거를 보강했다.
- **(3단계: 설계)** '문제 진단 - 이론 적용 - 개선안 제안'의 명확한 구조로 개요를 짰다.
- **(4단계: 데이터)** 실제 학생 30명을 대상으로 한 '정보 찾기 시간 측정' 테스트 데이터를 그래프로 시각화하여, 문제의 심각성을 객관적으로 증명했다.
- **(5단계: 결론)** 단순히 디자인 개선안을 제안하는 것을 넘어, "이러한 비효율적인 디자인이 학교에 대한 첫인상과 공동체 소속감에 어떤 부정적인 영향을 미칠 수 있는가?"라는 다음 질문을 던지며 탐구를 마무리했다.

**선생님과의 상담, STAR 기법으로 승부하다.** 학기 말, 담임 선생님과의 상담 시간. 슬기는 더 이상 "활동 많이 했는데 잘 써 주세요"라고 막연하게 말하지 않았다. 그녀는 제4장에서 배운 대로, 자신의 핵심 활동이었던 '학교 안내도 디자인 프로젝트'를 **STAR 기법**으로 완벽하게 정리하여 선생님께 말씀드렸다.

“…(A) 그래서 저는 저의 핵심 키워드인 **#인지** 특성을 고려하여, 기존의 복잡한 지도를 버리고 주요 건물을 아이콘화 하는 새로운 안내도를 디자인했습니다. 이 과정에서 친구들과 **협업**하여 신입생들의 동선을 **분석**하고, 가장 직관적인 디자인을 설계했습니다. (R) 그 결과, 신입생들의 학교 적응에 실질적으로 **기여**할 수 있었고, 저는 이 경험을 통해 **#인간중심** 디자인이란 사용자의 입장에서 문제를 끝까지 **해결**하려는 노력이라는 것을 **체득**했습니다.”

그녀의 논리 정연한 설명에, 선생님은 고개를 끄덕이며 그녀가 제공한 '완벽한 재료'를 꼼꼼히 메모했다. 슬기는 자신의 2학년 생기부가, 1학년 때와는 비교할 수 없을 만큼 깊고 단단한 이야기로 채워질 것을 확신할 수 있었다.

# 제5장

# 최종 점검과 면접: 3년의 대장정, 합격으로 완성하다

시나리오 기획(제1장)과 집필(제2장), 프로덕션(제3장), 그리고 포스트 프로덕션(제4장)까지. 마침내 당신이라는 감독이 만든 3년짜리 대작이 완성되었습니다.

이제 남은 것은, 이 작품을 세상에 내보내기 전 완벽을 기하는 마지막 두 단계입니다. 제5장은 당신의 작품에 남아 있을지 모를 논리적 빈틈을 찾아내는 "최종 편집(생기부 점검)"의 기술과, 관객(면접관) 앞에서 당신의 연출 의도를 가장 매력적으로 설명하는 "입학사정관과의 대화(면접 대비)"의 노하우를 배우는 마지막 여정입니다.

이 마지막 단계를 통해, 당신의 3년은 잊히지 않는 명작으로 완성될 것입니다.

## 5-1. 최종 편집: 내 생기부 스토리의 빈틈 찾는 법

(1) '배우'의 자리에서 '편집자'의 자리로

학기 말, 생활기록부 마감 시즌이 다가옵니다. 대부분의 학생들은 이 시기를 '자신이 한 활동이 잘 기록되었는지' 확인하는 정도로만 생각합니다. 하지만 이는 배우가 자신이 찍은 촬영본을 확인만 하고 편집은 감독에게 모두 맡겨 버리는 것과 같습니다. 진정한 프로는 편집 과정에 직접 참여하여 자신의 연기가 최고의 방식으로 관객에게 전달될 수 있도록 끝까지 책임집니다.

이제 당신도 '배우'의 자리에서 일어나, 냉철한 '편집자'의 눈으로 자신의 3년짜리 필름을 바라봐야 합니다. 내가 얼마나 열심히 했는지를 잠시 잊고, "이 기록이 과연 제3자(입학사정관)에게 매력적인 이야기로 보일까?"라는 단 하나의 질문에 집중하는 것입니다.

이번 소주제(5-1)는 당신이 최고의 편집자가 될 수 있도록 돕는 '셀프 컨설팅 가이드'입니다. 지금부터 우리가 함께 살펴볼 체크리스트를 통해 당신의 생기부 필름에 혹시 있을지 모를 어색한 장면이나 논리적 허점을 찾아내고, 그것을 완벽하게 다듬어 봅시다.

(2) 내 생기부 스토리의 빈틈을 찾는 4가지 질문

노트를 펴고, 당신의 1학년부터 3학년까지의 생기부 활동들을 쭉 나열해 보세요. 그리고 다음 4가지 질문에 따라 당신의 스토리가 얼마나 단단한지 스스로 진단해 봅시다.

### 질문 1: 컨셉의 일관성 (Consistency) - "나의 이야기는 하나의 주제를 향하고 있는가?"

당신의 핵심 키워드 3가지는 영화의 '테마'와 같습니다. 좋은 영화는 처음부터 끝까지 일관된 테마를 유지하며 관객에게 깊은 인상을 남깁니다. 당신의 생기부도 마찬가지입니다.

### [자가 진단]

- 1학년, 2학년, 3학년의 핵심 활동들이 내가 정한 3가지 키워드의 범주 안에서 이루어지고 있는가?
- 진로 희망의 변화가 있다면, 그 변화가 이전 활동과 연결되는 논리적인 이유를 설명할 수 있는가?

**(나쁜 예시)** 1학년(#로봇) → 2학년(#빅데이터) → 3학년(#환경정책). 각 키워드가 분절되어 있어, 학생이 무엇을 깊이 있게 탐구했는지 알기 어렵습니다.

**(좋은 예시)** 1학년(#환경) → 2학년(#데이터 분석) → 3학년(#환경 데이터 분석을 통한 정책 제안). '환경'이라는 큰 주제 안에서 탐구의 방법론이 심화되고 구체화되는, 매우 논리적인 성장 과정을 보여 줍니다.

### 질문 2: 성장의 증거 (Growth) - "나의 이야기는 점점 더 깊어지고 있는가?"

훌륭한 시리즈 영화는 속편으로 갈수록 스케일이 커지고 주인공이 성장합니다. 당신의 생기부도 마찬가지입니다. 학년이 올라갈수록 당신의 탐구는 더 깊어지고, 문제 해결 능력은 더 정교해져야 합니다.

### [자가 진단]

- 1학년 때의 탐구 보고서와 3학년 때의 탐구 보고서는 주제의 깊이, 탐구 방식, 결론의 수준 면

에서 명확한 차이를 보이는가?

● 단순한 지식 습득(독서, 강연 듣기)에서 나아가, 지식을 적용하고(프로젝트, 실험) 창출하는 (보고서, 제안) 활동으로 발전하고 있는가?

**(나쁜 예시)** 1학년(독서 감상문), 2학년(독서 감상문), 3학년(독서 감상문). 활동의 형태가 반복되어 학생의 지적 성장이 정체된 것처럼 보입니다.

**(좋은 예시)** 1학년(독서 감상문) → 2학년(책에서 얻은 질문으로 R&E 진행) → 3학년(R&E를 발전시켜, 실제 데이터 분석을 곁들인 심화 보고서 작성). 탐구의 수준이 명확하게 심화되는 과정을 보여줍니다.

### 질문 3: 활동의 연결성 (Connectivity) - "나의 이야기는 유기적으로 연결되어 있는가?"

세특, 동아리, 진로, 자율활동은 각각 다른 장면이 아니라, 하나의 스토리를 완성하는 유기적인 요소여야 합니다. 수업 시간에 생긴 호기심이 동아리 활동으로 이어지고, 그 과정에서 느낀 점이 진로 탐색의 동기가 되는 식의 연결 고리가 보일 때 당신의 이야기는 훨씬 더 설득력을 갖게 됩니다.

### [자가 진단]

● 나의 세특 탐구 주제가 동아리 활동이나 독서 활동과 연결되는 지점이 있는가?
● 나의 진로 희망이, 내가 자율활동에서 보여 준 공동체에 대한 관심사와 연결되는가?

**(나쁜 예시)** 세특(AI 윤리 연구), 동아리(농구부), 진로 희망(의사). 각 활동이 서로 다른 방향을 가리키고 있어 학생의 정체성이 모호해 보입니다.

**(좋은 예시)** 세특(AI 윤리 연구) → 동아리(AI 윤리를 주제로 교내 토론회 개최) → 진로 희망(AI 의료 윤리 정책 전문가). 하나의 관심사가 어떻게 학교생활 전반으로 확장되는지를 명확히 보여 줍니다.

### 질문 4: 진정성 (Authenticity) - "이 이야기는 정말 '나'의 목소리를 담고 있는가?"

마지막으로 가장 중요한 질문입니다. 모든 일관성, 성장성, 연결성을 갖추었더라도, 그 이야기가

'만들어진 모범생'의 이야기처럼 느껴진다면 아무 소용이 없습니다.

**[자가 진단]**

- 나의 생기부에는 성공한 경험뿐만 아니라, 실패를 통해 무언가를 배운 경험이 드러나는가?
- 내가 왜 이 주제에 관심을 갖게 되었는지, 그 시작점이 된 나만의 개인적인 경험이나 동기가 담겨 있는가?

성공 사례로 가득 찬 생기부보다, **"첫 번째 실험의 실패 원인을 분석하여 변수를 재점검한 끝에, 두 번째 실험에서 의미 있는 결과를 도출함"**과 같은 기록 한 줄이 당신이 얼마나 진정성 있고 끈기 있는 탐구자인지를 훨씬 더 강력하게 보여 줄 수 있습니다.

### (3) 빈틈을 메우는 마지막 열쇠: 선생님과의 소통

위의 체크리스트를 통해 당신의 스토리에서 부족한 부분이나 논리적 빈틈을 발견했다면, 아직 늦지 않았습니다. 생기부 마감 전, 선생님과 상담하여 이러한 부분을 보완할 수 있는 마지막 기회가 남아 있습니다.

이때, 막연히 "잘 써 주세요"라고 부탁하는 것은 최악의 방법입니다. 대신, 당신이 발견한 빈틈을 메울 수 있는 구체적인 '재료'를 담은 "보완 요청 자료"를 준비해 가세요.

**[보완 요청 자료 예시]**

**과목**: 사회·문화 활동: '다문화 사회의 갈등 해결 방안' 탐구 보고서

**(현재 기록 예상)** "다문화 사회의 문제점에 대해 깊이 있게 탐구하고 보고서를 작성함."

**(보완하고 싶은 나의 성장 과정 - STAR 기법 활용)**

- **(S/T)** 보고서 작성 중, 대부분의 자료가 '문화적 차이'에만 집중할 뿐, '경제적 불평등'이라는 근본 원인을 간과하고 있음을 발견했습니다.
- **(A)** 이에, 국내 체류 외국인 노동자들의 소득 수준과 주거 형태에 대한 통계 데이터를 찾아 **분석**하고, 이를 이주민 차별 문제와 **연결**하여 보고서의 논리를 심화시켰습니다.
- **(R)** 그 결과, 다문화 문제 해결을 위해서는 문화 교육뿐만 아니라 경제적 지원 정책이 병행되

어야 한다는 저만의 결론을 **도출**할 수 있었습니다.

**(정중한 요청)** "선생님, 혹시 제가 통계 자료까지 찾아보며 경제적 관점에서 문제를 심화시켰던 이 과정이, 기록에 조금 더 구체적으로 반영될 수 있을지 여쭤보고 싶습니다."

이처럼 구체적인 근거와 과정을 담아 정중하게 요청한다면, 어떤 선생님이라도 당신의 노력을 외면하지 않으실 겁니다. 이 마지막 소통의 과정이야 말로, 당신의 3년짜리 영화를 걸작으로 완성하는 감독의 마지막 '편집권'을 행사하는 것입니다.

**[5-1 : Summary]**

1. 생기부 최종 점검은 '배우'가 아닌 냉철한 '편집자'의 시선으로 진행해야 한다.
2. '일관성, 성장성, 연결성, 진정성'이라는 4가지 기준으로 당신의 생기부 스토리에 빈틈은 없는지 점검하라.
3. 발견된 빈틈은 STAR 기법으로 정리한 '보완 요청 자료'를 통해, 마감 전까지 선생님과 소통하며 보완할 수 있다.
4. 최종 점검은 당신이 3년간 쏟아 부은 노력에 대한 마지막 존중이자 책임이다.

## 5-2. 입학사정관과의 대화: 생기부 기반 면접 완벽 대비 시나리오

### (1) 당신의 '진짜 목소리'를 들려줄 시간

길고 길었던 3년의 여정, 그 마지막 관문 앞에 당신이 서 있습니다. 바로 '면접'입니다. 서류라는 정제된 활자 뒤에 가려져 있던 당신이라는 사람이, 처음으로 평가자와 얼굴을 마주하고 자신의 '진짜 목소리'를 들려주는 시간입니다. 많은 학생들이 면접을 '나를 평가하는 두려운 시험'이라고 생각합니다. 하지만 저는 당신이 면접을, "내가 3년간 얼마나 멋지게 성장했는지 직접 자랑할 수 있는 신나는 무대인사"로 생각했으면 좋겠습니다.

특히 자기소개서가 사라진 지금, 면접의 중요성은 그 어느 때보다 커졌습니다. 입학사정관들은 당신의 생기부를 보며 수많은 의문을 품고 있습니다. '이 학생이 했던 탐구는 정말 스스로 한 것이 맞을까?', '이 활동을 통해 정말 이렇게 깊은 깨달음을 얻었을까?' 면접은 바로 그 질문들에 대해, 당신의 눈빛과 목소리, 그리고 진솔한 이야기를 통해 당신의 생기부가 '진짜'임을 증명하는 유일한 기회입니다.

이번 소주제(5-2)는 당신이 그 무대 위에서 최고의 감독이자, 가장 매력적인 스토리텔러가 될 수 있도록 돕는 최종 대비 시나리오입니다. 면접관의 모든 질문을 꿰뚫어 보고, 어떤 질문에도 당신의 성장 스토리를 담아 답변하는 비법을 지금부터 시작하겠습니다.


(2) 면접관의 질문은 정해져 있다: '예상 질문 3단계 추출법'

면접 준비를 시작하는 학생들이 가장 먼저 하는 일은 인터넷에서 '면접 기출 질문'을 찾아보는 것입니다. 물론 도움이 되지만, 그것만으로는 부족합니다. 진짜 핵심은, 다른 사람의 질문이 아니라 **오직 '나의 생활기록부'에서 나올 수밖에 없는 질문을 직접 예측**하는 것입니다.

놀랍게도, 면접관이 당신에게 던질 질문의 99%는 이미 당신의 생기부 안에 숨겨져 있습니다. 그 숨겨진 질문들을 찾아내는 구체적인 기술, "예상 질문 3단계 추출법"을 소개합니다. 지금 당장 당신의 생기부를 펼쳐놓고, 형광펜을 든 채 따라와 보세요.


**1단계: '키워드' 질문 - 당신의 정체성을 묻는다**

- **추출 방법:** 당신의 생기부에서 **반복적으로 등장하는 핵심 키워드**가 담긴 문장을 모두 찾아 밑줄을 긋습니다. (예: #데이터, #리더십, #공동체, #환경 등)
- **질문의 의도:** 이 키워드들이 단순한 장식품이 아니라, 당신의 정체성을 구성하는 핵심적인 가치관인지 확인하고 싶어 합니다.
- **예상 질문:**
  - "생기부에 '데이터'라는 단어가 많이 나오는데, 본인에게 데이터란 어떤 의미인가요?"
  - "본인이 생각하는 진정한 '리더십'이란 무엇이며, 스스로 그런 리더십을 발휘했던 경험이 있나요?"


**2단계: '과정' 질문 - 당신의 역량을 검증한다**

- **추출 방법:** 당신이 가장 공들여 했던 **탐구 보고서, 동아리 프로젝트, 자율/진로 활동** 등 구체적인 활동 내용이 담긴 부분을 찾아 네모 박스를 칩니다.

- **질문의 의도:** 그 활동이 진짜 당신의 힘으로 이루어졌는지, 그 과정에서 어떤 어려움이 있었고 어떻게 해결했는지, 즉 당신의 **문제해결능력과 탐구 역량**의 실체를 확인하고 싶어 합니다.
- **예상 질문:**
  - "OOO 보고서를 작성하면서 가장 어려웠던 점은 무엇이고, 어떻게 해결했나요?"
  - "팀원들과 갈등은 없었나요? 있었다면 어떻게 중재했나요?"

**3단계: '꼬리' 질문 - 당신의 잠재력을 확인한다**

- **추출 방법:** 활동의 '결론'이나 '배우고 느낀 점', 혹은 '한계점'이 언급된 부분을 찾아 동그라미를 칩니다.
- **질문의 의도:** 당신의 지적 호기심이 그 활동으로 끝나지 않고, 앞으로 어떻게 더 성장해 나갈 것인지, 즉 당신의 **성장 가능성과 학업 계획**을 확인하고 싶어 합니다.
- **예상 질문:**
  - "그 활동 이후 새롭게 생긴 호기심이나 다음 탐구 계획이 있다면 말해 주세요."
  - "탐구의 한계점을 언급했는데, 만약 대학에 와서 후속 연구를 진행한다면 어떤 점을 보완하고 싶나요?"

이 3단계 추출법을 활용하여, 당신만의 '면접 예상 질문 30선'을 직접 만들어 보세요. 이제 당신은 더 이상 면접관의 기습 질문에 당황하지 않는, 모든 것을 예측하는 프로 기획자가 되었습니다.

(3) 최고의 답변 공식: STAR를 넘어 STAR-L로

예상 질문을 만들었다면, 이제 어떻게 답변해야 할까요? 최고의 답변은 단순히 사실을 나열하는 것이 아니라, 짧은 시간 안에 한 편의 완결된 '성장 스토리'를 들려주는 것입니다.

제4장(4-2)에서 배웠던 **STAR 기법**을 기억하시나요? 면접 답변에서는 이 STAR 기법을 한 단계 업그레이드한 "STAR-L 답변 공식"을 사용해야 합니다.

- **S (Situation):** 어떤 상황, 어떤 문제에 직면했는가?
- **T (Task):** 그 상황에서 당신의 과제나 목표는 무엇이었는가?

- **A (Action):** 그래서 당신은 어떤 구체적인 행동을 했는가?
- **R (Result):** 그 행동의 결과 어떤 긍정적인 변화가 있었는가?
- **L (Learning): (가장 중요!)** 그 모든 경험을 통해 궁극적으로 **무엇을 배우고 성장했는가?**

마지막 L(Learning) 단계가 바로 당신의 답변을 평범함에서 비범함으로 바꾸는 화룡점정입니다. 이 단계를 통해 당신은 단순히 '일을 잘하는 사람'을 넘어, "경험을 통해 성장할 줄 아는 사람"임을 증명하게 됩니다.

### (4) 실전! 면접 답변 시나리오

우리가 책 전반에 걸쳐 함께 지켜본 '윤슬기' 학생이 면접장에 갔다고 상상해 봅시다. 면접관이 그녀의 생기부를 보고 이렇게 묻습니다.

**면접관:** "생기부를 보니, 미술 동아리에서 '교내 신입생을 위한 직관적인 학교 안내도 디자인' 프로젝트를 주도했네요. 굉장히 인상 깊은데, 이 활동을 하면서 가장 힘들었던 점은 무엇이었고, 어떻게 극복했는지 말해 줄 수 있나요?"

슬기 학생은 STAR-L 공식을 활용하여 차분하게 자신의 이야기를 시작합니다.

**윤슬기 학생의 답변 (STAR-L 적용):**

**(S) Situation:** "네, 제가 프로젝트를 진행하며 가장 어려웠던 점은, 저희가 보기엔 완벽해 보이는 디자인도 실제 사용자인 신입생들에게는 여전히 복잡하고 어렵게 느껴진다는 **상황**이었습니다. 저희의 '전문성'과 사용자의 '눈높이' 사이에 큰 간극이 존재했습니다."

**(T) Task:** "따라서 저의 **과제**는 단순히 예쁜 지도를 만드는 것을 넘어, 철저하게 사용자의 관점에서 문제점을 진단하고, 단 한 명의 신입생도 길을 헤매지 않게 만들자는 목표를 달성하는 것이었습니다."

**(A) Action:** "이를 위해 저는 세 가지 **행동**을 했습니다. 첫째, 실제 신입생 5명을 대상으로 저희가 만든 프로토타입을 이용해 특정 장소를 찾아가는 '사용성 테스트'를 진행했습니다. 둘째, 테

스트 과정에서 신입생들이 자주 헷갈리는 지점과 표현을 데이터로 기록하고 분석했습니다. 마지막으로, 그 분석 결과를 바탕으로 '모든 명칭을 약어가 아닌 정식 명칭으로 표기'하고, '가장 중요한 중앙 현관을 기준으로 동선을 재설계'하는 등 디자인을 전면 수정했습니다."

**(R) Result:** "그 **결과**, 수정된 최종 안내도를 받은 신입생들의 만족도 설문에서 '매우 만족' 응답이 95% 이상 나왔고, 실제 학기 초에 교무실에 길을 묻는 신입생의 수가 이전 해에 비해 크게 줄었다는 실질적인 성과를 거두었습니다."

**(L) Learning:** "이 경험을 통해 저는, 디자인이란 디자이너의 미적 감각을 뽐내는 것이 아니라, 사용자에 대한 깊은 관찰과 공감을 바탕으로 그들의 불편함을 해결해 주는 '문제 해결의 과정'이라는 것을 깊이 **깨달았습니다.** 앞으로 인지과학을 공부하며, 이처럼 인간 중심의 사고로 기술과 사람 사이의 간극을 줄이는 전문가가 되고 싶습니다."

어떤가요? 슬기 학생은 단순히 어려움을 극복했다는 사실을 넘어, 그 경험을 통해 자신이 어떤 사람으로 성장했는지를 완벽하게 증명해 냈습니다.


(5) 에필로그: 이제, 당신의 이야기를 시작할 시간

이 책의 마지막 페이지를 덮는 당신에게 축하와 응원의 박수를 보냅니다. 당신은 이제 더 이상 막연한 불안감에 휩싸여 있던 평범한 고등학생이 아닙니다. 당신은 자신의 3년을 주도적으로 기획하고, 자신만의 성장 스토리를 쓸 줄 아는 유능한 '프로젝트 매니저'이자, 그 이야기를 세상에 자신감 있게 펼쳐 보일 준비가 된 '스토리텔러'입니다.

입시는 결코 당신이라는 사람의 가치를 결정하지 못합니다. 하지만 이 책과 함께 당신이 3년간 그려 나갈 성장 스토리는, 입시를 넘어 당신의 인생 전체를 지탱해 줄 가장 단단한 자산이 될 것이라 확신합니다.

이제 두려워 말고, 당신의 이야기를 시작하세요. 세상은 당신의 이야기를 들을 준비가 되어 있습니다.


**[Expert's Voice: 합격생 선배]**

"면접은 퀴즈 쇼가 아니에요. 제가 뭘 얼마나 많이 아는지 자랑하기보다, 제 생기부 속 활동들을 왜 했는지, 그 과정에서 어떤 어려움을 겪었고 무엇을 배웠는지를 진솔하게 이야기했을 때, 면접관 교수님들께서 고개를 끄덕이셨어요. 결국, 나만의 스토리를 내 목소리로 들려주는 게 가장 중요해요."

## [5-2 : Summary]

1. 면접은 당신의 생기부가 '진짜'임을 당신의 목소리로 증명하는 마지막 무대다.
2. '예상 질문 3단계 추출법(키워드-과정-꼬리)'을 통해 당신의 생기부에서 나올 모든 질문을 예측하라.
3. 'STAR-L(상황-과제-행동-결과-배운점)' 공식으로 답변하여, 경험을 통해 성장하는 인재임을 증명하라.
4. 자신감을 가져라. 당신은 이미 당신만의 멋진 이야기를 가진 주인공이다.

### 1. 최종 점검의 기술:

생기부 마감 전, '편집자'의 시선으로 '일관성, 성장성, 연결성, 진정성'이라는 4가지 기준에 따라 3년의 스토리에 빈틈은 없는지 점검하고 보완해야 한다.

### 2. 면접 대비 전략:

면접관의 질문은 이미 당신의 생기부 안에 있다. '예상 질문 3단계 추출법'으로 나올 모든 질문을 예측하고, 'STAR-L 답변 공식'에 맞춰 모든 경험을 자신의 성장으로 연결하여 논리적으로 전달해야 하는 마지막 무대다.

**[연결되는 평가요소]** #학업역량 #진로역량 #공동체역량

**[설명]** 제5장은 3년간의 노력을 최종적으로 완성하는 단계입니다. "최종 점검"을 통해 생기부 전체의 완성도를 높여 **세 가지 역량 모두**를 점검하며, "면접 대비"를 통해 자신의 성장 스토리를 논리적으로 전달하여 다시 한번 **세 가지 역량을 종합적으로 어필**합니다.

3학년 2학기, 수시 원서 접수를 마친 '윤슬기'는 자신의 3년간의 생기부를 처음부터 끝까지 다시 한번 읽어 보았다. 제5장에서 배운 내용을 바탕으로, 그녀는 마지막 점검에 들어갔다.

**'최종 편집'**: 그녀는 제5장의 체크리스트를 꺼내 들었다. '컨셉의 일관성', '성장의 증거'… 다행히 #인간중심, #인지, #디자인이라는 키워드는 3년간 꾸준히 심화된 형태로 나타나 있었다. 하지만 '활동의 연결성' 항목에서, 2학년 때 진행했던 동아리의 '안내도 디자인 프로젝트'와 3학년 세특의 '노인들을 위한 키오스크 UI 연구' 사이의 연결 고리가 약하다는 것을 발견했다. 그녀는 담임 선생님과의 마지막 상담에서 이 두 활동이 '사용자의 인지적 특성을 고려한 디자인'이라는 더 큰 주제로 어떻게 연결되는지를 STAR 기법으로 정리하여 말씀드렸고, 다행히 창체(진로) 란에 이 성장 과정이 멋지게 기록될 수 있었다.

**'입학사정관과의 대화'**: 1단계 서류 합격 발표 후, 그녀는 제5장의 '예상 질문 3단계 추출법'을 활용했다. 그녀의 생기부에서 나올 질문은 명확했다. 키오스크 UI 연구에 대한 '과정 질문', 그리고 '인간 중심 디자인'이란 무엇인지에 대한 '키워드 질문'이 분명 나올 것이었다. 그녀는 STAR-L 공식에 맞춰 자신의 답변을 수십 번 연습했다. 단순히 무엇을 했는지를 넘어, 그 경험을 통해 '기술은 결국 사람을 향해야 한다는 것을 배웠다'는 자신만의 철학을 담아내기 위해 노력했다.

면접 당일, 그녀는 떨리는 마음으로 면접실 문을 열었다. 하지만 면접관의 첫 질문을 받는 순간, 불안감은 자신감으로 바뀌었다. 모든 질문은 지난 3년간 자신이 치열하게 고민했던 과정 그 자체였기 때문이다. 그녀는 더 이상 평가받는 학생이 아니었다. 3년간 제작한 '윤슬기'라는 영화에 대해, 관객들에게 비하인드 스토리를 들려주는 자신감 넘치는 감독이었다. 결과가 어떻게 되든, 그녀는 이미 이 긴 여정을 통해 누구보다 멋지게 성장했다는 사실을 알고 있었다.

# 실전편
# - 합격을 완성하는
# 워크북

# 제6장

# 합격생의 기본기: 규칙과 제도 (The Rulebook)

성공적인 생기부 전략 수립은 관련된 규칙과 제도를 정확히 이해하는 것에서 시작됩니다. 이번 장은 당신의 3년을 기획하는 데 필요한 두 가지 핵심적인 '규칙과 제도'를 담은 공식 가이드북입니다.

- **6-1. '학생부의 구조':** 학생부의 각 항목별 역할과 작성 규칙을 상세히 설명합니다.
- **6-2. '3개년 이수 과목':** 2022 개정 교육과정에 따른 과목 선택 방법과 활용 방안을 안내합니다.

이 두 가지 정보에 대한 정확한 이해는, 1부에서 제시하는 모든 전략을 효과적으로 적용하기 위한 필수적인 기초가 될 것입니다.

## 6-1. 학생부의 구조: 항목별 내용, 글자 수, 대입 반영 여부

※ **중요:** 생활기록부의 모든 내용이 대학에 제공되는 것은 아닙니다. 아래 설명에서 "대입 미반영"이라고 표시된 항목은 학교에는 기록되지만, 대학에는 전송되지 않는다는 의미입니다.

(1) 인적·학적사항
- **주요 내용:** 학생의 이름, 주민등록번호, 주소 등 기본 정보와 입학, 전학 등 학적 변동 사항.
- **글자 수 제한:** 해당 없음.
- **대입 반영 및 평가 핵심: (반영됨)** 평가의 대상이라기보다는, 지원자 본인 확인을 위한 기본 정보입니다.

(2) 출결상황

● **주요 내용:** 결석, 지각, 조퇴, 결과 기록. '특기사항'란에 사유를 기재함.

● **글자 수 제한:** 특기사항 연간 500자.

● **대입 반영 및 평가 핵심: (반영됨)** 학생의 기본적인 성실성과 학교생활 충실도를 판단하는 1차 지표입니다. 질병 등으로 인한 '인정' 결석은 문제가 되지 않으나, **'미인정(무단)' 결석/지각/조퇴는 매우 부정적인 평가**를 받을 수 있으니 철저한 관리가 필요합니다.


(3) 수상경력

● **주요 내용:** 교내에서 수상한 상의 명칭, 등위, 수상 연월일 등.

● **글자 수 제한:** 해당 없음.

● **대입 반영 및 평가 핵심:** *(대입 미반영)* 2024학년도 대입부터 상급학교 진학 시 수상경력은 제공되지 않습니다. 따라서 교내 대회는 '수상'을 목표로 하기보다, **대회를 준비하는 과정에서 얻은 지적 성장과 탐구 경험을 세특이나 다른 항목에 녹여내는 '과정 중심'**의 활동으로 활용해야 합니다.


(4) 창의적 체험활동상황

● **(4-1) 자율활동**

   ○ **주요 내용:** 학급 및 학교 구성원으로서 자발적으로 수행한 활동 (학급 회의, 학교 축제, 각종 캠페인 등).

   ○ **글자 수 제한:** 연간 500자.

   ○ **대입 반영 및 평가 핵심: (반영됨)** 학생의 **리더십, 주도성, 공동체 의식**을 보여 주는 핵심 공간입니다. 학교의 공통적인 활동 기록을 넘어, 학생이 자발적으로 공동체를 위해 기획하고 실행한 활동이 드러나는 것이 중요합니다. (제3장 3-3 참조)


● **(4-2) 동아리활동**

   ○ **주요 내용:** 정규 교육과정 내 편성된 동아리 활동 내용 및 학생의 역할.

   ○ **글자 수 제한:** 연간 500자.

○ **대입 반영 및 평가 핵심: (정규동아리만 반영됨)** 학생이 주도적으로 만든 '자율동아리'는 대입에 *미반영됩니다.* **학생의 전공 적합성, 협업 능력, 탐구 역량**을 보여 주는 핵심 공간입니다. **단순 참여를 넘어, 동아리의 특성과 자신의 진로 희망을 연결한 심화 탐구 프로젝트를 주도적으로 기획하고 실행하는 과정**이 드러나야 합니다. (제3장 3-2 참조)

● **(4-3) 봉사활동**

  ○ **주요 내용:** 학교 교육계획에 따라 실시한 봉사활동 실적.

  ○ **글자 수 제한:** 특기사항 기재 안 함. (실적만 기록)

  ○ **대입 반영 및 평가 핵심: (실적 반영됨)** '개인 봉사활동 실적'은 대입에 *미반영됩니다.* 학교 주관 봉사활동의 시간만 반영되므로, 과거에 비해 중요도는 낮아졌습니다. 하지만 꾸준한 참여를 통해 **학생의 나눔과 배려, 공동체 의식**을 보여 줄 수 있습니다.

● **(4-4) 진로활동**

  ○ **주요 내용:** 진로 탐색 검사, 진로 특강, 계열 선택 과정, 전공 탐색 활동 등.

  ○ **글자 수 제한:** 연간 700자.

  ○ **대입 반영 및 평가 핵심: (반영됨)** 학생의 진로 탐색 과정과 관심 분야가 어떻게 심화되는지를 보여 주는 중요한 항목입니다. (제2장 2-1, 제3장 3-3 참조) 1학년의 막연한 관심이 2, 3학년을 거치며 어떤 구체적인 탐색 활동을 통해 발전했는지, 그 "진로 성숙도"를 보여 주는 것이 핵심입니다.

(5) 교과학습발달상황

● **주요 내용:** 각 과목별 성적과 '세부능력 및 특기사항(세특)'.

● **글자 수 제한:**

  ○ **(2, 3학년 선택과목 및 2024년 이전 입학생):** 과목별 500자

  ○ **(2025년 고1 입학생부터 적용):** 1학년 공통과목은 1, 2학기 합산하여 과목별 연간 500자

● **대입 반영 및 평가 핵심: (반영됨)** 생기부의 가장 중요한 부분. 성적을 통해 학업 성취도를, 세특을 통해 학업 역량, 지적 호기심, 전공 적합성을 종합적으로 증명.

**[2025학년도 고1 필독! 세특 글자 수 변경의 의미]**

2025학년도 고1부터, 1학년 공통과목(공통국어, 공통수학 등)의 세특은 1학기와 2학기 내용을 합산하여 연간 500자로 기록됩니다. 이는 1학기 활동이 다소 부족했더라도, 2학기에 더 깊이 있는 탐구를 통해 이를 보완하고 전체적인 성장 스토리를 완성할 기회가 생겼음을 의미합니다. 학기별 분량 배분은 학교마다 다를 수 있으니, 연간 계획을 세워 전략적으로 접근하는 것이 더욱 중요해졌습니다.

**(6) 독서활동상황**

- **주요 내용:** 학생이 읽은 책의 제목과 저자.
- **글자 수 제한:** 해당 없음.
- **대입 반영 및 평가 핵심:** *(대입 미반영)* 별도의 독서 목록은 대학에 제공되지 않습니다. 따라서 이제 독서는 "세특, 동아리, 진로활동 등 모든 탐구 활동의 '출발점'이자 '근거 자료'"로서, 각 항목의 내용 속에 자연스럽게 녹아 들어가야 그 가치를 증명할 수 있습니다. (제2장 2-3 참조)

**(7) 행동특성 및 종합의견 (행특)**

- **주요 내용:** 담임교사가 1년간 학생을 종합적으로 관찰하여 기록하는 평가.
- **글자 수 제한:** 연간 500자.
- **대입 반영 및 평가 핵심: (반영됨) 학생의 인성, 잠재력, 성장 과정을 종합적으로 기록하는 항목으로, 학생에 대한 담임교사의 총체적인 평가가 담깁니다.** 앞선 모든 활동들이 하나의 컨셉으로 일관성 있게 연결될 때, 행특은 그 스토리를 요약하고 완성하는 역할을 합니다.

## 6-2. 3년간의 로드맵: 2022 개정 교육과정 활용 가이드

2022 개정 교육과정의 핵심은 학생의 과목 선택권 확대에 있습니다. 성공적인 3개년 로드맵을 설계하기 위해서는 각 과목의 특징과 전략적 가치를 정확히 이해해야 합니다.

이 파트에서는 1학년 공통과목부터 2, 3학년 선택과목(일반, 진로, 융합)까지, 과목별 핵심 내용과 이를 생기부 전략과 연계하는 방안을 안내합니다.

(1) 1학년 공통과목: 학문적 기초 확립 및 탐구 방향성 탐색

1학년 공통과목은 단순히 이수하는 것을 넘어, 각 과목의 특성을 이해하고 자신의 탐구 방향성을 설정하는 전략적 도구로 활용해야 합니다. 성공적인 1학년 생기부 설계를 위해 각 과목별 핵심 특징과 생기부 연계 전략을 다음과 같이 제시합니다.

## 1) 국어: 공통국어 1, 2

**[핵심 변경 사항]**

하나의 주제를 중심으로 말하기, 읽기, 쓰기를 통합적으로 배우는 **주제 중심 융합 수업**이 강화되었으며, 특히 **'매체(미디어) 언어'** 단원의 비중이 확대되었습니다.

**[생기부 전략 Point]**

'매체(미디어) 언어' 단원이 강화된 점을 놓치지 마세요! 이제 국어 시간은 문학 작품만 분석하는 시간이 아닙니다. **유튜브 영상, 뉴스 기사, SNS 게시물 등 다양한 매체 텍스트**를 비판적으로 분석하는 탐구를 진행하기에 최고의 환경입니다. 당신의 진로와 연결하여 탐구의 깊이를 보여 주세요.

● **(예시)** 미디어학과 지망생 → '가짜뉴스 판별을 위한 언어학적 접근'
● **(예시)** 경영학과 지망생 → 'MZ세대를 사로잡는 인스타그램 마케팅 문구 분석'

## 2) 수학: 공통수학 1, 2

**[핵심 변경 사항]**

공학 및 데이터 과학의 기초가 되는 "행렬"이 다시 포함되었고, 통계 파트의 **'탐구와 추론'** 활동이 공식적으로 강조됩니다.

**[생기부 전략 Point]**

새로 추가된 "행렬"은 최고의 무기가 될 수 있습니다. 행렬이 컴퓨터 그래픽(이미지 변환), 경제학(산업연관분석), 통계학(데이터 변환) 등 다양한 분야에서 어떻게 활용되는지 탐구하며 전공 적합성을 심화시킬 수 있습니다.

- **(예시)** 컴퓨터공학과 지망생 → '행렬을 이용한 2D 이미지 변환(이동, 회전, 확대) 원리 탐구'
- **(예시)** 사회과학계열 지망생 → '통계 프로그램을 활용한 학업 시간과 여가 시간의 상관관계 분석'

### 3) 영어: 공통영어 1, 2

**[핵심 변경 사항]**

실용적 의사소통 능력과 더불어, 다양한 주제에 대한 "문화적 이해"를 바탕으로 자신의 생각을 논리적으로 표현하는 능력이 강조됩니다.

**[생기부 전략 Point]**

영어는 더 이상 '언어' 과목이 아닌, 최신 정보와 다양한 관점을 얻는 '창구'입니다. 특정 사회 이슈에 대한 **여러 국가의 다른 관점을 원문 기사나 보고서로 직접 찾아 비교 분석**하는 탐구는 당신의 국제적 시각과 정보 탐색 능력을 동시에 보여줄 수 있습니다.

- **(예시)** 국제관계학과 지망생 → '하나의 국제 분쟁에 대한 BBC와 CNN의 보도 관점 비교 분석'
- **(예시)** 생명과학과 지망생 → 'Nature, Science 등 해외 저널의 최신 연구(예: CRISPR) 관련 기사 번역 및 요약 보고'

### 4) 사회: 통합사회 1, 2 / 한국사 1, 2

**[핵심 변경 사항]**

'사회 정의와 불평등' 등 **핵심 아이디어(Big Idea)를 중심으로** 지리, 윤리, 정치, 경제, 역사 등 사회과학의 다양한 관점을 융합하여 탐구합니다.

**[생기부 전략 Point]**

이 과목은 "융합적 사고"를 보여 주기에 최적화된 무대입니다. 본문에서 배운 '키워드 연결 고리'를 활용하여, 하나의 사회 현상을 여러 학문의 렌즈로 종합 분석하는 보고서를 작성하며 사고의 폭을 넓혀 보세요.

- **(예시)** 도시공학과 지망생 → '젠트리피케이션 현상에 대한 지리, 경제, 사회, 윤리적 관점의 융합적 분석 보고서'
- **(예시)** 행정학과 지망생 → '공공재로서의 대중교통 시스템: 요금 정책의 경제적 타당성과 사회적 효용 분석'

### 5) 과학: 통합과학 1, 2 / 과학탐구실험 1, 2

**[핵심 변경 사항]**

과학의 핵심 개념 중심으로 교과를 통합하고, **'과학과 미래 사회'** 단원이 신설되어 과학 기술의 사회적 영향에 대한 탐구가 강조됩니다.

**[생기부 전략 Point]**

신설된 **'과학과 미래 사회'** 단원은 당신의 컨셉을 보여줄 황금 같은 기회입니다. 자신의 진로 희망과 관련된 최신 과학 기술의 원리를 탐구하고, **그 기술이 가져올 사회적, 윤리적 쟁점까지 함께 고찰**하는 융합적 탐구를 통해 차별화된 깊이를 보여 주세요.

- **(예시)** 의예과 지망생 → '유전자 가위 기술의 원리와 생명 윤리적 딜레마에 대한 고찰'
- **(예시)** 컴퓨터공학 지망생 → 'AI 발전이 미래 고용 시장에 미치는 영향과 기본소득제 도입의 필요성 탐구'

(2) 2-3학년 선택과목: 전략적 조합을 위한 가이드

1학년 공통과목 이수 과정에서 발견한 자신의 학문적 흥미와 탐구 방향성을, 2, 3학년 선택과목 조합을 통해 구체화하고 심화시켜야 합니다. 즉, **과목 선택 자체가 지원자의 학업 역량과 전공 적합성을 드러내는 객관적인 증거**가 됩니다. 선택과목은 크게 세 가지 유형으로 나뉘며, 각각의 전략적 의미는 다음과 같습니다.

**선택과목의 세 가지 유형과 그 전략적 의미**

**1) 일반선택: 학문적 기초 역량의 증명**

- **역할:** 각 교과 영역의 가장 핵심적인 내용을 배우는 과목입니다. 지원 계열에 대한 **기초 학업 역량**의 깊이를 증명하는 역할을 합니다.
- **전략적 가치:** 상경계열 학생이 확률과 통계, 경제를 선택하거나, 공학계열 학생이 미적분 I, 물리학을 선택하는 것은 해당 분야의 심화 학습을 위한 학문적 준비가 되어 있음을 보여 주는 가장 기본적인 증거입니다. 관련 일반선택 과목의 성취도는 전공 적합성 평가의 출발점입니다.

### 2) 진로선택: 전공 적합성의 심화

- **역할:** 자신의 진로와 직접적으로 관련된 분야를 더 깊이 파고드는 과목입니다. 지원 전공에 대한 **관심도와 심화 탐구 역량**을 직접적으로 보여 줍니다.
- **전략적 가치:** 과학과제 연구, 사회문제 탐구와 같은 과목은 자신만의 심층 탐구 보고서를 공식적인 교육과정 내에서 수행하고 기록할 수 있는 가장 좋은 기회입니다. 심화 수학, 국제법 등은 일반선택 과목을 넘어선 학문적 도전 정신과 발전 가능성을 드러내는 데 효과적입니다.

### 3) 융합선택: 융합적 사고와 차별성 확보

- **역할:** 교과 간의 경계를 허무는 주제 중심의 과목입니다. 지원자의 **사고의 폭과 독창성, 그리고 문제 해결 능력**을 보여 주는 차별화 포인트가 됩니다.
- **전략적 가치:** 다른 지원자와 비슷한 교과 이수 내역 속에서 자신만의 특별함을 드러낼 수 있는 과목입니다. 예를 들어, 의예과를 지망하는 학생이 과학의 역사와 문화를 이수하며 기술의 윤리적 측면을 고찰하거나, 컴퓨터공학과 지망생이 금융과 경제생활을 이수하며 핀테크 분야에 대한 관심을 보여 주는 식의 전략적 선택이 가능합니다.

### 나만의 과목 조합을 위한 3가지 질문

그렇다면 어떤 과목을 선택해야 할까요? 다음 세 가지 질문에 답하며 당신만의 최적의 조합을 찾아보세요.

1. 나의 컨셉과 키워드를 가장 잘 증명해 줄 과목은 무엇인가?
2. 나의 희망 전공(대학)에서 필수 이수 과목으로 권장하는 것은 무엇인가? (※ 각 대학의 모집요

강 확인 필수)

3. 나만의 차별점을 보여 주기 위해, 의외의 융합을 만들어 낼 수 있는 과목은 무엇인가?


**공식 교과목 목록**

**1) 일반선택 과목 목록**

● **국어:** 화법과 언어, 독서와 작문, 문학

● **수학:** 대수, 미적분Ⅰ, 확률과 통계

● **영어:** 영어Ⅰ, 영어Ⅱ, 영어 독해와 작문

● **사회:** 세계시민과 지리, 세계사, 사회와 문화, 현대사회와 윤리

● **과학:** 물리학, 화학, 생명과학, 지구과학

**2) 진로선택 과목 목록**

● **국어:** 주제 탐구 독서, 문학과 영상, 직무 의사소통

● **수학:** 기하, 미적분Ⅱ, 경제 수학, 인공지능 수학, 직무 수학

● **영어:** 영미 문학 읽기, 영어 발표와 토론, 심화 영어, 심화 영어 독해와 작문, 직무 영어

● **사회:** 한국지리 탐구, 도시의 미래 탐구, 동아시아 역사 기행, 정치, 법과 사회, 경제, 윤리와 사상, 인문학과 윤리, 국제 관계의 이해

● **과학:** 역학과 에너지, 전자기와 양자, 물질과 에너지, 화학 반응의 세계, 세포와 물질대사, 생물의 유전, 지구시스템과학, 행성우주과학

**3) 융합선택 과목 목록**

● **국어:** 독서 토론과 글쓰기, 매체 의사소통, 언어생활 탐구

● **수학:** 수학과 문화, 실용 통계, 수학과제 탐구

● **영어:** 실생활 영어 회화, 미디어 영어, 세계 문화와 영어

● **사회:** 여행지리, 역사로 탐구하는 현대 세계, 사회문제 탐구, 금융과 경제생활, 윤리문제 탐구, 기후변화와 지속가능한 세계

● **과학:** 과학의 역사와 문화, 기후변화와 환경생태, 융합과학 탐구

● **예술:** 음악과 미디어, 미술과 매체

● **기술·가정/정보:** 창의 공학 설계, 지식 재산 일반, 생애 설계와 자립, 아동발달과 부모, 소프트

웨어와 생활

● **교양:** 인간과 경제활동, 논술


**3. 전략적 활용 가이드: 3년간의 컨셉 빌드업 로드맵**

다음은 앞서 설명한 1학년 공통과목과 2, 3학년 선택과목을 바탕으로, 특정 진로 컨셉에 맞춰 3년간의 과목 이수 계획을 수립한 구체적인 예시입니다.

이 예시들은 절대적인 정답이 아니며, 독자 여러분이 자신의 컨셉과 키워드에 맞춰 과목을 선택하는 과정을 돕기 위한 **참고 자료**입니다. 예시 자체를 그대로 따라 하기보다, **과목들을 어떤 논리적 흐름에 따라 전략적으로 조합하는지 그 방법을 파악**하는 데 집중하시길 바랍니다.


**[예시 1] 컨셉: 데이터를 통해 기후 위기 해법을 제시하는 '환경 정책 전문가'**

● **키워드:** #환경, #데이터, #정책

● **3개년 로드맵:**

　○ **1학년 (탐색):** 통합사회의 '환경과 지속가능한 삶' 단원에서 문제의식을 발견하고, 공통수학의 '통계' 단원에서 데이터 분석의 가능성을 확인.

　○ **2학년 (심화):**

　　**[일반]** 확률과 통계, 세계시민과 지리를 선택하여 이론적 기반을 다짐.

　　**[진로]** 사회문제 탐구를 선택하여 '지역별 폭염 취약 계층 분석' 프로젝트를 진행.

　○ **3학년 (융합):**

　　**[융합]** 기후변화와 지속가능한 세계를 수강하며 거시적 안목을 키움.

　　**[융합]** 융합과학 탐구를 수강하여 2학년 때의 분석을 심화시키고, '도시 열섬 완화를 위한 정책'을 제안하는 최종 탐구를 완성.


**[예시 2] 컨셉: 인간을 이해하는 'AI 윤리 전문가'**

● **키워드:** #인공지능, #인간심리, #윤리

● **3개년 로드맵:**

　○ **1학년 (탐색):** 공통국어의 '매체 언어' 단원에서 SNS 소통 방식에 흥미를 느끼고, 통합과학

의 '뇌과학' 파트에서 인간의 인지 과정에 대한 호기심 발생.

- ○ **2학년 (심화):**

   [**일반**] 사회와 문화, 현대사회와 윤리를 선택하여 윤리적/법적 사고의 틀을 학습.

   [**진로**] 주제 탐구 독서를 통해 심리학 관련 서적을 탐독하며 인간의 인지 편향에 대해 탐구.

- ○ **3학년 (융합):**

   [**진로**] 인공지능 수학을 선택하여 기술적 깊이를 더함.

   [**진로**] 인공지능 기초 수업에서, 2학년 때 탐구한 인지 편향을 AI 알고리즘의 '편향성(Bias)' 문제와 연결하여 'AI 윤리 가이드라인'을 제안.


## [예시 3] 컨셉: 질병 진단 기술을 개발하는 '의생명공학 연구원'

- ● **키워드:** #분자생물학, #의료기기, #융합
- ● **3개년 로드맵:**

   - ○ **1학년 (탐색):** 통합과학의 '유전자'와 '질병' 파트에서 생명공학에 대한 흥미를 느끼고, 공통 수학의 '함수' 단원을 배우며 신호 처리의 기초에 관심을 가짐.

   - ○ **2학년 (심화):**

      [**일반**] 화학 I , 생명과학 I , 미적분 I 을 선택하여 과학적 기초 역량을 다짐.

      [**진로**] 생명과학 실험을 수강하며 '혈당 측정 센서의 원리'에 대해 탐구.

   - ○ **3학년 (융합):**

      [**진로**] 세포와 물질대사를 선택하여 2학년 탐구를 심화.

      [**융합**] 융합과학 탐구 수업에서, '나노 기술 기반의 차세대 진단기기' 개발 아이디어를 구체화하는 최종 보고서를 완성.


## [예시 4] 컨셉: 인권 문제에 기여하는 '국제 전문 변호사'

- ● **키워드:** #국제법, #외교, #인권
- ● **3개년 로드맵:**

   - ○ **1학년 (탐색):** 통합사회의 '인권 보장과 헌법' 단원에서 법에 대한 관심을 느끼고, 한국사의 근현대사 속 국제 관계를 배우며 외교 분야에 호기심 발생.

○ **2학년 (심화):**

[일반] 사회와 문화, 세계사를 선택하여 법률 및 국제 관계의 기초를 학습.

[진로] 국제 관계의 이해를 수강하며 '국제사법재판소'의 역할과 한계에 대해 심화 탐구.

○ **3학년 (융합):**

[진로] 법과 사회를 선택하여 전문성을 높이고, '난민의 법적 지위'에 대한 탐구 보고서를 작성.

[융합] 윤리문제 탐구를 수강하며 인권 문제를 법률적 관점뿐만 아니라 윤리적, 문화적 관점에서 종합적으로 고찰.


**[예시 5] 컨셉: 소비자의 마음을 움직이는 '디지털 브랜드 마케터'**

● **키워드:** #브랜딩, #소비자심리, #콘텐츠

● **3개년 로드맵:**

○ **1학년 (탐색):** 공통국어의 '매체 언어' 단원에서 광고 언어의 설득 방식에 흥미를 느끼고, 통합사회의 '시장 경제' 파트에서 기업의 마케팅 활동에 호기심 발생.

○ **2학년 (심화):**

[일반] 사회와·문화, 확률과 통계를 선택하여 사회 트렌드와 소비자 행동, 데이터 분석의 기초를 학습.

[진로] 주제 탐구 독서를 통해 마케팅 및 소비자 심리학 관련 서적을 탐독.

○ **3학년 (융합):**

[진로] 경제를 통해 비즈니스에 대한 이해를 심화.

[융합] 사회문제 탐구, 창의 공학 설계를 수강하며, 문화 트렌드를 분석하고 이를 바탕으로 특정 브랜드를 위한 SNS 콘텐츠 전략을 기획.


**[참고 자료]**

● 교육부, 「[해당 연도] 학교생활기록부 기재요령」

● 교육부, 「2022 개정 교육과정 총론」

● 한국교육과정평가원(KICE) 발간 교육과정 관련 연구 자료

● 나이스 대국민 서비스(www.neis.go.kr) 학생생활기록부 안내 자료

# 제7장

# 탐구의 시작점: 아이디어와 지성 (The Idea Book)

훌륭한 생기부는 '나만의 질문'에서 시작되며, 그 질문은 깊이 있는 지적 탐색을 통해 발견됩니다. 이 부록은 당신이 '무엇을 탐구해야 할지' 막막한 순간에 길잡이가 되어 줄 아이디어와 지식의 원천입니다.

- **7-1 '탐구 주제'**: 실제 탐구로 이어질 수 있는 구체적인 아이디어를 제공합니다.
- **7-2 '학문 이론'**: 당신의 탐구에 깊이를 더할 핵심 학자와 이론을 소개합니다.
- **7-3 '추천 도서'**: 모든 탐구의 기초가 되는 분야별 필독서를 안내합니다.

이 자료들을 활용하여 자신만의 탐구 주제를 발굴하고, 지적인 기반을 단단히 다지시길 바랍니다.

## 7-1. 탐구 주제: 계열별 아이디어 백과사전

이 파트는 당신의 희망 계열에 맞춰 어떤 구체적인 탐구 활동을 할 수 있는지, 그 아이디어를 제공하는 '탐구 주제 백과사전'입니다. 여기에 제시된 주제들은 정답이 아니며, 당신이 자신만의 질문을 찾아 나가는 데 영감을 주는 출발점입니다. 각 주제를 '3단계 발전형'으로 제시하였으니, 자신의 수준과 흥미에 맞춰 탐구를 심화시켜 보시길 바랍니다.

### 1. 사회과학계열

- **핵심:** '왜 이런 사회 현상이 나타났을까?'라는 질문을 던지고, 그 원인을 사회구조적, 역사적, 문화적 맥락 속에서 분석하는 것이 중요합니다. 복잡한 문제에 대해 균형 잡힌 시각과 자신만의 논리적인 대안을 제시해야 합니다.

[정치/외교/법]

## 1) 언론의 자유와 국민의 알 권리

● **1단계 (현상 분석):** '피의사실공표'의 개념을 정의하고, '서초구 초등교사 일기장 보도' 사례를 통해 언론 윤리와 국민의 알 권리가 충돌하는 지점 분석.

● **2단계 (심화/융합):** 언론을 통제하려는 정부와 이를 비판하는 언론의 갈등을 '삼권분립' 원칙과 '언론의 감시 기능'이라는 민주주의 핵심 가치와 연결하여 탐구.

● **3단계 (대안 제시):** 국민의 알 권리를 보장하면서도 개인의 인권을 보호할 수 있는 '피의사실공표죄'의 합리적인 법적 개선 방안 또는 언론계의 자율적인 가이드라인 강화 방안 제시.

## 2) 끝나지 않는 분쟁: 이스라엘-팔레스타인 갈등

● **1단계 (현상 분석):** 하마스와 이스라엘 간의 최근 전쟁의 직접적인 원인과 전개 과정을 정리하고, 이 갈등이 중동 정세에 미치는 영향 분석.

● **2단계 (심화/융합):** '투키디데스의 함정'을 적용하여, 이-팔 분쟁이 미-중 패권 경쟁의 대리전 양상으로 확장될 가능성이 있는지 국제정치학적 관점에서 탐구.

● **3단계 (대안 제시):** 과거의 평화 협상(오슬로 협정 등)이 실패한 원인을 분석하고, 국제 사회의 개입과 양측의 신뢰 회복을 위한 새로운 평화 로드맵을 자신만의 논리로 제안.

## 3) 새로운 국제 질서: '글로벌 사우스'와 자원 전쟁

● **1단계 (현상 분석):** '글로벌 사우스(Global South)'의 개념을 정의하고, 이들이 미-중-러 패권 구도에서 어떤 전략적 중요성을 갖는지 탐구.

● **2단계 (심화/융합):** 갈륨, 흑연, 요소수 사태 등 최근의 '자원 전쟁' 사례를 분석하고, 이것이 글로벌 사우스 국가들의 외교적 입지를 어떻게 강화시키는지 연구.

● **3단계 (대안 제시):** 자원 빈국인 한국이 자원 전쟁 시대에 살아남기 위한 경제 안보 전략(공급망 다변화, 핵심 광물 비축, 기술 기반 대체재 개발 등)을 제시.

## 4) 민주주의의 작동 원리: 선거제도와 삼권분립

● **1단계 (현상 분석):** 현재 대한민국의 선거제도(소선거구제, 비례대표제)의 특징과 문제점을 분석하고, '선거제도 개편' 논의의 핵심 쟁점은 무엇인지 탐구.

● **2단계 (심화/융합):** '이스라엘 사법개편' 사태를 통해, '삼권분립' 원칙이 훼손될 때 민주주의 시스템에 어떤 위기가 발생하는지 법철학적 관점에서 고찰.

- **3단계 (대안 제시):** 유권자의 표심이 의석수에 공정하게 반영되는(표의 등가성) 선거제도를 만들기 위해, 연동형 비례대표제, 중대선거구제 등 다양한 대안 모델의 장단점을 비교하고 한국에 가장 적합한 모델을 제안.

**[사회/문화/인권]**

### 5) 인구 절벽과 사회의 미래: 저출산, 다문화, 이민

- **1단계 (현상 분석):** 한국의 합계출산율(0.7명대)이 세계적으로 유례없이 낮은 원인을 사회/경제/문화적 측면에서 다각적으로 분석.
- **2단계 (심화/융합):** 저출산 문제의 대안으로 제시되는 '외국인 가사근로자' 도입이나 '이민 정책 확대'가 우리 사회의 문화적 정체성, 사회 통합, 내국인 노동 시장에 미칠 긍정적/부정적 영향을 예측. '관계인구' 개념이 지방소멸 문제에 적용될 수 있는지 탐구.
- **3단계 (대안 제시):** 프랑스, 스웨덴 등 저출산 문제 극복에 성공한 국가들의 정책 사례를 비판적으로 검토하고, 한국의 특수성을 고려한 실효성 있는 인구 정책 포트폴리오(주거 안정, 성평등, 보육 시스템 혁신 등)를 제안.

### 6) 소수자 인권과 사회적 갈등: 성 중립 화장실, 노키즈존, 장애인 이동권

- **1단계 (현상 분석):** '성 중립 화장실', '노키즈존', '전장연 지하철 시위' 등 최근 사회적 갈등 사례의 핵심 쟁점을 정리하고, 각 입장의 논리적 근거 분석.
- **2단계 (심화/융합):** 이러한 갈등들을 '차별과 혐오', '개인의 권리와 공공의 이익'이라는 인권 철학의 프레임으로 재해석하고, '건강가정기본법'과 같은 법률 속에 담긴 차별적 요소는 없는지 탐구.
- **3단계 (대안 제시):** 단순한 찬반 논리를 넘어, 사회적 소수자와 다수가 공존할 수 있는 구체적인 사회적 합의 모델이나 제도적 대안(예: 패밀리존 도입, 저상버스 도입 의무화 재정 지원 확대 등)을 제시.

### 7) 청년 문제와 빈곤의 대물림: 고독사, 빈곤, 일자리 미스매칭

- **1단계 (현상 분석):** '청년 고독사' 및 '청년 빈곤'의 실태를 통계 자료를 통해 확인하고, 이것이 더 이상 개인의 문제가 아닌 사회 구조적 문제임을 논증.
- **2단계 (심화/융합):** 제조업의 '인력난'과 청년층의 '실업난'이 동시에 발생하는 '일자리 미스매

칭' 현상의 원인을 분석하고, 이것이 청년 빈곤 문제와 어떻게 연결되는지 탐구.

- **3단계 (대안 제시):** 청년 빈곤과 고독사를 해결하기 위해, 단순한 재정 지원을 넘어 직업 교육 혁신, 중소기업-청년 연계 강화, 사회적 관계망 회복 지원 등 다각적인 정책적 대안을 제시.

### 8) 현대 사회의 새로운 갈등 양상: 혐오, 집단극화, 포퓰리즘

- **1단계 (현상 분석):** 온라인 게임 커뮤니티에서 시작된 '혐오 표현'이 어떻게 현실 정치 영역까지 확산되는지, '집단 극화' 현상을 중심으로 분석.
- **2단계 (심화/융합):** 좌파/우파 포퓰리즘의 특징을 비교 분석하고, '포퓰리즘'이 대중의 의사를 대변한다는 긍정적 측면과 민주주의를 위협할 수 있다는 부정적 측면을 탐구.
- **3단계 (대안 제시):** 극단적인 혐오와 갈등을 완화하고, 건강한 공론장을 회복하기 위해 미디어 리터러시 교육, 시민 참여 플랫폼 활성화 등 구체적인 사회적 해법을 제안.


### [미디어/법/IT]

### 9) 플랫폼 노동자와 사이버 범죄

- **1단계 (현상 분석):** '플랫폼 노동자(배달 라이더, 대리운전 기사 등)'의 법적 지위(근로자인가, 개인사업자인가)에 대한 국내외 논쟁 현황을 분석.
- **2단계 (심화/융합):** '로톡'과 변협의 갈등 사례를 통해, 리걸테크(Legal-tech)와 같은 전문 서비스 플랫폼이 기존 직업 윤리 및 법률 서비스 시장에 미치는 영향을 분석. 익명성 뒤에 숨은 '사이버불링' 범죄의 심각성과 법적 처벌의 한계점을 탐구.
- **3단계 (대안 제시):** 플랫폼 노동자의 권익을 보호하면서도 플랫폼 산업의 혁신을 저해하지 않는 새로운 형태의 사회적 안전망(예: 고용보험 적용 확대, 표준 계약서 도입) 또는 법적 지위 (제3의 지위) 도입 방안을 제안.

### 10) 가짜뉴스와 표현의 자유

- **1단계 (현상 분석):** 딥페이크 기술 등을 활용한 '가짜뉴스'가 선거와 같은 사회적 의사결정에 미치는 위험성을 실제 사례를 통해 분석.
- **2단계 (심화/융합):** '가짜뉴스 규제'가 '표현의 자유'를 침해할 수 있다는 주장과, '공익'을 위해 제한이 필요하다는 주장을 헌법적 가치의 충돌 관점에서 분석.
- **3단계 (대안 제시):** 법적 규제와 자율 규제의 장단점을 비교하고, 정부, 플랫폼 기업, 언론, 시

민 사회가 각자의 역할 속에서 가짜뉴스 문제에 대응하는 다차원적인 협력 모델을 제시.

**11) 전세 사기와 개인 채무 문제**

● **1단계 (현상 분석):** '건축왕', '빌라왕'으로 불리는 대규모 전세 사기 사건의 구조와 발생 원인을 부동산 시장 및 법률 제도의 허점 측면에서 분석.

● **2단계 (심화/융합):** 코로나19 이후 고금리 상황에서 급증한 '개인 채무' 문제가 사회 전체의 시스템 리스크로 번질 수 있는 과정을 탐구.

● **3단계 (대안 제시):** 전세 사기 피해자를 구제하고 재발을 방지하기 위한 법적(악성 임대인 정보 공개 등), 금융적(보증보험 강화 등) 제도 개선 방안을 제시.

**12) 군 병력 자원 부족과 국방의 의무**

● **1단계 (현상 분석):** 저출산으로 인한 군 병력 자원 부족의 실태를 통계 자료를 통해 확인하고, 현재의 징병제 시스템이 마주한 한계를 분석.

● **2단계 (심화/융합):** '여성 징병제' 또는 '모병제 전환' 논의에 대해, 국방 효율성, 사회적 형평성, 재정적 비용의 세 가지 측면에서 장단점을 비교 분석.

● **3단계 (대안 제시):** 현재의 징병제를 유지하면서도 병력 부족 문제를 해결할 수 있는 대안(예: 첨단 과학 기술을 활용한 군 구조 개편, 예비군 제도 효율화 등)을 제시하고 그 실현 가능성을 평가.


**[사회과학계열 융합 탐구 TIP]**

● **행정학과:** '김포 메가시티' 논쟁을, 행정 구역 개편의 역사적 사례, 재정 자립도, 교통 문제, 주민 정체성 등 복합적인 관점에서 분석하고, 실현 가능성과 예상되는 문제점을 예측해 볼 수 있습니다.

● **심리학과:** '게임에서 정치까지 확대된 혐오와 집단 극화' 현상을, '내집단-외집단 편향', '동조 효과' 등 사회심리학 이론을 통해 그 작동 원리를 분석하고, 심리적 해결 방안(예: 상위 목표 제시, 탈범주화)을 모색해 볼 수 있습니다.

● **환경공학과:** '쓰레기 소각장 등 기피시설(NIMBY) 입지 선정' 갈등을, 단순한 지역 이기주의 문제가 아닌, 환경 공학적 안전성과 주민 수용성, 그리고 공정한 보상 시스템이라는 다각적 관점에서 최적의 해결 모델을 설계해 볼 수 있습니다.

● **보건학과**: '설탕세' 도입 논쟁을, 국민 건강 증진이라는 공중 보건의 목표와 개인의 선택의 자유 및 관련 산업에 미치는 경제적 영향 사이의 딜레마로 분석하고, 다른 국가의 사례와 비교하여 정책의 실효성을 평가해 볼 수 있습니다.


## 2. 상경계열

● **핵심**: 상경계열은 돈의 흐름(금융), 재화와 서비스의 생산/분배/소비(경제), 그리고 기업의 운영(경영)에 대해 배우는 학문입니다. 이 계열의 핵심은 **'한정된 자원을 어떻게 하면 가장 효율적으로 배분할 것인가?'**라는 질문에 답하는 것입니다. 성공적인 탐구 보고서는 최신 사회 현상을 경제/경영학적 이론으로 분석하고, 자신만의 대안을 제시하는 깊이를 보여주어야 합니다.


## [거시경제/국제관계]

### 1) 한/중/일 경제 전망과 '광물 전쟁'

● **1단계 (현상 분석)**: 최근 한/중/일 3국의 경제 성장률, 물가, 금리 등 거시경제 지표를 비교 분석하고, 각국의 경제 전망이 엇갈리는 원인은 무엇인지 탐구.

● **2단계 (심화/융합)**: 미중 갈등 속에서 심화되는 '광물 자원 무기화' 현상이 한국의 반도체 및 배터리 산업에 미치는 영향을 공급망 관점에서 분석.

● **3단계 (대안 제시)**: 핵심 광물에 대한 특정 국가 의존도를 낮추기 위해, 자원 외교 다변화, 대체재 개발, 도시 광산 활성화 등 한국이 선택할 수 있는 장기적인 경제 안보 전략 제시.

### 2) 상반된 금리 정책: 일본의 '마이너스 금리'와 미국의 '매파적' 기조

● **1단계 (현상 분석)**: 일본이 '마이너스 금리' 정책을 도입했던 이유와 그 효과를 분석하고, 최근 금리 정상화를 시도하는 배경은 무엇인지 탐구.

● **2단계 (심화/융합)**: '매파'와 '비둘기파'의 비유를 통해, 미국의 연준(Fed)이 금리 정책을 결정하는 과정과 그 결정이 세계 경제(특히 신흥국 환율)에 미치는 파급 효과를 분석.

● **3단계 (대안 제시)**: 글로벌 금리 변동기에 한국은행이 선택할 수 있는 통화 정책 옵션(금리 인상/인하/동결)의 장단점을 비교하고, 현재 한국 경제 상황에 가장 적합한 정책 방향을 자신만의 논리로 주장.

### 3) 국가 재정 건전성 논쟁: '부자 감세'와 '국가 부채'

- **1단계 (현상 분석):** '부자 감세'(법인세, 상속세 인하 등)가 실제로 투자 활성화와 경제 성장으로 이어지는지, '낙수 효과'와 '조세 형평성'의 관점에서 찬반 논리를 비교 분석.

- **2단계 (심화/융합):** 미국 '디폴트 위기' 사례를 통해 국가 부채 비율이 과도하게 높아질 경우 국가 신용도와 금융 시장에 어떤 리스크를 초래하는지 연구.

- **3단계 (대안 제시):** 한국의 국가 부채 증가 속도와 재정 건전성 지표를 분석하고, 미래 세대의 부담을 줄이기 위한 지속 가능한 재정 운용 방안(세출 구조조정, 신규 세원 발굴 등)을 제시.

### 4) 달러 패권의 미래와 CBDC의 등장

- **1단계 (현상 분석):** 석유 결제 통화가 위안화로 바뀌는 등 '탈달러' 현상의 실제 사례를 찾아보고, 현재 달러 패권이 도전받는 원인은 무엇인지 탐구.

- **2단계 (심화/융합):** 각국 중앙은행이 발행하는 디지털 화폐 'CBDC(Central Bank Digital Currency)'의 도입이 기존의 금융 시스템과 통화 정책에 어떤 변화를 가져올지 분석.

- **3단계 (대안 제시):** 미래의 국제 통화 질서 변화에 대비하여, 한국이 원화의 안정성을 확보하고 국제적 위상을 높일 수 있는 금융 외교 전략을 제시.


**[미시경제/마케팅]**

### 5) 기업의 가격 결정 전략: '슈링크플레이션'과 '지각품질'

- **1단계 (현상 분석):** 가격은 그대로 두면서 용량을 줄이는 '슈링크플레이션(Shrinkflation)'의 실제 사례를 찾아보고, 이것이 소비자에게 미치는 심리적 영향을 분석.

- **2단계 (심화/융합):** '다이소'의 사례를 중심으로, 저렴한 가격에도 불구하고 소비자가 '싸구려'가 아닌 '가성비'로 인식하게 만드는 '지각품질(Perceived Quality)' 관리 전략을 마케팅 관점에서 분석.

- **3단계 (대안 제시):** 소비자의 신뢰를 잃지 않으면서도, 원가 상승 압박에 대응할 수 있는 창의적인 가격 정책(SKU 다양화, 번들링, 가격 차별화 등)을 특정 기업의 사례에 적용하여 제안.

### 6) 새로운 경제 모델: '구독 경제'와 '플랫폼 경제'

- **1단계 (현상 분석):** 넷플릭스, 쿠팡 와우 등 '구독 경제' 모델이 어떻게 소비자의 '소유'에 대한 인식을 바꾸고 있는지, 그 명과 암을 분석.

- **2단계 (심화/융합):** 쿠팡과 아마존의 '플라이휠' 전략을 비교 분석하며, 플랫폼 기업의 '네트워

크 효과'와 '데이터 독점'이 어떻게 시장 지배력을 강화하는지 연구.

- **3단계 (대안 제시):** '승차 공유 서비스' 사례처럼, 혁신적인 플랫폼 비즈니스 모델과 기존 산업 (택시 등) 간의 갈등을 해결하고, 소비자의 편익을 극대화할 수 있는 사회적 합의 및 규제 개선 방안을 제시.

## 7) 최저임금과 노동 시장의 딜레마

- **1단계 (현상 분석):** 최저임금 인상이 저임금 노동자의 소득 증대에 기여한다는 긍정적 측면과 고용 감소를 유발할 수 있다는 부정적 측면을 실제 통계 데이터를 통해 분석.
- **2단계 (심화/융합):** 최저임금 논쟁을 '소득 주도 성장' 이론과 '공급 중시 경제학'의 관점에서 비교 분석하고, 기업 규모에 따른 임금 격차 문제와 이것이 어떻게 연결되는지 탐구.
- **3단계 (대안 제시):** 현재의 단일 최저임금 제도의 한계를 보완하기 위해, 업종별/지역별로 최저임금을 차등 적용하는 방안의 장단점을 분석하고 자신만의 합리적인 최저임금 결정 모델을 제안.

## 8) MZ세대의 새로운 소비와 노동

- **1단계 (현상 분석):** '워케이션(Workcation)'의 확산, '조용한 사직' 등 MZ세대의 새로운 노동관을 보여 주는 현상들을 분석하고, 그들이 직장에서 중시하는 가치는 무엇인지 탐구.
- **2단계 (심화/융합):** MZ세대의 노조에 대한 인식 변화와 새로운 형태 노조(예: 사무직 노조) 등장 배경을 기성세대와의 가치관 차이와 사회 변화 관점에서 분석.
- **3단계 (대안 제시):** 미래의 기업들이 MZ세대라는 핵심 인재를 유치하고 유지하기 위해, 기존의 연공서열 중심 문화를 어떻게 수평적이고 성과 중심적인 조직 문화로 바꾸어야 하는지 구체적인 방안을 제안.


## [경영/IT/환경]

## 9) 전기차 시장의 미래와 ESG 경영

- **1단계 (현상 분석):** 최근 전기차 시장의 성장세가 주춤하는 현상(캐즘, Chasm)의 원인을 수요 (충전 인프라 부족, 보조금 축소)와 공급(배터리 기술, 가격) 측면에서 분석.
- **2단계 (심화/융합):** 전기차 경쟁이 단순한 기술 경쟁을 넘어, 배터리 핵심 광물 확보를 위한 '공급망 전쟁'으로 확장되는 양상을 국제 무역 관점에서 분석.

- **3단계 (대안 제시):** 'ESG 경영' 관점에서, 기업이 환경적 책임을 다하면서도 전기차 시장에서 지속가능한 성장을 이룰 수 있는 혁신적인 비즈니스 모델(배터리 구독 서비스, 재활용 시스템 구축 등)을 제안.

### 10) 금융 시장의 공정성: ELS 사태와 주가 조작

- **1단계 (현상 분석):** 홍콩 ELS 대규모 손실 사태와 SG증권 발 주가 폭락 사태의 공통점과 차이점을 분석하고, CFD, ELS 등 복잡한 파생상품의 구조와 위험성을 탐구.

- **2단계 (심화/융합):** 기업 오너나 경영진의 도덕적 해이가 어떻게 주가 시세 조종과 같은 불공정거래 행위로 이어지는지, '대리인 문제' 이론을 통해 분석.

- **3단계 (대안 제시):** 개인 투자자를 보호하고 금융 시장의 공정성과 투명성을 높이기 위한 기술적(AI 기반 불공정거래 감시 시스템), 법적(솜방망이 처벌 개선) 제도 개선 방안을 제시.

### 11) 반도체 패권 전쟁과 기업 전략

- **1단계 (현상 분석):** 미국-중국 간의 '반도체 전쟁'이 메모리, 파운드리 등 각 분야에서 어떻게 전개되고 있는지, 주요 기업들의 점유율 변화를 통해 분석.

- **2단계 (심화/융합):** 네이버의 포시마크 인수, LG전자의 전장 사업 확장 등 국내 기업들의 M&A 사례를 분석하고, 이것이 반도체 기술 의존도를 낮추고 미래 성장 동력을 확보하기 위한 전략임을 설명.

- **3단계 (대안 제시):** 격화되는 반도체 패권 경쟁 속에서 삼성전자나 SK하이닉스가 '초격차'를 유지하기 위해 선택해야 할 기술 개발(HBM, CXL 등) 및 경영 전략(팹리스와의 협력, 인재 양성)을 제시.

### 12) 불안한 미래, 위기관리 경영

- **1단계 (현상 분석):** 실리콘밸리은행(SVB) 파산 사태의 원인을 금리 인상과 같은 거시경제적 요인과, 위험 관리 실패라는 미시경제적 요인으로 나누어 분석.

- **2단계 (심화/융합):** 와인 산업의 위기(기후 변화로 인한 작황 부진)나 중국의 부동산 위기 사례를 통해, 특정 산업이나 국가의 위기가 어떻게 전 세계 경제에 '대차대조표 불황'과 같은 연쇄 효과를 일으키는지 탐구.

- **3단계 (대안 제시):** 예측 불가능한 위기(블랙 스완)에 대비하기 위해, 현대 기업들이 갖추어야 할 위기관리(Risk Management) 시스템의 핵심 요소를 재무적, 비재무적 관점에서 구체적으

로 제안.

**[상경계열 융합 탐구 TIP]**

- **사회학과:** '성별 임금 격차'라는 경제 현상을, 우리 사회의 가부장적 문화와 유리천장 문제 등 사회 구조적 관점에서 심층적으로 분석해 보세요.
- **행정학과:** 서울시 공공자전거 '따릉이'의 가격 인상 논쟁을, 공공 서비스의 '보편성'과 '재정 효율성'이라는 행정학적 딜레마 속에서 분석하고 최적의 대안을 모색해 볼 수 있습니다.
- **법학과:** '상속세'나 '노란봉투법'과 같이 찬반이 첨예하게 갈리는 경제 이슈를, 각각의 법률이 추구하는 헌법적 가치(재산권, 노동권, 조세 평등주의 등)와 연결하여 법철학적으로 고찰해 볼 수 있습니다.
- **환경공학과:** 기업이 단순히 비용으로만 여기던 '탄소 배출권'이 어떻게 새로운 금융 상품이자 경영 전략의 핵심 요소가 되었는지, 환경과 경제의 접점에서 분석해 볼 수 있습니다.
- **컴퓨터공학과:** 고객의 소비 패턴 데이터를 분석하여 개인 맞춤형 상품을 추천하는 '알고리즘'이 기업의 매출 증대에 어떻게 기여하는지와 그 과정에서 발생하는 '데이터 프라이버시' 문제는 어떻게 해결해야 하는지 탐구해 볼 수 있습니다.


3. 인문계열

- **핵심:** 인문학은 인간의 사상, 문화, 역사, 언어 등 인간의 근원을 탐구하는 학문입니다. 이 계열의 핵심은 **'인간이란 무엇이며, 어떻게 살아야 하는가?'**라는 근본적인 질문에 대해 자신만의 답을 찾아가는 것입니다. 성공적인 탐구는 정답이 없는 문제에 대해 **다양한 관점을 비교 분석**하고, 과거의 지혜와 현재의 현상을 연결하여 **자신만의 독창적인 해석**을 내놓는 깊이를 보여주어야 합니다.


**[철학/윤리/종교]**

**1) 인간 존재와 종교의 역할**

- **1단계 (현상 분석):** 현대 사회에서 여전히 발생하는 '종교 전쟁(이스라엘-하마스 분쟁 등)'의 사례를 통해, 종교가 인간에게 미치는 긍정적/부정적 영향을 분석.

- **2단계 (심화/융합):** '신이 만든 완벽한 세상'이라는 종교적 세계관과 '인간이 스스로 만들어 가는 세상'이라는 실존주의 철학을 비교하며, 인간에게 종교가 필요한 근본적인 이유를 철학적으로 고찰.
- **3단계 (대안 제시):** 학교 폭력, 교권 침해 등 현대 사회의 윤리적 문제 해결을 위해, 종교적 가르침과 세속 윤리가 어떻게 상호 보완적으로 기여할 수 있는지 자신만의 윤리 교육 방향성을 제시.

### 2) 생명 윤리와 기술의 딜레마

- **1단계 (현상 분석):** '유전자 편집 치료'의 원리와 현재 기술 수준을 조사하고, 난치병 치료의 희망과 잠재적 위험성을 분석.
- **2단계 (심화/융합):** 유전자 편집 기술을 '맞춤 아기'에 적용하는 문제를, 인간의 존엄성과 사회적 불평등이라는 윤리적 관점에서 심층적으로 탐구.
- **3단계 (대안 제시):** 새로운 생명 기술이 인류에게 올바르게 사용되기 위해 필요한 사회적 합의와 법적/윤리적 가이드라인에 대한 자신만의 원칙을 제시.

### 3) 논리와 언어의 세계

- **1단계 (현상 분석):** 수학과 논리학에서 사용되는 '필요조건과 충분조건'의 개념을 정의하고, 일상생활에서 이 두 개념이 혼동되어 발생하는 오류의 사례 탐구.
- **2단계 (심화/융합):** "문 닫고 나가"와 같이, 언어의 문자적 의미와 화자의 실제 의도(함축적 의미)가 달라지는 현상을 화용론(Pragmatics)적 관점에서 분석.
- **3단계 (대안 제시):** '심심한 사과' 논란으로 불거진 '문해력' 저하 문제의 원인을 진단하고, 디지털 시대에 필요한 실질적인 문해력 증진 교육 프로그램을 직접 기획하여 제안.


### [역사/고고학]

### 4) 역사를 통해 현재를 읽다: 분쟁과 교훈

- **1단계 (현상 분석):** '홀로도모르(우크라이나 대기근)'와 '제노사이드'의 역사적 사례를 통해, 특정 집단에 대한 학살이 발생하는 사회/정치적 조건 분석.
- **2단계 (심화/융합):** '영세중립국' 논쟁의 역사적 배경을 탐구하고, 오늘날 한반도의 지정학적 위치 속에서 '중립국' 모델이 현실적인 외교 전략이 될 수 있는지 비판적으로 고찰.

- **3단계 (대안 제시):** 과거의 역사 분쟁(홀로도모르)이 현재의 국제 관계(러시아-우크라이나 전쟁)에 어떤 영향을 미치는지 분석하고, 역사 교육이 국제 평화에 기여하기 위한 방향성을 제시.

## 5) 유물 속에 담긴 과거와의 대화

- **1단계 (현상 분석):** '경산 소월리 얼굴 항아리'와 '목간'의 사례를 통해, 신라인들의 문자 생활과 일상적인 감정 표현 방식을 탐구.
- **2단계 (심화/융합):** 우리 조상들이 여름까지 얼음을 보관했던 '빙고(氷庫)'의 건축학적, 과학적 원리를 현대의 '저온 저장 기술'과 비교 분석.
- **3단계 (대안 제시):** 불법으로 유출된 우리 문화재를 박물관이 아닌 개인이 훔쳐온 가상의 상황을 설정하고, '문화재 환수' 문제에 대해 국제법, 국내법 그리고 역사적 정의의 관점에서 누구의 소유권을 인정해야 하는지 법철학적 토론을 전개.


## [문화/언어/예술]

## 6) 세계를 휩쓰는 K-컬처의 비밀

- **1단계 (현상 분석):** 'K팝'의 정의와 그 음악적, 시각적 특징을 분석하고, 일본 만화 시장을 석권한 '한국 웹툰'의 성공 요인은 무엇인지 탐구.
- **2단계 (심화/융합):** K팝 걸그룹의 성공 사례를 '글로벌라이제이션'과 '문화 혼종(Cultural Hybridity)'이라는 문화이론적 관점에서 심층 분석.
- **3단계 (대안 제시):** K팝과 웹툰이 제2의 반도체처럼 지속가능한 문화 산업으로 성장하기 위해, 정부와 기업, 그리고 창작자가 나아가야 할 방향을 자신만의 산업적/정책적 관점에서 제시.

## 7) 언어와 문화, 그 특별한 관계

- **1단계 (현상 분석):** 인도네시아 '찌아찌아족'이 한글을 공식 문자로 채택한 사례를 통해, 한글의 문자학적 우수성과 세계화 가능성을 탐구.
- **2단계 (심화/융합):** IT 기업이 밀집한 '판교'에서 나타나는 독특한 언어 습관(판교 사투리)을, 특정 집단의 정체성과 문화를 반영하는 '사회 방언'의 일종으로 볼 수 있는지 언어학적으로 분석.
- **3단계 (대안 제시):** '히잡'이 이슬람 문화권에서 갖는 종교적/문화적 상징성과, 이란의 반정부 시위에서 나타난 저항의 상징성을 비교 분석하며, 특정 문화 현상을 존중하되 인권의 보편적 가치와 어떻게 조화를 이룰 수 있을지 고찰.

[인문계열 융합 탐구 TIP]

- **건축학과:** 서울의 '경복궁'과 같이 역사적 가치가 높은 문화재 주변의 도시 개발 문제를, '문화재 보존'이라는 가치와 '도시의 성장'이라는 현실적 필요 사이에서 어떻게 조화를 이룰 수 있을지, 해외 성공 사례(파리, 빌바오 등)와 비교하여 건축학적/도시계획적 대안을 제시해 볼 수 있습니다.
- **의학과/심리학과:** 글쓰기를 통해 심리적 상처를 치유하는 '문학치료'의 원리를 탐구하고, 실제 문학 작품(예: 헤르만 헤세의 『데미안』)이 청소년의 자아 정체성 형성에 미치는 영향을 심리학적 관점에서 분석해 볼 수 있습니다.
- **환경공학과/지리학과:** 인류의 역사가 자연환경과 어떻게 상호작용하며 발전해 왔는지를 탐구하는 '환경사'의 관점에서, 특정 문명(예: 메소포타미아 문명)의 흥망성쇠를 기후 변화와 지리적 요인과 연결하여 분석해 볼 수 있습니다.


4. 어문계열

- **핵심:** 어문계열은 단순히 외국어를 배우는 학과가 아닙니다. 특정 언어와 그 언어로 쓰인 문학 작품을 깊이 있게 분석하여, 그 안에 담긴 인간의 사유 방식, 문화, 역사, 그리고 사회 구조를 탐구하는 학문입니다. 성공적인 탐구는 뛰어난 언어 능력과 더불어, 텍스트의 이면을 읽어내는 **비판적 분석력**과 **인문학적 통찰력**을 보여 주어야 합니다.


[비교문학/서사학]

**1) 시대와 문화를 초월하는 '영웅'의 조건**

- **1단계 (현상 분석):** 한국의 건국 신화(주몽), 그리스 로마 신화(헤라클레스), 현대 판타지 소설(반지의 제왕)에 등장하는 '영웅' 서사의 공통적인 구조와 특징을 비교 분석.
- **2단계 (심화/융합):** 조지프 캠벨의 '영웅의 여정(Hero's Journey)' 이론이나 칼 융의 '원형(Archetype)' 이론을 학습하고, 이를 바탕으로 각 영웅 서사가 당대의 사회적 가치관을 어떻게 반영하고 있는지 심층적으로 탐구.
- **3단계 (대안 제시):** 현대 사회가 필요로 하는 새로운 '영웅상'은 무엇인지 정의하고, 이를 바탕으로 고전 서사를 현대적으로 재해석하는 자신만의 단편 소설 시놉시스를 창작.

### 2) 현대 사회는 왜 '반(反)영웅'에 열광하는가?

- **1단계 (현상 분석):** 고전적인 영웅(예: 슈퍼맨)과 현대의 인기 있는 반(反)영웅(예: 조커, 데드풀) 캐릭터의 특징, 행동 동기, 도덕적 기준을 비교 분석.
- **2단계 (심화/융합):** 이러한 '반영웅' 캐릭터의 유행을, 기존의 권위와 질서에 대한 불신이 팽배한 포스트모더니즘적 사회 현상과 연결하여 비판적으로 고찰.
- **3단계 (대안 제시):** 2020년대 한국 사회의 불안과 열망을 반영하는, 우리 시대의 새로운 '반영웅' 캐릭터를 직접 설정하고, 그 인물상을 통해 무엇을 비판하고 싶은지 서술.

### 3) 디스토피아는 어떻게 진화했는가?: 『1984』에서 『오징어 게임』까지

- **1단계 (현상 분석):** 『1984』(정치적 통제), 『멋진 신세계』(과학기술적 통제), 그리고 『오징어 게임』(경제적 통제)에 나타난 디스토피아의 작동 방식과 사회 통제 시스템을 비교 분석.
- **2단계 (심화/융합):** 작품이 발표된 시대적 배경(냉전, 산업화, 신자유주의)을 조사하고, 디스토피아가 당대의 사회 불안과 공포를 어떻게 반영하고 있는지 탐구.
- **3단계 (대안 제시):** 현재 우리 사회의 가장 큰 불안 요소(예: 기후 위기, 인공지능 감시)를 바탕으로, 미래의 디스토피아는 어떤 모습일지 구체적인 세계관을 설정하고 서술.

### 4) 셰익스피어의 비극은 왜 400년이 지나도 유효한가?

- **1단계 (현상 분석):** 셰익스피어의 4대 비극(햄릿, 리어왕, 오셀로, 맥베스)의 주인공들이 파멸에 이르는 과정을 '결정적 실수(Hamartia)'와 '성격적 결함'을 중심으로 분석.
- **2단계 (심화/융합):** 아리스토텔레스의 『시학』에 나오는 '비극 이론(카타르시스 등)'을 학습하고, 셰익스피어의 비극이 고대 그리스 비극의 원리를 어떻게 계승하고 발전시켰는지 비교 탐구.
- **3단계 (대안 제시):** 4대 비극 중 하나를 선택하여, 만약 주인공이 다른 선택을 했다면 비극을 피할 수 있었을지 상상하고, 원작을 비트는 새로운 결말을 창작하여 그 의미를 서술.


## [언어학/사회언어학]

### 5) 언어는 생각을 담는 그릇인가? 생각을 지배하는 틀인가?

- **1단계 (현상 분석):** 뉴스 기사나 정치인의 연설에서, 동일한 사건에 대한 단어(예: '사태' vs '항쟁') 사용에 따라 대중의 인식이 어떻게 달라지는지 분석.
- **2단계 (심화/융합):** 조지 오웰의 소설 『1984』에 등장하는 '신어(Newspeak)'의 원리를 탐구하

고, 언어가 어떻게 권력의 통제 도구가 될 수 있는지 '언어 결정론'의 관점에서 고찰.

- **3단계 (대안 제시):** 우리 사회에 만연한 특정 차별적/혐오적 표현을 대체할 수 있는, 정치적으로 올바른(PC) 새로운 언어를 제안하고, 그 언어가 사회적 인식을 바꾸는 데 어떻게 기여할 수 있는지 논증.

### 6) 번역, 단순한 언어 변환인가? 문화의 재창조인가?

- **1단계 (현상 분석):** 외국 소설(예:『해리 포터』)의 여러 한국어 번역본을 비교 분석하고, 같은 원문이 번역가에 따라 어떻게 다른 뉘앙스로 재탄생하는지 탐구.

- **2단계 (심화/융합):** 번역 이론(직역 vs 의역)을 학습하고, 영화 '기생충'의 '짜파구리'가 'Ram-don'으로 번역된 사례를 문화적 맥락과 함께 분석.

- **3단계 (대안 제시):** 번역이 불가능해 보이는 한국의 고유한 표현(예: 정(情), 한(恨))을 외국인에게 효과적으로 전달할 수 있는 자신만의 번역 전략과 근거를 제시.

### 7) 10대들의 언어는 어떻게 그들의 정체성을 구축하는가?

- **1단계 (현상 분석):** 현재 10대들이 사용하는 신조어(줄임말, 밈 등)를 수집 및 분류하고, 그 생성 원리와 언어학적 특징(음운, 형태 변화 등)을 분석.

- **2단계 (심화/융합):** 이러한 '또래 언어'가 집단의 소속감을 강화하고 기성세대와 자신들을 구별 짓는 '사회 방언(Sociolect)'으로서 어떤 역할을 하는지 사회언어학적 관점에서 탐구.

- **3단계 (대안 제시):** 현재 사용되는 신조어 중, 미래에 표준어로 편입될 가능성이 높은 단어와 사라질 가능성이 높은 단어를 자신만의 언어학적 기준으로 예측하고 그 근거를 제시.

### 8) 사라지는 언어들: 언어의 소멸은 인류에게 무엇을 의미하는가?

- **1단계 (현상 분석):** 유네스코 소멸 위기 언어 목록을 참고하여, 제주 방언 등 구체적인 소멸 위기 언어의 실태와 그 원인을 조사.

- **2단계 (심화/융합):** 하나의 언어가 사라지는 것이 단순히 의사소통 수단의 감소를 넘어, 그 언어에 담긴 고유한 세계관, 문화, 지식 체계의 소실을 의미함을 '언어 상대성 이론'과 연결하여 탐구.

- **3단계 (대안 제시):** 소멸 위기 언어를 보존하고 기록하기 위한 실용적인 디지털 프로젝트(예: 온라인 사전 구축, 지역 설화 녹음 아카이브 앱 개발)를 직접 기획.

[디지털 인문학/융합]

## 9) 문학, 데이터를 만나다: 디지털 인문학

- **1단계 (현상 분석):** 자신이 좋아하는 작가(예: 윤동주)의 모든 작품을 텍스트 파일로 만든 후, 파이썬(Python) 등 도구를 활용하여 가장 자주 사용된 시어(키워드)의 빈도수를 분석하고 시각화.

- **2단계 (심화/융합):** 1단계에서 도출된 데이터(예: '밤', '하늘', '별'의 빈도수)가 해당 작가의 작품 세계와 시대적 배경(일제강점기 등)과 어떤 의미 있는 연관성을 갖는지 문학 비평적으로 분석.

- **3단계 (대안 제시):** 데이터 분석을 통해 발견한 작가의 고유한 언어 습관이나 주제 의식을 바탕으로, 기존의 문학 연구에서는 주목하지 않았던 새로운 해석 가능성을 제시.

## 10) 게임, 제8의 예술인가?: 비디오게임 서사 구조 분석

- **1단계 (현상 분석):** 스토리 중심의 비디오게임(예: '젤다의 전설', '라스트 오브 어스')의 서사 구조(플롯, 캐릭터, 세계관)를 소설, 영화 분석의 틀로 분석.

- **2단계 (심화/융합):** 소설/영화의 선형적 서사와 게임의 비선형적, 상호작용적 서사가 사용자(독자/플레이어)에게 어떤 다른 경험을 제공하는지 비교문화론적, 매체이론적 관점에서 탐구.

- **3단계 (대안 제시):** 한국의 고전 소설(예: '홍길동전')을 현대적인 비디오게임으로 각색한다면, 어떤 상호작용 요소를 넣어 원작의 주제를 더 깊이 있게 체험하게 할 수 있을지 구체적인 게임 시놉시스를 기획.

## 11) AI는 시를 쓸 수 있는가?: 생성 AI의 문학 창작과 그 한계

- **1단계 (현상 분석):** 생성 AI(챗GPT 등)를 활용하여 특정 시인(예: 김소월)의 스타일을 모방한 시를 창작하게 하고, 그 결과물과 실제 시인의 작품을 비교 분석.

- **2단계 (심화/융합):** AI가 시의 형식(운율, 각운)과 표현은 흉내 낼 수 있지만, 인간 고유의 경험에서 비롯된 감정, 은유, 아이러니까지 구현할 수 있는지 '튜링 테스트'와 '중국어 방 논증' 등 인공지능 철학의 관점에서 고찰.

- **3단계 (대안 제시):** 인공지능이 창작한 문학 작품의 저작권은 누구에게 귀속되어야 하는지, 그리고 인간 작가와 AI가 협업하는 새로운 창작 방식은 어떤 모습일지 미래의 문학 창작 생태계를 예측하고 제안.

**12) 팬덤, 새로운 작가를 탄생시키다: 웹소설과 팬픽션**

- **1단계 (현상 분석):** 특정 웹소설 플랫폼이나 팬픽션(Fan Fiction) 커뮤니티의 인기 작품들을 분석하여, 독자들이 선호하는 서사 장르, 캐릭터 유형, 플롯 전개 방식의 특징을 분석.
- **2단계 (심화/융합):** 독자들이 댓글이나 2차 창작을 통해 작품에 적극적으로 개입하고 서사를 변형시키는 현상을, 롤랑 바르트의 '저자의 죽음'과 같은 현대 문학 이론과 연결하여 분석.
- **3단계 (대안 제시):** 웹소설 작가와 독자가 실시간으로 소통하며 함께 스토리를 만들어 나가는 새로운 '참여형 창작 플랫폼'의 비즈니스 모델을 기획하고 제안.


**[어문계열 융합 탐구 TIP]**

- **심리학과:** 문학 작품 속 주인공의 행동을 프로이트의 '정신분석학'이나 융의 '분석심리학'을 통해 분석하고, 그의 심리적 성장 과정을 탐구해 볼 수 있습니다.
- **컴퓨터공학과:** 자연어 처리(NLP) 기술을 활용하여, 특정 작가의 문체(문장 길이, 단어 선택 등)를 정량적으로 분석하고 다른 작가와 비교하는 '스타일로메트리(Stylometry)' 연구를 진행해 볼 수 있습니다.
- **정치외교학과:** 조지 오웰의 『1984』에 나타난 '이중사고'나 '신어'와 같은 언어 통제 방식이, 실제 역사 속 독재 국가의 프로파간다에서 어떻게 활용되었는지 비교 분석해 볼 수 있습니다.


## 5. 교육계열

- **핵심:** 교육학은 한 인간이 사회의 구성원으로 성장하는 전 과정과 방법에 대해 탐구하는 학문입니다. 이 계열의 핵심은 **'무엇을, 왜, 어떻게 가르치고 배울 것인가?'**라는 질문에 답하는 것입니다. 성공적인 탐구는 단순히 현행 교육 제도를 비판하는 것을 넘어, **교육 철학, 심리학, 사회학 등 다양한 이론적 배경을** 바탕으로 **자신만의 교육적 대안과 비전을** 제시하는 깊이를 보여 주어야 합니다.


**[교육 평가와 제도]**

**1) 평가 방식의 혁신: 서·논술형 평가와 IB 교육과정**

- **1단계 (현상 분석):** 2028 대입 개편안에서 서·논술형 평가가 강조되는 이유는 무엇이며, 이것

이 기존의 객관식 평가 방식과 어떤 차이가 있는지 비교 분석.

- **2단계 (심화/융합):** 서·논술형 평가를 핵심으로 하는 IB(International Baccalaureate) 교육과정의 평가 철학과 실제 운영 사례를 분석하고, 국내 교육 환경에 적용했을 때의 장점과 예상되는 어려움 탐구.

- **3단계 (대안 제시):** 현재의 수능 체제와 내신 제도의 한계를 보완하며, 학생들의 창의적 사고력과 문제해결능력을 실질적으로 평가할 수 있는 한국형 서·논술형 평가 모델을 구체적으로 제안.

### 2) 교사 양성 시스템의 문제와 해결 방안

- **1단계 (현상 분석):** '초등교사 임용 적체' 현상의 원인을 교대 정원, 저출산으로 인한 학령인구 감소 등 다양한 측면에서 분석.

- **2단계 (심화/융합):** 핀란드, 에스토니아 등 교사 전문성이 높은 국가들의 교사 양성 및 임용 시스템을 한국과 비교 분석하고, 그 성공 요인은 무엇인지 탐구.

- **3단계 (대안 제시):** 미래 사회에 필요한 교사의 역량(AI 리터러시, 다문화 교육 등)을 새롭게 정의하고, 이에 맞춰 현재의 교대 커리큘럼과 교사 임용 제도를 어떻게 혁신해야 하는지 구체적인 개선 방안을 제시.


### [교육과 사회]

### 3) 사교육과 학벌주의: 공정인가, 차별인가?

- **1단계 (현상 분석):** 매년 사교육비가 역대 최고치를 경신하는 원인을 '학부모의 불안 심리', '학교 교육의 불신', '대입 제도의 복잡성' 등 다양한 측면에서 분석.

- **2단계 (심화/융합):** 대학 서열에 따른 임금 격차 현상을 '인적자본론'(능력에 따른 정당한 보상)과 '신호 이론'(학벌이 능력의 신호일 뿐)의 두 가지 경제학적 관점에서 비교하며, 학벌주의가 양극화에 미치는 영향을 탐구.

- **3단계 (대안 제시):** 사교육 의존도를 낮추고 공교육의 신뢰를 회복하기 위한 실질적인 정책(예: 방과 후 프로그램 내실화, 진로 맞춤형 고교학점제 정착, 대입 제도 단순화 등)을 제안하고, 그 기대 효과와 한계를 논증.

### 4) 교권과 학생 인권의 조화

- **1단계 (현상 분석):** '학생인권조례 폐지' 논쟁의 핵심 쟁점을 정리하고, 조례의 폐지가 실제로 교권 보호로 이어질 수 있는지 찬반 양측의 논리를 비교 분석.

- **2단계 (심화/융합):** '교사의 아동학대 면책권' 추진 논의를, 교사의 정당한 교육 활동을 보호해야 한다는 입장과 아동의 인권을 보호해야 한다는 입장이 어떻게 충돌하는지 법철학적 관점에서 탐구.

- **3단계 (대안 제시):** 학생의 인권과 교사의 교육권이 상호 존중되는 학교 문화를 만들기 위해, 처벌과 규제 중심의 접근을 넘어 회복적 생활교육, 교사와 학생 간의 소통 채널 활성화 등 구체적인 대안적 모델을 제시.

[교육 철학과 심리]

### 5) 학습자 중심 교육의 의미와 실현

- **1단계 (현상 분석):** '학습자 중심 수업'의 개념을 정의하고, 이것이 기존의 교사 중심, 강의식 수업과 근본적으로 어떻게 다른지 탐구.

- **2단계 (심화/융합):** '경험을 통한 성장'을 강조한 존 듀이(John Dewey)의 교육 철학이 현대의 학습자 중심 수업(프로젝트 기반 학습, 문제 기반 학습 등)에 어떻게 계승되고 있는지 그 연결 고리를 분석.

- **3단계 (대안 제시):** 현재 우리 학교의 수업 방식 중 하나를 선정하여, 학습자 중심 수업의 원칙에 따라 학생들이 더 주도적으로 참여하고 협력할 수 있는 구체적인 수업 모델을 직접 재설계하여 제안.

### 6) 성공의 열쇠, 내적 동기와 자기효능감

- **1단계 (현상 분석):** 게임의 원리를 학습에 적용하는 '게이미피케이션(Gamification)' 사례를 통해, 보상과 같은 '외적 동기'와 흥미와 성취감 같은 '내적 동기'가 학습에 미치는 영향을 비교 분석.

- **2단계 (심화/융합):** '자기효능감(Self-efficacy)'이 높은 학생이 더 높은 학업 성취를 보인다는 심리학 연구들을 바탕으로, 부모의 양육 태도(과잉보호 vs 자율성 존중)가 자녀의 자기효능감 형성에 어떤 영향을 미치는지 탐구.

- **3단계 (대안 제시):** 학생들이 실패를 두려워하지 않고 도전하며 자기효능감을 키울 수 있는 학교 환경을 만들기 위해, 현재의 상대평가 중심의 평가 제도를 어떻게 보완하고 '성장 중심

'평가'를 도입할 수 있을지 구체적인 방안을 제시.

**[교육계열 융합 탐구 TIP]**

- **언어학과/역사학과:** '영어 유치원 열풍' 현상을, 과거 조선시대 사역원(司譯院)의 외국어 교육 방식과 비교 분석하며, 시대에 따른 효율적인 외국어 조기 교육의 조건은 무엇인지 탐구해 볼 수 있습니다.
- **사회학과/인권법:** 미국의 '소수자 우대 정책(Affirmative Action) 폐지'와 '동문 자녀 입학 특혜' 논쟁을, '공정', '평등', '차별'이라는 개념을 통해 분석하고, 한국의 대입 전형(지역균형, 기회균형 등)이 추구해야 할 가치는 무엇인지 비판적으로 고찰해 볼 수 있습니다.
- **정치학과/행정학과:** 2028 대입제도 개편안이 확정되기까지의 정책 결정 과정을 분석하며, 다양한 이해관계자(학생, 학부모, 교사, 대학)의 의견이 어떻게 수렴되고 갈등이 조정되는지 정책학적 관점에서 탐구해 볼 수 있습니다.

6. 예술 및 체육계열

- **핵심:** 예술 및 체육은 인간의 감정과 신체를 통해 미(美)와 건강, 그리고 즐거움을 추구하는 학문입니다. 이 계열의 핵심은 **'인간은 무엇을 아름답다고 느끼는가?'** 그리고 **'인간 신체의 한계와 가능성은 어디까지인가?'**라는 질문에 답하는 것입니다. 성공적인 탐구는 단순히 기술을 연마하는 것을 넘어, 해당 분야의 **역사, 철학, 사회적 의미**를 깊이 있게 고찰하고, **다른 학문 분야와의 융합**을 통해 새로운 관점을 제시하는 독창성을 보여 주어야 합니다.

**[스포츠와 윤리/사회]**

**1) 스포츠의 공정성: 비디오 판독과 스포츠 윤리**

- **1단계 (현상 분석):** 축구의 VAR, 야구의 ABS(자동 볼 판정 시스템) 등 스포츠에 도입된 비디오 판독 기술의 종류와 그 장단점을 분석.
- **2단계 (심화/융합):** '오심도 경기의 일부'라는 전통적 관점과 '기술을 통한 완벽한 공정성 추구'라는 현대적 관점을 철학적으로 비교 고찰. 승부조작, 심판 매수 등 스포츠 윤리 훼손 사례가 스포츠의 본질적 가치에 미치는 영향을 탐구.

- **3단계 (대안 제시):** 현재 비디오 판독 시스템의 한계점(시간 지연, 인간 개입 등)을 보완할 수 있는 새로운 기술적 또는 제도적 방안을 제안하고, 스포츠 윤리 확립을 위한 구체적인 교육 프로그램을 기획.

**2) 스포츠와 정치/사회: 월드컵과 인권**

- **1단계 (현상 분석):** 사람들이 월드컵과 같은 국제 스포츠 이벤트에 열광하는 이유를 '국가대항전'의 특성과 '미디어의 역할'을 중심으로 분석.
- **2단계 (심화/융합):** 카타르 월드컵의 '인권 저항 퍼포먼스' 사례를 통해, 스포츠가 단순한 오락을 넘어 국제 사회의 정치적, 사회적 메시지를 전달하는 '정체성 정치'의 장이 되는 과정을 탐구.
- **3단계 (대안 제시):** 미래의 국제 스포츠 이벤트가 상업주의에 매몰되지 않고, 인권과 평화 등 인류 보편의 가치를 실현하는 축제가 되기 위한 구체적인 운영 방안(개최지 선정 기준 강화, 선수 표현의 자유 보장 등)을 IOC나 FIFA에 제안.

**[미술/디자인과 사회]**

**3) 현대미술과 대중의 소통**

- **1단계 (현상 분석):** 벽에 붙인 바나나가 1.5억 원에 팔린 마우리치오 카텔란의 '코미디언' 사례를 통해, 현대미술이 대중에게 난해하게 느껴지는 이유를 분석.
- **2단계 (심화/융합):** '예술이란 무엇인가?'라는 근본적인 질문에 대해, 플라톤의 모방론부터 뒤샹의 '샘' 이후 현대미술의 개념까지 미학사적 관점에서 고찰.
- **3단계 (대안 제시):** 캘리포니아 공립학교의 미술 교육 부재 사례를 반면교사 삼아, 대중이 현대미술을 더 잘 이해하고 향유할 수 있도록 돕는 창의적인 미술관 교육 프로그램 또는 대중적인 아트 콘텐츠를 기획하여 제안.

**4) 패션, 환경을 입다: 지속가능한 디자인**

- **1단계 (현상 분석):** '패스트 패션' 산업이 의류 폐기물, 수질 오염 등 지구 환경에 미치는 영향을 구체적인 데이터를 통해 분석.
- **2단계 (심화/융합):** 화려한 무대 의상을 한번 입고 버리는 문제(화형식)와 소가 헌 옷을 먹는다는 연구 사례를 통해, 패션 산업의 폐기물 문제를 공학적/경영학적 관점에서 해결할 수 있

는 방안(섬유 재활용 기술, ESG 경영)을 탐구.

- **3단계 (대안 제시)**: 환경오염을 최소화하면서도 소비자의 패션 욕구를 충족시킬 수 있는 새로운 '지속가능한 패션 브랜드'의 비즈니스 모델(의류 렌탈 플랫폼, 업사이클링 전문 브랜드 등)을 기획하여 제안.


## [건축/음악과 융합]

### 5) 건축, 공간을 넘어 문화를 담다

- **1단계 (현상 분석)**: 독학으로 세계적인 건축가가 된 '안도 다다오'의 건축 철학(노출 콘크리트, 빛과 물의 사용 등)을 그의 대표작들을 통해 분석.
- **2단계 (심화/융합)**: 일본의 '츠타야 서점'처럼, 단순히 책을 파는 공간을 넘어 지역 **문화**의 중심지가 된 도서관 건축 사례를 탐구하고, 이것이 '지방 소멸' 문제의 해결책이 될 수 있는 이유를 분석.
- **3단계 (대안 제시)**: 카타르 월드컵의 '974 스타디움'처럼, 해체와 재조립이 가능한 '컨테이너 건축'의 원리를 활용하여, 인구 변화에 유연하게 대응할 수 있는 한국의 소도시 공공 건축(도서관, 보건소 등) 모델을 설계하여 제안.

### 6) 음악, 숫자로 세상을 그리다

- **1단계 (현상 분석)**: 서양 음악의 '음계'와 '화성'이 피타고라스의 음정 이론 등 수학적 원리에 기반하고 있음을 구체적인 사례를 통해 분석.
- **2단계 (심화/융합)**: 세종대왕이 만든 동양 최초의 유량악보 '정간보(井間譜)'의 구조를 분석하고, 그 안에 담긴 시간과 공간에 대한 철학적, 수학적 원리를 서양의 5선보와 비교 고찰.
- **3단계 (대안 제시)**: 특정 국악(예: 수제천)의 선율 진행 방식에서 나타나는 패턴을 통계적으로 분석하거나 프랙탈(Fractal) 이론과 연결하여, 국악 속에 숨겨진 수학적 아름다움을 시각적으로 증명하는 독창적인 연구를 수행.


## [예술/체육계열 융합 탐구 TIP]

- **화학/역사학과**: '모나리자'를 그릴 때 사용된 '달걀 노른자' 유화 물감(템페라)처럼, 과거 미술사의 위대한 작품들이 어떤 재료와 화학적 원리(안료의 역사)로 만들어졌는지 과학사적 관점

에서 탐구해 볼 수 있습니다.

- **IT/수학과**: 스포츠 경기에서 승패를 예측하고 선수의 가치를 평가하는 데 사용되는 다양한 통계 분석 지표(야구의 WAR, 축구의 xG 등)의 수학적 원리를 분석하고, 자신만의 새로운 평가 지표를 모델링하여 제안해 볼 수 있습니다.
- **법학과**: K팝 아이돌이나 웹툰 작가 등 문화 예술 분야에서 발생하는 '불공정 계약' 문제의 실제 사례를 분석하고, 창작자의 권리를 보호하기 위한 표준계약서의 법적 개선 방안을 연구해 볼 수 있습니다.


## 7. 의약학/보건계열

- **핵심**: 의약학 및 보건계열은 인간과 동물의 질병을 예방, 진단, 치료하고 전반적인 건강 증진을 목표로 하는 학문입니다. 이 계열의 핵심은 **생명 현상에 대한 깊이 있는 과학적 이해**를 바탕으로, **인간에 대한 따뜻한 윤리의식**을 갖추는 것입니다. 성공적인 탐구는 최신 생명과학 기술의 원리를 정확히 이해하고, 그것이 실제 의료 현장과 사회 제도, 그리고 인간의 삶에 미치는 영향을 **융합적으로 고찰**하는 깊이를 보여 주어야 합니다.


**[첨단 의학/생명공학]**

**1) 유전자 치료와 불멸의 세포**

- **1단계 (현상 분석)**: CRISPR-Cas9 등 '유전자 가위 기술'의 원리를 탐구하고, 선천적 난치병 치료에 어떻게 활용될 수 있는지 최신 연구 사례를 분석.
- **2단계 (심화/융합)**: 암세포처럼 영원히 죽지 않는 '불멸의 세포(세포주, Cell Line)'가 생명과학 연구(백신 개발, 항암제 연구 등)에 어떻게 기여했는지, 그리고 헬라 세포(HeLa Cell)와 관련된 생명윤리 논쟁은 무엇인지 탐구.
- **3단계 (대안 제시)**: 유전자 편집 기술을 활용한 '회춘 생물학'이나 '암 가역화 치료법'의 실현 가능성과 윤리적 딜레마를 분석하고, 미래 생명 기술 연구에 필요한 사회적 합의와 규제 방안을 제시.

**2) 인공지능(AI)과 신약 개발**

- **1단계 (현상 분석)**: 질병 진단을 보조하는 AI(의료 영상 판독 등)의 실제 사례와 그 정확도를

분석하고, 이것이 의사의 역할을 어떻게 변화시킬지 예측.

- **2단계 (심화/융합):** 인공지능이 단백질 구조를 예측(구조생물학)하여 신약 개발 기간을 획기적으로 단축시키는 원리를 탐구하고, 이것이 전통적인 신약 개발 방식과 어떻게 다른지 비교 분석.

- **3단계 (대안 제시):** AI를 활용한 신약 개발 과정에서 발생할 수 있는 데이터 편향성(Bias) 문제를 해결하고, AI가 생성한 신약 후보 물질의 안전성과 유효성을 검증하기 위한 새로운 임상시험 프로토콜을 제안.

### 3) 재생의학과 미래 의료 기술

- **1단계 (현상 분석):** 환자의 세포를 활용하여 인공 장기를 만드는 '오가노이드(미니 장기)' 기술과 '바이오 3D 프린팅' 기술의 원리와 현재 발전 단계를 탐구.

- **2단계 (심화/융합):** 인공혈액 개발의 기술적 난제(산소 운반 능력, 면역 거부 반응 등)를 분석하고, 이것이 수혈 시스템과 응급 의료에 가져올 변화를 예측.

- **3단계 (대안 제시):** 3만 년 된 다람쥐 미라 연구 등 '동면(Hibernation)'의 원리를 인간에게 적용할 경우, 장기 이식 대기 환자나 우주 비행사의 건강 유지에 어떻게 기여할 수 있을지, 그 실현 가능성과 윤리적 문제를 종합적으로 고찰.

### 4) 꿈의 암 치료법, 중입자치료

- **1단계 (현상 분석):** '꿈의 암 치료법'이라 불리는 중입자치료의 원리를 기존의 방사선 치료와 비교하여 설명하고, 어떤 종류의 암에 특히 효과적인지 탐구.

- **2단계 (심화/융합):** 코끼리가 암에 잘 걸리지 않는 이유(TP53 유전자 등 '암 억제 유전자')를 진화생물학적 관점에서 분석하고, 이를 인간의 암 예방 및 치료 전략에 어떻게 응용할 수 있을지 연구.

- **3단계 (대안 제시):** 높은 치료 비용이라는 중입자치료의 한계를 극복하고, 더 많은 암 환자들이 혜택을 볼 수 있도록 건강보험 적용 확대 등 정책적, 경제적 관점의 해결 방안을 제시.


## [약학/보건/식품]

### 5) 약물 전달 기술과 약물 상호작용

- **1단계 (현상 분석):** 약의 효과를 극대화하고 부작용을 최소화하는 '약물 전달 기술(DDS)'의 중요

성을 탐구하고, 약의 모양이나 제형(알약, 캡슐, 주사제)이 다른 이유를 약제학 관점에서 분석.

- **2단계 (심화/융합):** 노인 환자에게서 특히 문제가 되는 '다제약물(Polypharmacy)'의 위험성을 분석하고, 특정 약물들이 함께 복용될 때 발생하는 '약물 상호작용'의 생화학적 메커니즘을 탐구.

- **3단계 (대안 제시):** 약물 오남용을 막고, 개인의 유전적 특성을 고려한 최적의 약물 치료를 제공하기 위한 '다제약물 관리 프로그램' 또는 '개인 맞춤형 조제 시스템' 모델을 제안.

### 6) 마이크로바이옴과 현대인의 건강

- **1단계 (현상 분석):** 인체 공생 미생물 생태계인 '마이크로바이옴'의 개념을 탐구하고, 이것이 인간의 면역, 소화, 정신 건강에 미치는 영향을 분석.

- **2단계 (심화/융합):** '초가공식품' 섭취가 장내 마이크로바이옴의 균형을 깨뜨려 젊은 층의 암 발병률을 높일 수 있다는 연구 결과를 비판적으로 검토하고, 그 인과관계를 추론.

- **3단계 (대안 제시):** 마이크로바이옴 검사를 기반으로 개인의 건강 상태를 진단하고, 맞춤형 식단이나 프로바이오틱스 영양제를 추천하는 미래의 '개인 맞춤형 헬스케어' 비즈니스 모델을 기획.

### 7) 유해 물질과 식품 안전 논쟁

- **1단계 (현상 분석):** '과불화화합물(PFAS)', '아스파탐' 등 일상 속 유해 화학물질과 식품 첨가물이 인체에 미치는 영향과 위험성을 과학적, 사회적 논쟁을 분석.

- **2단계 (심화/융합):** 특정 물질이 '발암물질'로 지정되는 과학적 과정(역학조사, 동물실험 등)과 기준을 탐구하고, '위해성(Hazard)'과 '위험(Risk)'의 차이를 이해하며 과학적 논쟁을 비판적으로 해석.

- **3단계 (대안 제시):** 소비자들이 유해 물질에 대한 막연한 공포에서 벗어나, 합리적인 판단을 내릴 수 있도록 돕는 '식품 안전 정보 플랫폼'을 기획하고, 정부와 기업, 언론의 역할에 대해 제언.

### 8) 수면과 건강: 좋은 잠의 과학

- **1단계 (현상 분석):** 수면이 신체 회복과 정신 건강, 학습 능력에 미치는 영향을 과학적으로 분석하고, 현대인들이 겪는 수면 부족 문제의 심각성을 탐구.

- **2단계 (심화/융합):** '일주기 리듬'의 생물학적 원리를 탐구하고, 스마트폰의 블루라이트나 불규칙한 생활 습관이 이 리듬을 어떻게 교란시키는지 분석.

- **3단계 (대안 제시):** 과학적 근거를 바탕으로, 청소년의 수면의 질을 높이기 위한 '디지털 디톡

스 프로그램'이나 '맞춤형 수면 환경 컨설팅' 등 구체적인 생활 습관 개선 솔루션을 제안.

**[수의학/동물복지]**

### 9) 인수공통감염병과 '원 헬스(One Health)'

- **1단계 (현상 분석):** 조류 인플루엔자(AI), 코로나19 등 동물로부터 인간에게 전파되는 '인수공통감염병'의 발생 원인과 확산 경로를 분석.
- **2단계 (심화/융합):** 인간, 동물, 그리고 환경의 건강이 하나로 연결되어 있다는 **'원 헬스(One Health)'** 개념을 탐구하고, 수의사의 역할이 동물 치료를 넘어 공중 보건에 어떻게 기여하는지 고찰.
- **3단계 (대안 제시):** 미래의 팬데믹을 예방하기 위해, 의사, 수의사, 환경 전문가가 협력하는 효과적인 '인수공통감염병 감시 및 대응 시스템'을 구체적으로 제안.

### 10) 동물도 병을 스스로 치유한다: 동물 자가 치료

- **1단계 (현상 분석):** 야생동물들이 특정 식물을 섭취하여 기생충을 제거하거나 상처를 소독하는 '자가 치료(Zoopharmacognosy)' 행동의 실제 사례를 조사.
- **2단계 (심화/융합):** 특정 식물(예: 고양이의 캣닢)에 포함된 화학 성분이 동물의 신경계에 어떤 약리적 작용을 하는지 탐구하고, 이를 신약 개발에 활용할 수 있는 가능성을 모색.
- **3단계 (대안 제시):** 반려동물이 스트레스를 해소하고 심리적 안정을 찾을 수 있도록, '자가 치료' 원리를 응용한 기능성 장난감이나 환경 풍부화 프로그램을 직접 설계하여 제안.

### 11) 공장식 축산과 동물의 스트레스

- **1단계 (현상 분석):** 밀집 사육 환경(공장식 축산)이 가축의 면역력 저하와 스트레스 증가에 미치는 영향을 구체적인 데이터를 통해 분석.
- **2단계 (심화/융합):** 스트레스 호르몬(코르티솔 등)의 분비 메커니즘을 생화학적으로 탐구하고, 동물의 복지를 평가하는 과학적 기준인 '5대 자유'의 관점에서 현재의 사육 환경을 비판적으로 고찰.
- **3단계 (대안 제시):** 동물 복지를 개선하면서도 생산성을 유지할 수 있는 '스마트 축사' 모델(AI 기반 개체 관리, IoT 센서를 통한 환경 제어 등)을 공학적 관점에서 구체적으로 설계하여 제안.

### 12) 늘어나는 반려동물, 깊어지는 행동 문제

- **1단계 (현상 분석):** 1인 가구 증가 등 사회 구조의 변화와 반려동물의 분리불안, 공격성 등 행동 문제 발생률 사이의 상관관계를 통계 자료를 통해 분석.

- **2단계 (심화/융합):** 반려동물의 특정 행동 문제가 어떤 신경생물학적 원인(예: 세로토닌 불균형)에서 비롯되는지 탐구하고, 약물 치료와 행동 치료의 장단점을 비교 분석.

- **3단계 (대안 제시):** 문제 행동이 심화되기 전에 예방하는 것이 중요하다는 관점에서, 지역 사회(동물병원, 훈련소, 지자체)가 연계하여 신규 반려인에게 올바른 양육법을 교육하는 '반려동물 조기 사회화 교육 프로그램'을 기획하여 제안.

## [의료 제도/정책/윤리]

### 13) 수술실 CCTV와 간호법 제정 논란

- **1단계 (현상 분석):** '수술실 CCTV 설치 의무화'와 '간호법 제정'을 둘러싼 찬반 논리의 핵심 쟁점을 각각 정리하여 분석.

- **2단계 (심화/융합):** 이 갈등들을 의료계 내부의 직역(의사, 간호사) 간 역할과 책임, 권한에 대한 해묵은 갈등의 연장선으로 보고, PA 간호사(진료보조인력) 이슈와 연결하여 심층적으로 탐구.

- **3단계 (대안 제시):** 환자의 안전을 보장하고, 각 의료 직역의 전문성을 존중하며, 협력적인 진료 환경을 만들기 위한 합리적인 의료법 개정 방안 또는 병원 내 시스템 개선 방안을 제시.

### 14) 필수의료 붕괴와 응급실 과밀화

- **1단계 (현상 분석):** 소아과 '오픈런', 응급실 '뺑뺑이' 등 필수의료 붕괴 현상의 실태를 구체적인 사례와 데이터를 통해 분석.

- **2단계 (심화/융합):** 흉부외과, 산부인과 등 특정 과목의 의사 기피 현상이 발생하는 원인을 낮은 수가, 높은 소송 위험, 과도한 업무 강도 등 구조적 문제와 연결하여 분석.

- **3단계 (대안 제시):** 필수의료 분야의 의사 인력을 확보하고 응급의료체계를 정상화하기 위해, 단순한 의대 정원 확대를 넘어 '지역의사제', '공공정책수가 도입', '의료사고처리특례법' 등 다각적인 정책 패키지를 제안.

### 15) 한의사의 의료기기 사용과 의료일원화

- **1단계 (현상 분석):** 한의사의 초음파 기기 사용에 대한 대법원 판결의 내용과 그 사회적 파장

을 분석.

- **2단계 (심화/융합):** '의료일원화' 논의의 역사와 현재까지 지체되는 이유를 의료계의 직역 갈등, 교육과정의 차이, 법률적 문제 등의 관점에서 심층적으로 탐구.
- **3단계 (대안 제시):** 서양의학과 한의학이 각자의 강점을 살려 국민 건강 증진에 함께 기여할 수 있는 협진 모델과 장기적인 관점의 교육과정 통합 로드맵을 제시.

## 16) 비대면 진료와 약 배달 서비스

- **1단계 (현상 분석):** 코로나19 이후 본격적으로 논의되는 '비대면 진료'와 '약 배달 서비스'의 장점(의료 접근성 향상)과 단점(의약품 오남용, 의료 민영화)을 분석.
- **2단계 (심화/융합):** '원격화상투약기' 도입 논쟁을, 약사의 전문성과 국민의 편의성이라는 두 가치가 어떻게 충돌하는지 탐구하고, 해외 사례와 비교.
- **3단계 (대안 제시):** 의료 소외 지역의 접근성을 높이면서도 안전성을 담보하는, 제한적, 점진적인 형태의 비대면 진료와 공적 전자처방전 시스템 모델을 제안.


## [의약학/보건계열 융합 탐구 TIP]

- **법학과/행정학과:** '대마 합법화' 논쟁을, 개인의 자유권, 국민 건강권, 그리고 범죄 통제라는 법적/행정적 딜레마 속에서 분석하고, 캐나다, 태국 등 합법화를 진행한 국가들의 사례를 통해 그 사회적 명과 암을 예측해 볼 수 있습니다.
- **인문학과:** 환자의 질병뿐만 아니라 그의 삶의 이야기에 귀 기울이는 '서사의학(Narrative Medicine)' 또는 '의료 인문학'의 필요성을 탐구하고, 이것이 의사-환자 관계 개선과 치료 효과에 어떤 긍정적 영향을 미치는지 구체적인 사례를 통해 고찰해 볼 수 있습니다.
- **외교학과/경찰학과:** '펜타닐'과 같은 신종 마약이 국제적인 범죄 조직을 통해 어떻게 국내로 유통되는지 그 경로를 분석하고, 국제 공조를 통한 효과적인 마약 차단 정책을 제안해 볼 수 있습니다.
- **수의학과/방역학과:** 매년 반복되는 구제역, 조류 인플루엔자 등 '가축 전염병'의 확산 경로를 빅데이터로 분석하고, AI를 활용하여 보다 효과적으로 확산을 예측하고 통제하는 '스마트 방역 시스템'을 설계해 볼 수 있습니다.

8. IT/컴퓨터공학계열

- **핵심:** IT(정보기술) 및 컴퓨터공학은 하드웨어와 소프트웨어를 통해 데이터를 효율적으로 처리, 저장, 전송하는 방법을 연구하는 학문입니다. 이 계열의 핵심은 **논리적 사고와 문제 해결 능력**을 바탕으로, **세상을 더 나은 방향으로 변화시키는 기술**을 구현하는 것입니다. 성공적인 탐구는 단순히 최신 기술의 원리를 이해하는 것을 넘어, 그 기술이 **우리 사회와 산업에 미치는 영향을 다각적으로 분석**하고, **기술의 윤리적 측면**까지 깊이 있게 고찰하는 통찰력을 보여주어야 합니다.


**[AI/데이터]**

**1) 생성 AI와 저작권, 그리고 프롬프트 엔지니어링**

- **1단계 (현상 분석):** 생성 AI(Generative AI)가 만든 창작물(그림, 글)의 저작권을 누구에게 귀속해야 하는지에 대한 법적, 철학적 논쟁을 분석.
- **2단계 (심화/융합):** 원하는 결과물을 얻기 위해 AI에게 정확한 질문을 던지는 '프롬프트 엔지니어링(Prompt Engineering)'의 원리를 탐구하고, 이것이 미래의 커뮤니케이션 능력에 어떤 변화를 가져올지 예측.
- **3단계 (대안 제시):** AI가 인간의 창작 활동을 보조하는 긍정적 역할을 하면서도, 기존 창작자의 권리를 보호할 수 있는 새로운 저작권법 개정안 또는 AI 개발 윤리 가이드라인을 제안.

**2) AI 반도체와 미래 컴퓨팅**

- **1단계 (현상 분석):** 'AI 반도체(NPU, GPU)'가 기존의 CPU와 어떻게 다른 구조와 원리로 작동하는지, 그리고 왜 대규모 언어 모델(LLM) 연산에 필수적인지 탐구.
- **2단계 (심화/융합):** 미국과 중국의 '반도체 전쟁'이 AI 반도체 기술 패권을 중심으로 어떻게 전개되고 있는지, 각국의 규제와 투자 전략을 비교 분석.
- **3단계 (대안 제시):** AI 반도체의 폭발적인 데이터 처리량으로 인해 발생하는 막대한 열을 식히기 위한 '액침냉각(Immersion Cooling)' 기술의 원리를 분석하고, 기존 공랭식/수랭식 방식 대비 장단점을 비교하여 미래 데이터센터의 효율적인 열 관리 솔루션을 제안.

**3) 동물의 언어, AI로 해석하다**

- **1단계 (현상 분석):** 동물의 소리, 몸짓 등 비언어적 신호를 AI로 분석하여 그 의미를 해석하려

는 연구(예: 고양이 울음소리 번역 앱) 현황과 기술적 원리를 탐구.

- **2단계 (심화/융합):** 인간의 언어와 동물의 신호 체계가 갖는 근본적인 차이점(문법 구조, 추상성 등)을 언어학적 관점에서 분석하고, 현재 AI 기술이 동물의 '언어'가 아닌 '감정 상태'를 해석하는 데 더 가깝다는 점을 논증.
- **3단계 (대안 제시):** 동물 언어 해석 기술이 발전할 경우, 동물 복지 향상, 가축 질병 조기 진단 등 축산업과 수의학 분야에 어떻게 혁신적으로 기여할 수 있을지 구체적인 적용 시나리오를 제시.

## [플랫폼/서비스]

### 4) 망 중립성과 망 사용료 갈등

- **1단계 (현상 분석):** 넷플릭스, 유튜브와 같은 콘텐츠 제공자(CP)와 KT, SKT 같은 인터넷 서비스 제공자(ISP) 간의 '망 사용료' 갈등의 핵심 쟁점을 분석.
- **2단계 (심화/융합):** 모든 인터넷 트래픽은 동등하게 취급되어야 한다는 '망 중립성' 원칙의 역사와 철학적 배경을 탐구하고, 이것이 인터넷 생태계의 혁신에 어떤 기여를 했는지 고찰.
- **3단계 (대안 제시):** 콘텐츠 제공자의 혁신 유인을 저해하지 않으면서도, 안정적인 네트워크 인프라 투자를 유도할 수 있는 합리적인 망 사용료 부과 모델 또는 상호접속료 정산 방식 개선안을 제시.

### 5) 페이 전쟁과 간편결제 시장의 미래

- **1단계 (현상 분석):** 삼성페이, 네이버페이, 카카오페이 등 국내 주요 간편결제 서비스의 특징과 비즈니스 모델을 비교 분석하고, 시장의 승자를 가를 핵심 경쟁 요인은 무엇인지 탐구.
- **2단계 (심화/융합):** '갤럭시폰을 쓰면 왕따'라는 10대들의 문화 현상을, 특정 페이 서비스나 메시징 앱에 대한 '네트워크 효과'와 '잠금 효과(Lock-in Effect)'의 관점에서 분석.
- **3단계 (대안 제시):** 간편결제 시장의 과도한 독과점을 방지하고, 소상공인의 수수료 부담을 완화하며, 소비자의 편익을 증대시킬 수 있는 금융 정책 및 기술 표준화 방안을 제안.

### 6) 스토리테크와 콘텐츠의 진화

- **1단계 (현상 분석):** 웹소설, 웹툰, 인터랙티브 드라마 등 IT 기술과 스토리가 결합된 '스토리테크' 산업의 성장 현황과 주요 비즈니스 모델(IP OSMU 등)을 분석.

- **2단계 (심화/융합):** 스토리테크 플랫폼이 독자의 취향 데이터를 분석하여, 다음 회차의 스토리 전개나 새로운 작품 기획에 활용하는 방식을 탐구하고, 이것이 창작의 자율성에 미치는 영향을 비판적으로 고찰.
- **3단계 (대안 제시):** 생성 AI 기술을 활용하여, 독자가 직접 스토리의 주인공이 되어 분기를 선택하고 결말을 바꾸어 나가는 새로운 형태의 '인터랙티브 스토리텔링' 콘텐츠를 직접 기획하여 제안.


**[미래 기술/보안]**

### 7) 현실의 확장, XR과 햅틱 기술

- **1단계 (현상 분석):** 가상현실(VR), 증강현실(AR), 혼합현실(MR)을 포괄하는 '확장현실(XR)' 기술의 개념과 차이점을 분석하고, 애플 비전프로 등 최신 기기의 기술적 특징을 탐구.
- **2단계 (심화/융합):** 메타버스 공간에서 촉각, 압력, 진동 등을 느끼게 해 주는 '햅틱(Haptic)' 기술의 원리를 공학적으로 분석하고, 이것이 원격 의료(수술)나 재난 대응 로봇 원격 조종에 어떻게 활용될 수 있는지 연구.
- **3단계 (대안 제시):** XR 기술이 교육 분야에 도입될 경우, 학생들이 역사 현장을 직접 체험하거나 위험한 과학 실험을 안전하게 시뮬레이션하는 등 기존 교육의 한계를 뛰어넘는 혁신적인 교육 프로그램을 구체적으로 설계.

### 8) 스마트 기술과 보안의 딜레마

- **1단계 (현상 분석):** 범죄 예방, 실종자 수색 등에 활용되는 '지능형 CCTV'의 긍정적 측면과, 개인의 사생활을 침해할 수 있다는 부정적 측면을 비교 분석.
- **2단계 (심화/융합):** AI 기술이 악용되어 자율 살상 무기(킬러로봇)나 지능형 사이버 범죄에 사용될 경우 발생할 수 있는 사회적, 윤리적 위험성을 탐구하고, 이를 통제하기 위한 국제적 규범의 필요성을 주장.
- **3단계 (대안 제시):** 지능형 CCTV의 공익적 목적을 달성하면서도 개인정보 침해를 최소화할 수 있는 기술적(데이터 익명화, 차등 접근 권한) 및 법적(오남용 방지법 강화) 개선 방안을 제안.

### 9) 스마트팜과 미래 농업

- **1단계 (현상 분석):** 사물인터넷(IoT), 빅데이터, AI 기술을 농업/축산업/수산업에 적용한 '스마

트팜'의 구체적인 사례와 그 작동 원리를 탐구.

- **2단계 (심화/융합):** 스마트팜이 기후 변화, 식량 위기, 농촌 고령화와 같은 인류의 난제를 해결하는 데 어떻게 기여할 수 있는지, 지속가능발전목표(SDGs)와 연결하여 분석.
- **3단계 (대안 제시):** 높은 초기 투자 비용이라는 스마트팜의 한계를 극복하고, 중소 농가에서도 쉽게 도입할 수 있는 '구독형 스마트팜 솔루션' 또는 '지역 공동 스마트팜 플랫폼' 비즈니스 모델을 기획.

**[IT/컴퓨터공학계열 융합 탐구 TIP]**

- **물리학과:** 자율주행 자동차의 눈 역할을 하는 '라이다(LiDAR)' 센서의 작동 원리를 빛의 직진성, 반사, 시간 측정 등 물리학적 개념과 연결하여 심층적으로 탐구해 볼 수 있습니다.
- **통신공학과:** 전쟁이나 지진과 같은 재난 상황에서도 끊기지 않는 통신망을 제공하는 스페이스X의 '스타링크'와 같은 '저궤도 인공위성 통신' 기술의 원리와 전략적 중요성을 분석해 볼 수 있습니다.
- **의학과:** 의료 데이터를 학습한 '진단 보조 AI'가 실제 임상 현장에서 의사의 진단을 돕는 과정과, 그 과정에서 발생할 수 있는 법적/윤리적 책임 소재는 누구에게 있는지 탐구해 볼 수 있습니다.
- **행정학과/경찰학과:** AI 기술이 범죄 예측, 용의자 식별 등 과학 수사에 어떻게 활용될 수 있는지, 그리고 그 과정에서 발생할 수 있는 인권 침해나 알고리즘 편향성 문제를 어떻게 통제해야 하는지 정책적으로 연구해 볼 수 있습니다.

## 9. 순수 자연과학계열

- **핵심:** 수학, 물리, 화학, 생명, 지구과학 등 자연의 근본 원리를 '왜?'라는 질문을 통해 탐구하는 순수 학문입니다. 이 계열의 핵심은 **호기심에서 출발한 가설을 엄밀한 논리와 실험으로 증명**하는 것입니다. 성공적인 탐구는 교과서 속 지식을 넘어, 현대 과학의 최전선에서 어떤 질문들이 논의되고 있는지 보여 주는 **학문적 깊이와 열정**을 드러내야 합니다.

[수학]

**1) 현대 암호 체계의 열쇠: 소수와 나머지 연산**

- **1단계 (현상 분석):** 현대 인터넷 보안의 핵심인 '공개키 암호(RSA)'의 기본 원리가 '소인수분해의 어려움'에 기반하고 있음을 탐구.

- **2단계 (심화/융합):** '합동식'으로 대표되는 정수론의 '모듈러 연산(나머지 연산)'이 암호 체계에서 어떻게 활용되는지 수학적으로 분석하고, 고대의 카이사르 암호와 비교하여 그 발전 과정을 탐구.

- **3단계 (대안 제시):** 양자컴퓨터의 등장이 현재의 RSA 암호 체계를 어떻게 위협하는지 설명하고, 이를 대체하기 위한 '양자내성암호(PQC)'의 수학적 원리(격자 기반 암호 등)를 조사하고 제시.

**2) 세상의 전략을 지배하는 수학: 게임 이론**

- **1단계 (현상 분석):** '죄수의 딜레마'와 '내쉬 균형'의 개념을 학습하고, 기업의 가격 경쟁이나 공유지의 비극과 같은 사회 현상을 게임 이론의 틀로 분석.

- **2단계 (심화/융합):** 국제 사회의 군비 경쟁이나 무역 협상 사례를 '치킨 게임', '제로섬 게임' 등 다양한 게임 이론 모델에 적용하여, 각 국가의 전략적 선택을 수학적으로 분석.

- **3단계 (대안 제시):** 학급 내에서 발생하는 공공의 문제(예: 청소 당번 문제)를 해결하기 위해, 모든 구성원의 참여를 유도하고 '죄수의 딜레마'를 극복할 수 있는 새로운 규칙(인센티브 시스템)을 게임 이론에 근거하여 설계하고 제안.

**3) 자연 속에 숨겨진 수학적 질서: 프랙탈 기하학**

- **1단계 (현상 분석):** 해안선, 눈송이, 나무 등 자연 속에 나타나는 '자기 유사성(self-similarity)'의 사례를 찾아보고, '프랙탈'의 기본 개념과 특징을 탐구.

- **2단계 (심화/융합):** 프랙탈 구조가 컴퓨터 그래픽으로 자연 풍경을 생성하거나, 의학에서 혈관 구조를 분석하는 데 어떻게 응용되는지 구체적인 사례를 조사.

- **3단계 (대안 제시):** 코흐의 눈송이, 시어핀스키 삼각형 등 특정 프랙탈 도형의 생성 알고리즘을 분석하고, 이를 변형하여 자신만의 새로운 프랙탈 아트를 직접 디자인하고 그 수학적 원리를 설명.

**4) 무한에도 크기가 있다?: 칸토어와 집합론의 세계**

- **1단계 (현상 분석):** 자연수의 개수와 짝수의 개수가 같다는 역설을 통해 '무한'의 개념을 탐구하고, 게오르크 칸토어의 '집합론'이 무한을 어떻게 수학적으로 다루는지 조사.

- **2단계 (심화/융합):** 자연수의 무한(가산 무한)과 실수의 무한(비가산 무한)의 크기가 다르다는 것을 증명하는 '대각선 논법'을 학습하고, 힐베르트의 호텔 같은 무한과 관련된 수학적 역설들을 탐구.

- **3단계 (대안 제시):** 미적분학의 '극한' 개념이나 우주론의 '우주의 크기' 논쟁에서 '무한'이라는 개념이 어떻게 핵심적인 역할을 하는지, 여러 분야의 사례를 통해 '무한'의 철학적, 과학적 의미를 종합적으로 고찰.

[물리학]

### 5) 현대 물리학의 두 기둥: 상대성 이론과 양자역학

- **1단계 (현상 분석):** GPS 위성에 아인슈타인의 '특수 및 일반 상대성 이론'이 어떻게 적용되는지 분석하고, 만약 이 이론을 보정하지 않으면 어떤 오차가 발생하는지 계산.

- **2단계 (심화/융합):** '이중 슬릿 실험'을 통해, 빛이 입자인 동시에 파동의 성질을 갖는 '양자역학의 비상식성'을 탐구하고, '코펜하겐 해석' 등 다양한 물리 철학적 쟁점을 고찰.

- **3단계 (대안 제시):** '상온 초전도체' 후보 물질의 원리를 탐구하고, 만약 이 기술이 상용화된다면 미래 사회를 어떻게 바꿀 수 있을지 예측하고 로드맵을 제시.

### 6) 세상을 측정하는 눈: 파동과 입자

- **1단계 (현상 분석):** 우주 멀리 떨어진 별의 구성 성분을 알 수 있는 '스펙트럼 분광학'의 원리를 빛의 파동성과 연결하여 분석.

- **2단계 (심화/융합):** '중이온가속기(라온)'가 원자를 충돌시켜 새로운 원소를 발견하는 원리를 탐구하고, '기본 입자'를 연구하는 현대 입자물리학의 목표를 고찰.

- **3단계 (대안 제시):** 전자현미경이 극미세 세계를 관찰할 수 있는 원리를 전자의 '파동-입자 이중성'과 드브로이파 개념을 통해 설명하고, 더 높은 배율의 현미경을 만들기 위한 창의적인 아이디어를 제안.

### 7) 엔트로피와 시간의 화살: 왜 시간은 한 방향으로만 흐르는가?

- **1단계 (현상 분석):** 뜨거운 물과 찬물이 섞이면 미지근한 물이 되지만, 저절로 다시 분리되지

않는 현상을 '열역학 제2법칙(엔트로피 증가의 법칙)'으로 설명.

- **2단계 (심화/융합):** 우주의 엔트로피가 계속해서 증가하는 방향이, 우리가 경험하는 '시간의 방향성(화살)'을 결정한다는 물리적 개념을 탐구하고, 철학적인 시간의 개념과 비교.

- **3단계 (대안 제시):** 엔트로피 법칙에 정면으로 위배되는 것처럼 보이는 '맥스웰의 도깨비' 사고 실험을 탐구하고, 정보 이론과 엔트로피의 관계를 분석하며 이 역설을 해결하는 자신만의 논리를 제시.

### 8) 축구공은 왜 휘어지는가?: 유체역학의 세계

- **1단계 (현상 분석):** 축구공이 회전할 때 휘어져 날아가는 '마그누스 효과'와, 비행기가 하늘을 나는 '베르누이의 원리'를 유체(공기)의 압력과 속도의 관계로 설명.

- **2단계 (심화/융합):** 물체의 속도와 크기, 유체의 점성에 따라 유체의 흐름이 층류와 난류로 나뉘는 현상을 '레이놀즈 수'의 개념을 통해 탐구.

- **3단계 (대안 제시):** F1 경주용 자동차의 디자인(에어로 다이내믹)이 공기 저항을 최소화하고 접지력을 높이는 원리를 유체역학적으로 분석하고, 연비를 높일 수 있는 미래 자동차 디자인을 제안.


### [화학]

### 9) 물질의 구조와 기능: 모든 것은 구조가 결정한다

- **1단계 (현상 분석):** 동일한 원소(탄소)로 이루어진 흑연과 다이아몬드의 극단적인 물성 차이가 발생하는 원인을 '결정 구조'의 차이로 설명.

- **2단계 (심화/융합):** 태양전지의 효율을 획기적으로 높일 수 있는 '페로브스카이트'의 특별한 결정 구조를 분석하고, 기존 실리콘 태양전지와의 장단점을 비교.

- **3단계 (대안 제시):** 화학 반응의 속도를 제어하는 '촉매'의 원리를 탐구하고, 특정 화학 반응 (예: 암모니아 합성)의 에너지 효율을 극대화할 수 있는 새로운 촉매 물질의 구조를 설계하여 제안.

### 10) 화학 반응의 원리 탐구

- **1단계 (현상 분석):** 오래된 유물의 연대를 측정하는 '방사성 탄소 연대측정법'의 원리를, 탄소 동위원소($^{14}C$)의 '반감기' 개념을 통해 화학적으로 설명.

- **2단계 (심화/융합):** 화학 반응이 일어나기 위해 필요한 최소한의 에너지인 '활성화 에너지' 개념을 탐구하고, 효소(Enzyme)가 생체 내에서 이 활성화 에너지를 어떻게 낮추어 반응을 촉진하는지 분석.
- **3단계 (대안 제시):** 겨울철 제설제가 환경에 미치는 영향(토양 염류화, 부식 등)을 화학적으로 분석하고, 이를 대체할 수 있는 친환경적인 제설제 물질(예: 불가사리 추출물)을 제안하고 그 효과를 검증하는 실험을 설계.

## 11) 분자의 언어, 화학 결합

- **1단계 (현상 분석):** 물($H_2O$)이 비대칭적인 극성 분자 구조를 갖기 때문에 뛰어난 용매가 되는 원리를 '수소 결합'과 '쌍극자 모멘트' 개념으로 설명.
- **2단계 (심화/융합):** DNA가 안정적인 이중나선 구조를 유지할 수 있는 이유를 염기 간의 '수소 결합'과 분자 간의 '반데르발스 힘'으로 분석하고, 생명 현상에서 비공유결합의 중요성을 탐구.
- **3단계 (대안 제시):** 거미줄이 강철보다 강한 이유를 구성 단백질의 분자 구조와 화학 결합 방식으로 분석하고, 이를 모방한 고강도 신소재를 설계하여 제안.

## 12) 세상의 모든 색, 유기화합물

- **1단계 (현상 분석):** 단풍잎이 가을에 붉게 변하는 이유를, 엽록소가 파괴되고 원래 존재하던 '안토시아닌'과 '카로티노이드' 색소가 드러나는 과정으로 설명.
- **2단계 (심화/융합):** 이 색소 분자들이 특정 파장의 빛을 흡수하고 반사하는 원리를 '컨주게이션(conjugation)' 시스템과 분자 오비탈 이론으로 탐구.
- **3단계 (대안 제시):** 천연 염료(예: 쪽, 치자)의 색소 분자를 추출하고, 매염제에 따라 색이 어떻게 달라지는지 분석하는 실험을 설계하여, 전통 염색의 원리를 화학적으로 규명.


## [생명과학]

## 13) 유전과 진화의 미스터리

- **1단계 (현상 분석):** 근친 교배가 유전 질환의 확률을 높이는 이유를 '유전자 풀'의 다양성과 '열성 유전 형질'의 발현 가능성 측면에서 설명.
- **2단계 (심화/융합):** 모기와 같은 특정 해충 집단을 박멸하기 위해 도입된 '유전자 드라이브' 기술의 원리를 탐구하고, 이것이 생태계 전체에 미칠 예측 불가능한 영향과 윤리적 문제를 고찰.

- **3단계 (대안 제시):** 황금 광어 등 '품종 개량' 기술의 발전 과정을 분석하고, 미래 식량난 해결을 위해 유전자 편집 기술을 활용한 새로운 고기능성 작물의 품종을 기획하고 그 장단점을 제시.

## 14) 생명의 다양성과 행동의 비밀

- **1단계 (현상 분석):** 앵무새가 사람의 말을 흉내 낼 수 있는 이유를, 조류의 발성 기관(명관)의 구조와 뇌의 특정 영역(음성 학습 회로)의 특징과 연결하여 분석.

- **2단계 (심화/융합):** 일부 동물들이 특정 식물을 섭취하여 병을 치료하는 '자가 치료(Zoopharmacognosy)' 행동을, 단순한 본능이 아닌 '사회적 학습'의 결과로 볼 수 있는지 동물 행동학적 관점에서 탐구.

- **3단계 (대안 제시):** LMO(유전자변형생물체)에 대한 사회적 불안감의 원인을 과학적 사실과 심리적 요인으로 나누어 분석하고, 대중과 소통하며 과학 기술의 안전성에 대한 신뢰를 높일 수 있는 구체적인 커뮤니케이션 전략을 제안.

## 15) 생명의 자기 조절 시스템: 항상성

- **1단계 (현상 분석):** 우리가 더울 때 땀을 흘리고 추울 때 몸을 떠는 현상을, 체온 유지를 위한 '항상성'과 '음성 피드백'의 원리로 설명.

- **2단계 (심화/융합):** 혈당량이 인슐린과 글루카곤에 의해 유지되는 메커니즘을 탐구하고, 이 조절 시스템에 문제가 생겼을 때 발생하는 당뇨병의 원인을 분석.

- **3단계 (대안 제시):** 인공지능과 웨어러블 센서를 결합하여, 환자의 혈당 수치를 실시간으로 모니터링하고 자동으로 인슐린을 주입해 주는 '인공 췌장 시스템'의 작동 알고리즘을 설계하여 제안.

## 16) 뇌과학: 생각은 어떻게 만들어지는가

- **1단계 (현상 분석):** 우리가 무언가를 암기할 때, 뇌의 시냅스에서 어떤 물리적, 화학적 변화(장기 강화 작용, LTP)가 일어나는지 탐구.

- **2단계 (심화/융합):** 특정 기억을 떠올릴 때 관련된 다른 기억들이 함께 떠오르는 현상을, 뇌의 '해마'와 신경세포들의 연결망(네트워크) 관점에서 분석.

- **3단계 (대안 제시):** '가짜 기억'이 만들어지는 심리학적, 뇌과학적 원인을 분석하고, 법정에서의 목격자 증언이 얼마나 신뢰할 수 있는지 비판적으로 고찰.

[지구과학]

## 17) 살아 있는 지구, 판 구조론과 지진

- **1단계 (현상 분석):** 튀르키예 대지진의 원인을 '판의 경계' 유형(보존형 경계)과 연결하여, 동일본 대지진(수렴형 경계)과의 차이점을 지질학적으로 분석.

- **2단계 (심화/융합):** 지진 발생 시 P파와 S파의 속도 차이를 이용하여 지진의 진앙지를 찾는 원리를 수학적으로 탐구하고, 지진 예측 기술의 한계를 분석.

- **3단계 (대안 제시):** '지진해일(쓰나미)' 발생 메커니즘을 분석하고, 피해를 최소화하기 위한 조기 경보 시스템과 해안 도시의 방재 설계를 공학적 관점에서 제안.

## 18) 기후와 우주의 변화

- **1단계 (현상 분석):** 태양의 활동이 극대화될 때 발생하는 '태양 폭풍'이 지구의 통신 시스템과 전력망에 어떤 영향을 미칠 수 있는지 분석.

- **2단계 (심화/융합):** 과거 지구의 기후를 연구하는 '고기후학'의 방법론(빙하 코어, 나이테 분석 등)을 탐구하고, 이를 통해 현재의 지구 온난화가 과거의 기후 변화와 어떻게 다른지 비교.

- **3단계 (대안 제시):** 하늘에서 떨어지는 '운석'에 포함된 희귀 광물 자원을 탐사하고 채굴하기 위한 미래의 '우주 자원 개발' 계획을 구체적으로 구상하고, 그 경제적/기술적 타당성을 평가.

## 19) 한반도의 지질학적 비밀

- **1단계 (현상 분석):** 제주도의 오름, 강원도의 카르스트 지형, 한탄강의 주상절리 등 한반도의 독특한 지형들이 어떤 화산 활동과 지질 작용으로 형성되었는지 탐구.

- **2단계 (심화/융합):** 동해의 명칭 논쟁을 넘어, 동해가 과거에는 호수였다는 '동해의 탄생' 과정을 판 구조론적 관점에서 심층적으로 분석.

- **3단계 (대안 제시):** 한반도가 더 이상 지진 안전지대가 아니라는 근거를 활성 단층 연구 자료를 통해 제시하고, 국내 건축물의 내진 설계 기준을 강화하기 위한 정책적, 공학적 방안을 제안.

## 20) 대기와 해양의 상호작용: 엘니뇨와 라니냐

- **1단계 (현상 분석):** '엘니뇨'와 '라니냐' 현상이 발생하는 원인을 태평양의 무역풍과 해수 온도 변화의 상호작용으로 설명.

- **2단계 (심화/융합):** 엘니뇨 현상이 페루의 어획량 감소나 호주의 대형 산불 등 전 지구의 기후와 생태계에 어떤 연쇄적인 영향을 미치는지 '원격 상관(Teleconnection)' 개념으로 탐구.

- **3단계 (대안 제시):** 슈퍼컴퓨터를 활용한 기후 예측 모델의 정확도를 높이기 위해, 해양의 심층 순환이나 북극 해빙과 같은 새로운 변수를 추가하는 방안을 구체적으로 제안.

**[순수 자연과학계열 융합 탐구 TIP]**

- **컴퓨터공학 (수학):** 수학의 '그래프 이론(Graph Theory)'을 활용하여, 지하철 최단 경로 찾기나 소셜 네트워크의 친구 추천 알고리즘의 원리를 탐구하고, 직접 간단한 모델을 설계해 볼 수 있습니다.

- **음악/예술 (물리학):** 바이올린 활이 현을 스칠 때 어떤 원리로 소리가 나는지, 콘서트홀의 건축 구조가 소리의 울림에 어떤 영향을 미치는지 등 "음향 물리학"의 관점에서 탐구해 볼 수 있습니다.

- **법학/경찰행정학 (화학):** 범죄 현장의 혈흔을 찾는 데 사용되는 '루미놀 반응'의 화학 발광 원리를 분석하거나 위조지폐를 감별하는 데 사용되는 화학 기술을 탐구하며 "법화학(Forensic Chemistry)" 세계를 깊이 있게 들여다볼 수 있습니다.

- **경제학/사회학 (생명과학):** '죄수의 딜레마'와 같은 경제학의 '게임 이론'이 동물의 세계(흡혈박쥐의 협력 등)에서 어떻게 나타나는지 분석하고, 이를 통해 인간의 이타적 행동과 경제적 선택의 진화적 기원을 **'사회생물학'** 관점에서 고찰해 볼 수 있습니다.

- **역사학/고고학 (지구과학):** 과거 마야 문명의 멸망이 극심한 가뭄 때문이었다는 '고기후학' 연구처럼, 특정 역사적 사건(문명의 흥망, 대규모 이주 등)이 기후 변화나 화산 폭발과 같은 지구과학적 현상과 어떤 인과관계가 있는지 탐구해 보는 '역사 지질학' 연구는 매우 매력적인 주제입니다.

10. 융합 공학계열

- **핵심:** 바이오, 나노, 환경, 건축 등 전통적인 공학의 경계를 넘어, 여러 학문 분야의 지식을 결합하여 복잡한 미래 문제를 해결하는 학문입니다. 이 계열의 핵심은 **탄탄한 기초 과학 지식 위에, 창의적인 아이디어를 적용하여 세상에 없던 새로운 가치를 만드는 것**입니다. 성공적인 탐구는 단순히 기술의 원리를 설명하는 것을 넘어, **그 기술이 사회와 환경에 미칠 영향까지 종합적으로 고찰**하고, **인간 중심의 해결책을 제시**하는 윤리적 관점을 보여 주어야 합니다.

[바이오/의생명공학]

## 1) 인체와 기계의 결합: BCI와 웨어러블 센서

- **1단계 (현상 분석):** 생각만으로 로봇 팔을 움직이는 '뇌-컴퓨터 인터페이스(BCI)' 기술의 원리를, 뇌파(EEG) 측정 및 신호 처리 과정과 연결하여 탐구.

- **2단계 (심화/융합):** 혈압, 심전도 등을 실시간으로 측정하는 '웨어러블 압전 센서'의 작동 원리를 물리적/재료공학적 관점에서 분석하고, 이를 통해 수집된 생체 데이터가 질병의 조기 진단에 어떻게 활용될 수 있는지 연구.

- **3단계 (대안 제시):** BCI 기술과 웨어러블 센서를 결합하여, 거동이 불편한 환자가 생각만으로 주변 기기를 제어하고 자신의 건강 상태를 모니터링할 수 있는 '스마트 홈 헬스케어 시스템'을 설계하여 제안.

## 2) 나노 기술, 의학의 미래를 바꾸다

- **1단계 (현상 분석):** 암세포만을 표적하여 약물을 전달하는 '나노 약물 전달 시스템(Nano DDS)'의 원리를 탐구하고, 기존 항암 치료의 부작용을 어떻게 줄일 수 있는지 분석.

- **2단계 (심화/융합):** 혈관 속을 떠다니며 질병을 진단하고 치료하는 '나노머신(Nanorobot)'의 구동 원리(화학적, 자기적 방식 등)를 분석하고, 상용화를 위해 해결해야 할 기술적/생체 적합성 문제를 탐구.

- **3단계 (대안 제시):** 나노 기술을 활용하여, 극소량의 혈액으로 다양한 질병을 조기에 진단할 수 있는 차세대 '나노 바이오센서' 칩을 직접 설계하고, 그 기대 효과와 기술적 과제를 제시.

[환경/에너지공학]

## 3) 깨끗한 물과 에너지: 해수담수화와 폐기물 처리

- **1단계 (현상 분석):** 물 부족 문제를 해결하기 위한 '해수담수화' 기술의 주요 방식(역삼투압법, 증발법)을 비교하고, 그 과정에서 발생하는 '농축수'가 해양 생태계에 미치는 영향을 분석.

- **2단계 (심화/융합):** 후쿠시마 '원전 오염수'의 정화 과정(ALPS)을 과학적으로 분석, 삼중수소 등 방사성 핵종을 제거하는 기술의 한계와 해양 확산 모델을 탐구.

- **3단계 (대안 제시):** 미생물을 이용하여 오염된 토양이나 수질을 정화하는 '생물정화 (Bioremediation)' 기술의 원리를 탐구하고, 특정 산업 폐수 정화에 가장 적합한 미생물 군집

을 설계하여 제안.

## 4) 지속가능한 건축과 도시

- **1단계 (현상 분석):** 화석연료 사용 없이 건물의 에너지 효율을 극대화하는 '패시브 하우스'의 5대 핵심 요소(단열, 창호, 환기 등)를 건축 공학적으로 분석.
- **2단계 (심화/융합):** '제로에너지 빌딩'을 실현하기 위해, 건물 일체형 태양광(BIPV), 지열 에너지 등 신재생에너지 기술이 패시브 하우스 기술과 어떻게 융합될 수 있는지 탐구.
- **3단계 (대안 제시):** 기존의 낡은 학교 건물을 패시브 하우스 원칙에 따라 리모델링하는 '그린 리모델링' 프로젝트를 구체적으로 기획하고, 예상되는 에너지 절감 효과와 초기 투자 비용 회수 기간을 계산하여 제시.

**[생체모방공학]**

## 5) 자연은 가장 위대한 공학자: 구조 모방

- **1단계 (현상 분석):** 도마뱀붙이가 벽에 쉽게 달라붙는 원리(반데르발스 힘)나, 상어 피부의 돌기(리블렛)가 마찰 저항을 줄여 주는 원리 등 자연 현상에 숨겨진 공학적 메커니즘을 분석.
- **2단계 (심화/융합):** 생체 모방 기술이 신소재(연잎 효과 방수 코팅), 의료 공학(새의 뼈 구조를 모방한 임플란트) 등 다양한 분야에 어떻게 적용되고 있는지 탐구.
- **3단계 (대안 제시):** 특정 생명체(예: 사막 딱정벌레의 수분 포집 능력)를 선정하여 그 원리를 분석하고, 물 부족 문제를 해결할 수 있는 새로운 '수분 포집 신소재'를 직접 설계하여 제안.

## 6) 개미에게 배우는 최적화 알고리즘: 군집 지능

- **1단계 (현상 분석):** 개미 군집이 리더의 지휘 없이도 페로몬 흔적을 통해 최단 경로를 찾아내는 원리나, 꿀벌 군집이 최적의 꿀 채집 장소를 결정하는 의사결정 과정을 탐구.
- **2단계 (심화/융합):** 이러한 자연의 '군집 지능(Swarm Intelligence)' 원리가 컴퓨터 과학의 '개미 군집 최적화 알고리즘'이나 '입자 군집 최적화' 등으로 어떻게 모델링되고, 물류 시스템이나 통신 네트워크 라우팅 문제 해결에 어떻게 응용되는지 분석.
- **3단계 (대안 제시):** 교내 축제 시뮬레이션 모델을 만들고, 군집 지능 알고리즘을 적용하여 관람객의 동선 혼잡도를 최소화하는 최적의 부스 배치 방안을 설계.

[융합 공학계열 융합 탐구 TIP]

● **수학/통계**: 통계학의 '심슨의 역설'과 '교란변수' 개념을, 신약의 임상시험 데이터나 사회 정책
효과 데이터를 분석할 때 발생할 수 있는 오류의 예시로 탐구하고, 올바른 데이터 해석의 중
요성을 고찰해 볼 수 있습니다.

● **인문학/윤리학**: 독일의 '탈원전' 정책과 한국의 '원전 수명 연장' 논쟁을, 단순한 에너지 효율의
문제를 넘어, 미래 세대에 대한 '윤리적 책임'과 '기술적 안전성'에 대한 사회적 합의 과정이라
는 인문학적 관점에서 비교 분석할 수 있습니다.

● **농업생명과학**: '화상병'과 같은 식물 전염병의 확산 경로를 빅데이터로 분석하고, 드론과 AI
영상 분석을 결합하여 감염 초기 단계의 나무를 신속하게 식별하고 방제하는 '정밀 농업' 시스
템을 제안해 볼 수 있습니다.


## 7-2. 학문 이론: 탐구의 깊이를 더하는 학자들


훌륭한 탐구는 단순한 현상 조사를 넘어, 그 현상을 설명하는 위대한 학자들의 '이론'이라는 렌즈
를 통해 세상을 보는 것입니다. 이론은 당신의 주장을 뒷받침하는 가장 단단한 근거이자, 당신의
지적 깊이를 증명하는 척도입니다. 이 파트는 당신의 탐구에 깊이를 더해 줄 핵심 학자와 이론들을
소개합니다. 여기에 소개된 학자와 이론을 제2장에서 배운 **'꼬리물기 독서'의 출발점**으로 삼아, 당
신의 탐구 보고서에 전문가의 깊이를 더해 보세요.


### 1. 사회과학계열

● **핵심**: 사회는 어떻게 유지되고 또 변화하는가? 개인과 사회 구조의 관계는 무엇이며, 권력은
어떻게 작동하는지를 탐구합니다.

● **학자: 카를 마르크스 (Karl Marx)**

　○ **핵심 이론/개념: 유물론 & 계급투쟁**: 사회 발전의 원동력을 물질적, 경제적 조건에서 찾았으
며, 역사를 생산수단을 둘러싼 지배계급과 피지배계급 간의 투쟁 과정으로 분석했습니다.

　○ **탐구 주제 예시**: 배달 플랫폼 노동자들이 겪는 불안정한 노동 조건을 마르크스의 '소외' 개

넘으로 분석하고, 노동의 가치를 되찾기 위한 방안을 탐구.

- **학자: 막스 베버 (Max Weber)**
  - **핵심 이론/개념: 프로테스탄티즘 윤리 & 관료제:** 마르크스의 유물론을 비판하며, 종교(프로테스탄트 윤리)와 같은 정신적 요인이 자본주의 발전에 큰 영향을 미쳤다고 주장. 또한, 합리성을 기반으로 한 근대 사회의 핵심 조직 원리로 '관료제'를 분석했습니다.
  - **탐구 주제 예시:** '학교'라는 조직의 운영 방식을 베버의 관료제 이론에 빗대어 분석하고, 그 순기능(효율성, 공정성)과 역기능(형식주의, 창의성 저해)을 탐구.

- **학자: 에밀 뒤르켐 (Émile Durkheim)**
  - **핵심 이론/개념: 사회적 사실 & 아노미:** 사회 현상을 개인의 심리가 아닌, 개인 외부에서 강제력을 갖는 '사회적 사실'로 보아야 한다고 주장. 또한, 급격한 사회 변동으로 규범이 무너지는 '아노미' 상태를 분석했습니다.
  - **탐구 주제 예시:** SNS의 급격한 확산이 청소년들의 언어 규범이나 또래 관계에 '아노미 현상'을 유발하는지, 구체적인 사례를 통해 분석.

- **학자: 피에르 부르디외 (Pierre Bourdieu)**
  - **핵심 이론/개념: 아비투스(Habitus) & 문화 자본:** 개인의 취향이나 습관(아비투스)이 성장 환경의 산물이며, 이것이 어떻게 사회적 지위로 이어지는 '문화 자본'이 되는지를 설명하며, 불평등이 어떻게 재생산되는지 분석했습니다.
  - **탐구 주제 예시:** 중학생과 고등학생을 대상으로 한 인터뷰나 설문을 통해, 부모의 문화 자본(예: 독서 습관, 문화 활동 참여, 예술 교육 경험 등)이 자녀의 진로 선택과 학업 성취에 어떤 영향을 미치는지 사례 중심으로 분석하고, 그 결과를 부르디외의 '문화 자본' 이론으로 해석.

- **학자: 미셸 푸코 (Michel Foucault)**
  - **핵심 이론/개념: 지식-권력 & 판옵티콘:** 지식은 결코 중립적이지 않으며, 특정 시대의 권력과 결합하여 사회를 통제하는 역할을 한다고 주장. '판옵티콘'을 통해 현대 사회의 보이지 않는 감시 권력을 분석했습니다.
  - **탐구 주제 예시:** 교실 내 CCTV 설치, 스마트폰 위치 추적 등 디지털 판옵티콘 시대의 '감시와 통제' 문제를 인권과 효율성의 관점에서 분석.

- **학자: 위르겐 하버마스 (Jürgen Habermas)**

○ **핵심 이론/개념: 공론장 (Public Sphere):** 시민들이 자유롭고 합리적인 토론을 통해 사회적 합의를 형성하는 이상적인 공간. 현대 사회에서 이 공론장이 어떻게 왜곡되고 있는지 비판했습니다.

○ **탐구 주제 예시:** 현대 사회에서 온라인 커뮤니티가 과연 하버마스가 말한 '공론장'의 역할을 제대로 수행하고 있는지, '집단 극화 현상(같은 의견을 가진 사람들이 모일수록 더 극단적인 입장을 취하게 되는 현상)'과 연결하여 비판적으로 분석.

## 2. 상경계열

● **핵심:** 한정된 자원을 어떻게 배분해야 하는가? 시장은 어떻게 작동하며, 기업은 어떻게 가치를 창출하고 성장하는지를 탐구합니다.

● **학자: 애덤 스미스 (Adam Smith)**

○ **핵심 이론/개념: '보이지 않는 손'은** 시장 경제에서 각 개인의 이기적인 행동이 의도치 않게 사회 전체의 이익으로 이어진다는 고전 경제학의 핵심 원리입니다.

○ **탐구 주제 예시:** '보이지 않는 손'이 해결하지 못하는 '시장 실패' 현상을 탐구. **예: 배달 앱 시장의 과도한 수수료 문제, 환경오염 문제 등** 구체적인 사례를 중심으로, 정부의 개입(규제)이 왜 필요한지 논증.

● **학자: 카를 마르크스 (Karl Marx)**

○ **핵심 이론/개념: 자본론 & 계급투쟁:** 자본주의 사회는 생산수단을 소유한 부르주아와 노동력을 팔아야 하는 프롤레타리아 간의 계급투쟁의 역사이며, 노동자는 생산 과정에서 '소외'된다고 주장했습니다.

○ **탐구 주제 예시:** 플랫폼 노동자(배달 라이더, 웹툰 작가 등)의 불안정한 노동 환경을 마르크스의 '노동 소외' 개념으로 분석. **예: 알고리즘에 의한 통제, 낮은 협상력 등** 구체적인 문제를 중심으로, 이들을 보호하기 위한 사회적 대안을 제시.

● **학자: 존 메이너드 케인스 (John Maynard Keynes)**

○ **핵심 이론/개념: 유효수요 이론:** 불황기에는 정부가 재정 지출을 늘려 총수요를 창출해야 경제가 회복될 수 있다는 이론입니다.

○ **탐구 주제 예시:** 코로나19 팬데믹 당시 시행된 '전국민 재난지원금' 정책의 효과를 케인스

의 유효수요 이론으로 분석. **예: 지역별, 업종별 소비 데이터 변화를 비교**하며, 정부의 재정 지출이 경기 부양에 얼마나 기여했는지 실증적으로 탐구.

- **학자: 조지프 슘페터 (Joseph Schumpeter)**
  - **핵심 이론/개념: 창조적 파괴 (Creative Destruction):** 기술 혁신을 통해 낡은 것을 파괴하고 새로운 시장을 창조하는 '기업가정신'이야말로 자본주의 발전의 핵심 동력이라고 주장했습니다.
  - **탐구 주제 예시:** 기술 혁신이 기존 산업을 파괴하고 새로운 시장을 여는 과정을 슘페터의 '창조적 파괴' 개념으로 분석. **예: 넷플릭스가 비디오 대여 시장을 파괴한 사례, 인공지능이 창작의 영역에 미치는 영향** 등 구체적 사례를 탐구.
- **학자: 대니얼 카너먼 (Daniel Kahneman)**
  - **핵심 이론/개념: 행동경제학 (Behavioral Economics):** 인간이 항상 합리적이지 않으며, 심리적 편향에 따라 비합리적 선택을 한다는 것을 증명하여 경제학과 심리학을 융합했습니다.
  - **탐구 주제 예시:** 인간의 비합리적 선택(손실 회피, 현상 유지 편향 등)을 행동경제학 이론으로 분석. **예: 교내 매점의 '오늘의 할인 세트' 메뉴 구성에 따른 학생들의 소비 패턴의 변화**를 직접 관찰하고 실험하여, '넛지'의 효과를 검증.
- **학자: 마이클 포터 (Michael Porter)**
  - **핵심 이론/개념: 5 Forces 모델 & 경쟁 전략:** 특정 산업의 경쟁 강도와 매력도를 5가지 힘으로 분석하고, 기업이 경쟁 우위를 확보하기 위한 본원적 전략을 제시했습니다.
  - **탐구 주제 예시:** 특정 산업의 경쟁 구조를 마이클 포터의 '5 Forces 모델'로 분석. **예: 국내 편의점 시장(CU vs GS25), OTT 시장(넷플릭스 vs 토종 OTT)의 경쟁 구도**를 분석하고, 경쟁 우위를 확보하기 위한 전략(차별화, 원가 우위)을 제시.

## 3. 인문계열

- **핵심:** 인간이란 무엇이며, 어떻게 사유하고 표현해 왔는가? 역사, 철학, 문학을 통해 인간 존재의 근원과 삶의 의미를 탐색합니다.
- **학자: 플라톤 (Platon)**
  - **핵심 이론/개념: 이데아 (Theory of Forms) & 동굴의 비유:** 우리가 감각하는 현실 세계는 불

완전한 그림자이며, 그 너머에 완전하고 영원한 '이데아'의 세계가 있다는 철학 사상입니다.

- ○ **탐구 주제 예시:** 메타버스나 VR 환경에서 사람들이 경험하는 '가상 현실'이 플라톤의 동굴 속 그림자와 어떻게 유사한지 분석하고, 현실과 진리의 구분이 모호해지는 현상을 철학적으로 성찰. **예: 아바타 정체성, SNS 속 자아 표현 등** 구체 사례를 중심으로.

- **학자: 공자 (Confucius)**
  - ○ **핵심 이론/개념: 인(仁)과 예(禮):** '인'이라는 내면의 도덕성을 바탕으로, '예'라는 사회적 규범을 실천하여 조화로운 공동체를 만들어야 한다는 유교 사상의 핵심 이론입니다.
  - ○ **탐구 주제 예시:** 현대 사회의 공동체 갈등을 유교 철학의 관점에서 분석. **예: '노키즈존' 논쟁이나 '층간소음' 문제**를 개인의 권리와 공동체의 조화를 중시하는 "인(仁)과 예(禮)"의 관점에서 어떻게 해결할 수 있을지 대안을 제시.

- **학자: 임마누엘 칸트 (Immanuel Kant)**
  - ○ **핵심 이론/개념: 정언명령 (Categorical Imperative):** '네 의지의 준칙이 언제나 동시에 보편적 입법의 원리가 될 수 있도록 행위하라.' 결과가 아닌 행위의 동기를 중시하는 의무론적 윤리설입니다.
  - ○ **탐구 주제 예시:** '자율주행 자동차의 트롤리 딜레마'를 칸트의 의무론적 윤리설(정언명령)과 벤담의 공리주의 관점에서 비교 분석. **예: '승객 1명을 희생시켜 보행자 5명을 구해야 하는가?'와 같은** 구체적인 사고 실험 상황을 설정하고, 각 철학적 입장에 따른 AI의 판단 알고리즘을 제안.

- **학자: E. H. 카 (E. H. Carr)**
  - ○ **핵심 이론/개념: 역사란 무엇인가?:** 역사는 객관적인 사실의 나열이 아니라, 현재의 역사가가 과거의 사실과 끊임없이 대화하며 재구성하는 과정이라고 주장했습니다.
  - ○ **탐구 주제 예시:** 하나의 역사적 사건을 두고 역사가의 관점에 따라 해석이 어떻게 달라지는지 E. H. 카의 이론으로 분석. **예: 5.18 민주화운동에 대한 국내 보수/진보 언론의 기사** 또는 **독도 영유권 문제에 대한 한/일 양국의 역사 교과서 서술**을 비교하며, '객관적 역사'의 가능성에 대해 고찰.

- **학자: 한나 아렌트 (Hannah Arendt)**
  - ○ **핵심 이론/개념: 악의 평범성 (Banality of Evil):** 거대한 악은 특별한 악마가 아닌, 생각 없

이 명령에 순응하는 평범한 사람들에 의해 행해진다는 개념입니다.

- ○ **탐구 주제 예시:** 온라인상에서 벌어지는 집단적인 인격 모독(사이버불링) 현상을 한나 아렌트의 '악의 평범성' 개념으로 분석. **예: 특정 연예인에 대한 악성 댓글, 온라인 마녀사냥 등** 구체적인 사례를 중심으로, 평범한 개인들이 어떻게 집단적 악에 동참하게 되는지 그 심리적, 사회적 메커니즘을 탐구.

- ● **학자: 베네딕트 앤더슨 (Benedict Anderson)**
  - ○ **핵심 이론/개념: 상상의 공동체 (Imagined Communities):** '민족'이란 혈연이나 언어로 묶인 실체가 아니라, 신문, 소설 등 근대적 미디어를 통해 '우리는 하나'라고 상상하게 된 공동체라고 주장했습니다.
  - ○ **탐구 주제 예시:** '민족'이 상상된 공동체라는 앤더슨의 이론을 현대 사회의 팬덤 문화에 적용하여 분석. **예: BTS의 '아미(ARMY)'나 특정 스포츠팀의 팬덤**이 SNS와 같은 미디어를 통해 어떻게 국경을 넘어 강력한 유대감과 정체성을 형성하는지 탐구.

## 4. 어문계열

- ● **핵심:** 언어는 어떻게 의미를 만드는가? 문학은 어떻게 인간과 시대를 반영하는가? 언어의 규칙과 문학 텍스트를 통해 인간의 소통 방식과 문화적 정체성을 탐구합니다.
- ● **학자: 윌리엄 셰익스피어 (William Shakespeare)**
  - ○ **핵심 이론/개념: 인간 본성에 대한 통찰:** 셰익스피어는 이론가가 아니었지만, 그의 작품들은 시대를 초월하는 보편적인 인간의 감정(사랑, 질투, 복수, 야망 등)을 입체적인 캐릭터와 플롯을 통해 그려 내어 후대 모든 문학 이론의 분석 대상이 되었습니다.
  - ○ **탐구 주제 예시:** 셰익스피어의 4대 비극 속 주인공들이 가진 '성격적 결함(tragic flaw)'이 현대 심리학의 관점으로 어떻게 분석될 수 있는지 융합적으로 탐구. **예: 햄릿의 우유부단함 (결정장애), 맥베스의 권력 의지(나르시시즘) 등**을 분석.
- ● **학자: 페르디낭 드 소쉬르 (Ferdinand de Saussure)**
  - ○ **핵심 이론/개념: 구조주의 언어학:** 언어를 개별 단어가 아닌, 관계의 '체계(System)'로 파악했습니다. '기표(Signifiant, 소리/문자)'와 '기의(Signifié, 의미/개념)'의 관계가 자의적임을 밝혔습니다.

○ **탐구 주제 예시:** 동일한 개념(기의)에 대해, 각 언어의 단어(기표)가 어떻게 다른 문화적 뉘앙스를 담고 있는지 비교 분석. "예: 한국어의 '정(情)'과 영어의 'Love' 또는 'Affection'"이 어떻게 다른 의미의 망을 형성하는지 탐구.

● **학자: 노엄 촘스키 (Noam Chomsky)**

○ **핵심 이론/개념: 변형생성문법:** 인간에게는 선천적인 보편 문법(Universal Grammar)이 있으며, 이를 통해 무한한 문장을 창의적으로 생성하고 이해할 수 있다는 혁명적인 이론을 제시했습니다.

○ **탐구 주제 예시:** 어린 아이가 문법을 배우지 않고도 창의적인 문장을 만들어 내는 현상과, 챗GPT가 방대한 데이터를 기반으로 문장을 생성하는 방식을 비교. **이를 통해 촘스키가 말한 인간의 선천적 '언어 능력'과 AI의 '언어 모델'의 근본적인 차이점**을 탐구.

● **학자: 롤랑 바르트 (Roland Barthes)**

○ **핵심 이론/개념: 저자의 죽음:** 작품의 의미는 저자의 의도에 의해 고정되는 것이 아니라, 텍스트를 읽는 독자에 의해 끊임없이 새롭게 탄생한다고 주장하며 현대 문학 비평의 새로운 장을 열었습니다.

○ **탐구 주제 예시:** 영화 '기생충'에 대한 한국 관객과 미국 관객의 영화 평론을 비교 분석. **동일한 텍스트가 각기 다른 문화적 배경을 가진 독자(관객)에 의해 어떻게 다르게 해석될 수 있는지** '저자의 죽음' 이론을 통해 분석.

● **학자: 미하일 바흐친 (Mikhail Bakhtin)**

○ **핵심 이론/개념: 대화주의 (Dialogism) & 상호텍스트성:** 모든 텍스트는 독립적으로 존재하는 것이 아니라, 다른 텍스트와의 끊임없는 '대화' 속에서 의미가 만들어진다고 보았습니다.

○ **탐구 주제 예시:** 특정 K팝 아이돌의 뮤직비디오가 어떻게 신화, 고전 명화, 다른 영화의 장면들을 차용하고 패러디하며 새로운 의미를 만들어 내는지 '상호텍스트성'의 관점에서 분석. **예: 방탄소년단의 '피 땀 눈물'과 헤르만 헤세의 『데미안』의 관계**를 중심으로.

● **학자: 움베르토 에코 (Umberto Eco)**

○ **핵심 이론/개념: 기호학 & 열린 텍스트:** 세상의 모든 문화 현상을 '기호'로 보고 그 의미를 분석했으며, 훌륭한 텍스트는 독자의 적극적인 해석을 통해 의미가 완성되는 '열린 작품'이라고 주장했습니다.

○ **탐구 주제 예시:** 특정 명품 브랜드의 광고를 기호학적으로 분석. **예: 광고 속 모델의 표정, 배경, 소품, 로고 등 각각의 기호**가 어떻게 결합하여 '고급스러움'이나 '선망'이라는 메시지를 전달하는지 탐구.

## 5. 교육계열

● **핵심:** 인간은 어떻게 배우고 성장하는가? '무엇을, 왜, 어떻게 가르치고 배울 것인가?'라는 질문을 중심으로, 교육의 본질과 실천 방법을 탐구합니다.

● **학자: 존 듀이 (John Dewey)**

○ **핵심 이론/개념: 경험 중심 교육 & 성장으로서의 교육:** 교육은 단순히 지식을 주입하는 것이 아니라, 아동이 구체적인 경험과 문제 해결 과정을 통해 스스로 성장해 나가는 과정이어야 한다고 주장했습니다.

○ **탐구 주제 예시:** 현재 학교에서 이루어지는 '프로젝트 기반 학습(PBL)'이나 '메이커 교육'이 존 듀이의 교육 철학을 어떻게 구현하고 있는지 분석. **예: 자신이 참여한 프로젝트 수업**을 중심으로, 그 교육적 효과와 한계를 고찰.

● **학자: 장 피아제 (Jean Piaget)**

○ **핵심 이론/개념: 인지 발달 단계 이론 & 구성주의:** 아동의 사고방식이 성인과 질적으로 다르며, 인지 발달 단계를 거쳐 발달한다고 보았습니다. 또한, 지식은 외부에서 주어지는 것이 아니라 아동 스스로 구성해 나가는 것이라고 주장했습니다.

○ **탐구 주제 예시:** 초등학교 수학 교과서와 고등학교 수학 교과서의 '분수' 개념 설명 방식을 비교하고, 피아제의 인지 발달 단계에 따라 학습 내용이 어떻게 추상화되고 심화되는지 분석.

● **학자: 레프 비고츠키 (Lev Vygotsky)**

○ **핵심 이론/개념: 사회적 구성주의 & 근접발달영역(ZPD):** 피아제와 달리, 학습은 사회적 상호작용을 통해 이루어진다고 보았습니다. '근접발달영역(ZPD)'은 아동이 혼자서는 할 수 없지만, 교사나 뛰어난 동료의 도움으로 해낼 수 있는 영역을 의미합니다.

○ **탐구 주제 예시:** 교실에서의 '협동 학습(모둠 활동)'이 학생들의 학업 성취도에 미치는 긍정적 영향을 비고츠키의 이론으로 분석. **예: 동료 튜터링 프로그램**이 학생들의 '근접발달영역'을 어떻게 확장시키는지 탐구.

- **학자: 파울루 프레이리 (Paulo Freire)**
  - **핵심 이론/개념: 비판적 교육학 & 은행 저금식 교육 비판:** 교사가 학생의 머릿속에 지식을 일방적으로 저금하는 '은행 저금식 교육'을 비판하고, 학생이 주체가 되어 세상을 비판적으로 읽고 변화시키는 '문제 제기식 교육'을 주장했습니다.
  - **탐구 주제 예시:** 현재의 수능 중심 교육이 프레이리가 비판한 '은행 저금식 교육'의 한계를 어떻게 드러내는지 분석하고, 학생들의 비판적 사고를 기르기 위한 대안적인 수업 모델을 제안.
- **학자: 하워드 가드너 (Howard Gardner)**
  - **핵심 이론/개념: 다중지능이론 (Multiple Intelligences):** 인간의 지능이 단순히 언어, 수리 능력뿐만 아니라, 음악, 신체운동, 인간친화, 자기성찰 등 8가지 이상의 다중지능으로 구성되어 있다고 주장했습니다.
  - **탐구 주제 예시:** 현재의 학교 평가 방식(주로 지필고사)이 다중지능이론의 관점에서 어떤 한계를 갖는지 비판하고, 학생들의 다양한 잠재력을 평가할 수 있는 대안적인 평가 방법(예: 포트폴리오, 수행평가 확대)을 제안.
- **학자: 캐럴 드웩 (Carol Dweck)**
  - **핵심 이론/개념: 성장 마인드셋 (Growth Mindset):** 지능과 재능은 고정된 것이 아니라, 노력을 통해 성장할 수 있다는 믿음. '성장 마인드셋'을 가진 학생이 더 높은 성취를 보인다고 주장했습니다.
  - **탐구 주제 예시:** 교사의 칭찬 방식('똑똑하구나'라는 결과 칭찬 vs '노력했구나'라는 과정 칭찬)이 학생들의 '성장 마인드셋' 형성에 어떤 다른 영향을 미치는지 심리학적으로 분석하고, 바람직한 피드백 방안을 제안.

## 6. 예술 및 체육계열

- **핵심:** 아름다움이란 무엇이며, 인간은 왜 놀이와 경쟁에 열광하는가? 예술과 신체 활동을 통해 인간의 감성, 창의성, 사회적 상호작용의 본질을 탐구합니다.
- **학자: 아리스토텔레스 (Aristotle)**
  - **핵심 이론/개념: 미메시스 (Mimesis) & 카타르시스 (Catharsis):** 예술은 현실을 모방(미메시

스)하며, 비극은 관객에게 연민과 공포의 감정을 불러일으켜 감정의 정화(카타르시스)를 경험하게 한다는 고전 미학의 기초를 세웠습니다.

- ○ **탐구 주제 예시:** 스포츠 다큐멘터리(예: '더 라스트 댄스')의 서사 구조가 아리스토텔레스의 비극 이론(주인공의 몰락과 극복)과 어떻게 맞닿아 있는지 분석하고, 시청자들이 왜 스포츠 영웅의 이야기에 카타르시스를 느끼는지 탐구.

- ● **학자: 임마누엘 칸트 (Immanuel Kant)**
  - ○ **핵심 이론/개념: 취미판단 & 숭고미:** '아름다움'이란 대상의 목적이나 이해관계없이 순수한 형식에서 느껴지는 보편적인 쾌(快)라고 주장. 또한, 인간의 이성을 압도하는 거대한 자연 앞에서 느끼는 경외감을 '숭고미'로 정의하며 근대 미학의 토대를 마련했습니다.
  - ○ **탐구 주제 예시:** BTS의 'Love Yourself' 캠페인이나 특정 미술관의 공공미술 프로젝트가 칸트가 말한 '미(美)의 보편성'을 추구한다고 볼 수 있는지, 아니면 상업적 목적을 가진 것인지 비판적으로 고찰.

- ● **학자: 요한 하위징아 (Johan Huizinga)**
  - ○ **핵심 이론/개념: 호모 루덴스 (Homo Ludens, 놀이하는 인간):** 인간의 본질을 '놀이'로 보고, 문화, 예술, 법, 전쟁 등 모든 인간 활동이 놀이에서 비롯되었다고 주장했습니다.
  - ○ **탐구 주제 예시:** 현대 e스포츠가 하위징아가 말한 '놀이'의 특징(자발성, 규칙, 가상 세계, 비생산성 등)을 어떻게 충족시키는지 분석하고, 이것이 미래의 새로운 스포츠 형태로 인정받을 수 있는지 고찰.

- ● **학자: 발터 벤야민 (Walter Benjamin)**
  - ○ **핵심 이론/개념: 아우라(Aura)의 붕괴:** 사진, 영화 등 기술 복제 시대에는 예술 작품이 가진 유일무이한 '아우라'가 사라지고, 대신 누구나 즐길 수 있는 대중적, 정치적 성격을 띠게 된다고 주장했습니다.
  - ○ **탐구 주제 예시:** 아이돌 그룹의 앨범 포토카드가 '원본 없는 복제품'임에도 불구하고 팬덤 내에서 특별한 가치를 갖는 현상을, 벤야민의 아우라 개념을 통해 분석. **예: 희소성과 팬덤 내 교환 문화**를 중심으로.

- ● **학자: 마셜 맥루언 (Marshall McLuhan)**
  - ○ **핵심 이론/개념: 미디어는 메시지다:** 미디어는 단순히 내용을 전달하는 도구가 아니라, 그

자체의 형식(TV, 스마트폰 등)이 인간의 감각과 사고방식을 변화시킨다고 주장했습니다.

- ○ **탐구 주제 예시:** 동일한 댄스 챌린지 영상이 틱톡(숏폼)과 유튜브(롱폼)라는 다른 미디어 플랫폼에서 어떻게 다르게 소비되고 해석되는지 맥루언의 관점에서 분석. **예: 세로 화면, 빠른 편집, 참여 문화 등** 각 매체의 특성을 중심으로.

- ● **학자: 피에르 부르디외 (Pierre Bourdieu)**

  - ○ **핵심 이론/개념: 구별짓기 (Distinction):** 예술적 취향은 개인의 순수한 감성이 아니라, 자신이 속한 계급을 타인과 '구별'하려는 사회적 투쟁의 산물이라고 보았습니다.
  - ○ **탐구 주제 예시:** 특정 스포츠나 예술 장르가 특정 사회 계층의 '문화 자본'으로 여겨지는 현상을 부르디외의 이론으로 분석. **예: 골프/오페라 관람과 축구/힙합 페스티벌**의 참여자 특성과 사회적 인식을 비교.

## 7. 의약학/보건계열

- ● **핵심:** 생명이란 무엇이며, 질병은 왜 발생하는가? 생명 현상의 과학적 원리를 바탕으로 질병을 예방, 진단, 치료하는 방법을 탐구하고, 그 과정에 필요한 윤리적 책임에 대해 성찰합니다.

- ● **학자: 히포크라테스 (Hippocrates)**

  - ○ **핵심 이론/개념: 히포크라테스 선서 & 4체액설:** 의사의 전문 직업윤리를 담은 선서를 통해 의료의 윤리적 토대를 마련했으며, 인체를 혈액, 점액, 황담즙, 흑담즙의 4가지 체액으로 구성되었다고 본 최초의 체계적 인체 이론을 제시했습니다.
  - ○ **탐구 주제 예시:** 현대 의료 현장(연명의료 중단, 인공지능 진단 등)에서 의사들이 마주하는 새로운 윤리적 딜레마를, 히포크라테스 선서의 관점에서 어떻게 해석하고 판단해야 하는지 탐구.

- ● **학자: 루이 파스퇴르 (Louis Pasteur)**

  - ○ **핵심 이론/개념: 세균설 (Germ Theory):** 질병이 나쁜 공기나 저주가 아닌, 눈에 보이지 않는 미생물(세균)에 의해 발생한다는 것을 증명했습니다. 백신, 저온 살균법 등을 발명하여 현대 의학 및 공중 보건의 기초를 세웠습니다.
  - ○ **탐구 주제 예시:** 코로나19 팬데믹 상황에서, 파스퇴르의 '백신 원리'가 mRNA 백신과 같은 최신 기술에 어떻게 계승되고 발전했는지 비교 분석. **예: 약독화 백신과 mRNA 백신의 면**

역 반응 유도 방식 차이를 중심으로.

- **학자: 알렉산더 플레밍 (Alexander Fleming)**
  - **핵심 이론/개념: 페니실린의 발견:** 푸른곰팡이에서 우연히 최초의 항생제인 페니실린을 발견하여, 세균 감염으로부터 수많은 생명을 구했습니다.
  - **탐구 주제 예시:** 플레밍의 발견 이후 계속되는 항생제 오남용 문제를 탐구하고, '슈퍼 박테리아(다제내성균)'의 출현 원인과 그 위험성을 분석. **예: 박테리오파지를 이용한 대체 치료법** 등 새로운 해결 방안을 모색.

- **학자: 제임스 왓슨 & 프랜시스 크릭 (Watson & Crick)**
  - **핵심 이론/개념: DNA 이중나선 구조:** 모든 유전 정보가 담겨 있는 DNA의 분자 구조를 밝혀내, 현대 유전학, 분자생물학, 생명공학의 문을 열었습니다.
  - **탐구 주제 예시:** CRISPR 유전자 가위 기술이 DNA의 특정 염기서열을 인식하고 절단하는 원리를 '이중나선 구조'와 연결하여 탐구하고, 이 기술의 발전이 가져올 미래 의학의 변화를 예측.

- **학자: 김승섭 (Kim Seung-sup)**
  - **핵심 이론/개념: 사회역학 (Social Epidemiology):** 질병의 원인을 개인의 생물학적 특성뿐만 아니라, 그가 속한 사회적 환경(차별, 빈곤, 노동 환경 등)에서 찾는 학문이라고 주장했습니다. 『아픔이 길이 되려면』의 저자.
  - **탐구 주제 예시:** '학교비정규직 급식실 폐암' 이슈를 사회역학의 관점에서 분석. **예: 특정 직업군에서 특정 질병의 발병률이 높은 이유**를 노동 환경의 구조적 문제와 연결하여 탐구하고, 산업 안전 보건 정책 개선 방안을 제시.

- **학자: 아툴 가완디 (Atul Gawande)**
  - **핵심 이론/개념: 의료 인문학 & 서사의학:** 의사가 단순히 질병을 치료하는 기술자를 넘어, 환자의 삶의 이야기(서사)에 귀 기울이고 '좋은 죽음'과 같은 인간적인 가치를 함께 고민해야 한다고 주장했습니다.
  - **탐구 주제 예시:** 현대 의학의 '연명의료'가 환자의 존엄성을 어떻게 훼손할 수 있는지 비판적으로 고찰. **예: 호스피스 완화 의료 제도**의 필요성을 아툴 가완디의 관점에서 논증하고, 바람직한 개선 방향을 제안.

8. IT/컴퓨터공학계열

- **핵심:** 정보란 무엇이며, 어떻게 효율적으로 처리하고 소통할 수 있는가? 논리적 사고와 계산적 모델링을 통해 복잡한 문제를 해결하고, 세상을 변화시키는 기술을 탐구합니다.

- **학자: 앨런 튜링 (Alan Turing)**
  - **핵심 이론/개념: 튜링 머신 & 튜링 테스트:** 모든 계산 가능한 문제를 풀 수 있는 컴퓨터의 추상적인 모델(튜링 머신)과, 기계가 인간처럼 생각할 수 있는지 판별하는 테스트(튜링 테스트)를 제안했습니다. 현대 컴퓨터와 인공지능의 아버지.
  - **탐구 주제 예시:** 챗GPT와 같은 최신 AI가 과연 '튜링 테스트'를 통과했다고 볼 수 있는지, '생각'과 '지능'의 정의에 대한 철학적 고찰과 함께 탐구. "예: '중국어 방 논증'"을 반박의 근거로 활용.

- **학자: 클로드 섀넌 (Claude Shannon)**
  - **핵심 이론/개념: 정보이론 (Information Theory):** 정보의 양을 '비트(Bit)'라는 단위로 정량화하고, 통신 과정에서의 불확실성을 '엔트로피' 개념으로 설명했습니다. 디지털 시대의 기초를 닦았습니다.
  - **탐구 주제 예시:** 이미지/영상 파일 압축 알고리즘(JPEG, MP3)의 원리를 '정보 엔트로피' 관점에서 분석. **예: 왜 비슷한 이미지라도 노이즈가 많으면 파일 크기가 커지는지** 그 이유를 정보량의 관점에서 설명.

- **학자: 존 폰 노이만 (John von Neumann)**
  - **핵심 이론/개념: 폰 노이만 구조 & 게임 이론:** 현대 컴퓨터의 기본 구조(프로그램 내장 방식)를 확립했으며, 경제학, 정치학 등 다방면에 활용되는 '게임 이론'을 체계화했습니다. 수학과 현실 세계를 잇는 천재로 불립니다.
  - **탐구 주제 예시:** 스마트폰의 CPU와 메모리가 폰 노이만 구조에 따라 어떻게 상호작용하며 프로그램을 실행하는지 그 과정을 분석. **예: 우리가 카카오톡 메시지를 보내는 단순한 과정**이 내부적으로 어떤 데이터 처리 단계를 거치는지 탐구.

- **학자: 고든 무어 (Gordon Moore)**
  - **핵심 이론/개념: 무어의 법칙 (Moore's Law):** 반도체 칩에 집적되는 트랜지스터의 수가 2년마다 2배씩 증가한다는 놀라운 예측을 했습니다. 지난 50년간 반도체 산업의 발전 속도를

이끌어 온 황금률.

- ○ **탐구 주제 예시:** 최근 '무어의 법칙이 끝났다'는 주장이 나오는 이유를 탐구. "예: 반도체 미세 공정의 물리적 한계(양자 터널링 등)"와, 이를 극복하기 위한 "새로운 컴퓨팅 기술(뉴로모픽, 양자컴퓨터 등)"의 발전 방향을 조사.

- ● **학자: 데니스 리치 & 켄 톰슨 (Dennis Ritchie & Ken Thompson)**
  - ○ **핵심 이론/개념: C언어 & 유닉스(UNIX) 운영체제:** 현대 거의 모든 운영체제(macOS, Linux, Android, iOS)의 조상인 유닉스와, 가장 영향력 있는 프로그래밍 언어인 C언어를 개발. 하드웨어를 제어하고 소프트웨어를 구동하는 운영체제의 기본 원리를 확립했습니다.
  - ○ **탐구 주제 예시:** 스마트폰에서 앱을 실행할 때, 운영체제(OS)가 어떻게 메모리를 할당하고 CPU 자원을 배분하는지 그 과정을 유닉스의 설계 철학과 연결하여 탐구. **예: '오픈 소스'의 가치**가 유닉스의 발전 과정에 어떻게 기여했는지 분석.

- ● **학자: 빈트 서프 & 밥 칸 (Vint Cerf & Bob Kahn)**
  - ○ **핵심 이론/개념: TCP/IP 프로토콜:** 인터넷의 기본 통신 규약. 전 세계의 컴퓨터들이 서로 '대화'할 수 있는 표준 언어를 만들어, 중앙 통제 없이도 네트워크가 확장될 수 있는 개방형 구조를 설계했습니다.
  - ○ **탐구 주제 예시:** 인터넷의 핵심 정신인 '망 중립성' 원칙이 왜 TCP/IP의 개방형 설계 철학과 관련이 깊은지, 그리고 최근의 '망 사용료' 논쟁이 이 원칙에 어떤 도전을 제기하는지 탐구.

- ● **학자: 팀 버너스리 (Tim Berners-Lee)**
  - ○ **핵심 이론/개념: 월드 와이드 웹 (World Wide Web):** 하이퍼텍스트(링크)를 통해 전 세계의 정보가 거미줄처럼 연결되는 시스템을 발명하여, 인터넷을 모두가 사용하는 정보의 바다로 만들었습니다.
  - ○ **탐구 주제 예시:** 구글의 '페이지랭크' 알고리즘이 팀 버너스리의 하이퍼텍스트 아이디어(링크=권위)를 어떻게 수학적으로 구현하여 웹 검색의 혁신을 이끌었는지 분석.

- ● **학자: 도널드 노먼 (Donald Norman)**
  - ○ **핵심 이론/개념: 사용자 중심 디자인 (User-Centered Design):** 제품이나 시스템을 설계할 때, 기술이 아닌 사용자의 편의성과 인지적 특성을 최우선으로 고려해야 한다는 원칙입니다.
  - ○ **탐구 주제 예시:** 교내 무인 키오스크나 학교 홈페이지의 불편함을 '사용자 중심 디자인' 원

칙에 따라 분석. **예: 노면의 '행동유도성(Affordance)' 개념**을 활용하여 구체적인 UI/UX 개선 방안을 프로토타입으로 제안.

- **학자: 캐시 오닐 (Cathy O'Neil)**
  - **핵심 이론/개념: 대량살상수학무기 (Weapons of Math Destruction):** AI 알고리즘이 인간의 편견을 학습하여, 채용, 대출 등에서 사회적 불평등을 오히려 심화시키는 위험성을 경고했습니다.
  - **탐구 주제 예시:** AI 챗봇(예: 이루다)의 혐오 발언 논란 사례를 캐시 오닐의 관점에서 분석. **예: AI의 윤리적 편향성을 제거하기 위한 데이터 필터링 기술**이나 "설명가능 AI(XAI)"의 필요성을 탐구.

9. 순수 자연과학계열

- **핵심:** '왜?'라는 가장 근본적인 질문을 통해 우주, 생명, 물질, 그리고 추상적 세계의 작동 원리를 탐구합니다. 가설을 엄밀한 논리와 실험, 그리고 증명을 통해 규명하는 과정이 중요합니다.

## 1) 물리학

- **학자: 갈릴레오 갈릴레이 (Galileo Galilei)**
  - **핵심 이론/개념: 근대 과학의 방법론:** 가설을 '실험'과 '수학적 분석'을 통해 증명하는 근대 과학의 방법론을 확립했습니다.
  - **탐구 주제 예시:** 갈릴레이의 '낙하 실험' 사고 실험을 재현하고, '진자의 등시성' 원리를 직접 실험으로 검증. "예: 실험 과정에서 발생하는 오차의 원인(공기 저항 등)"을 분석하며, 이론과 실제 실험의 차이를 고찰.
- **학자: 아이작 뉴턴 (Isaac Newton)**
  - **핵심 이론/개념: 고전 역학 (운동의 법칙 & 만유인력):** 모든 물체의 운동을 수학적으로 예측 가능하게 만든 근대 과학의 토대를 제공했습니다.
  - **탐구 주제 예시:** 뉴턴의 운동 법칙을 활용하여 우리 주변의 현상을 수학적으로 모델링. **예: 당구공의 충돌을 '운동량 보존 법칙'으로 분석**하거나, **인공위성의 궤도 속도를 '만유인력 법칙'으로 계산**하는 탐구.

- ● **학자: 알베르트 아인슈타인 (Albert Einstein)**
  - ○ **핵심 이론/개념: 상대성 이론:** 시간과 공간이 절대적인 것이 아니라 관찰자에 따라 상대적이라는 혁명적인 이론으로, 뉴턴의 세계관을 무너뜨렸습니다.
  - ○ **탐구 주제 예시:** GPS 시스템이 정확하게 작동하기 위해, 왜 일반 상대성 이론에 따른 시간 지연 효과를 반드시 보정해야 하는지 그 원리를 탐구. "예: 고속으로 움직이는 위성의 시간(특수 상대성)과 중력이 약한 곳의 시간(일반 상대성)"이 어떻게 다른지 분석.
- ● **학자: 토머스 쿤 (Thomas Kuhn)**
  - ○ **핵심 이론/개념: 패러다임의 전환 (Paradigm Shift):** 과학의 발전은 점진적인 지식 축적이 아니라, 세상을 보는 틀(패러다임) 자체가 완전히 뒤바뀌는 혁명적 과정을 통해 이루어진다는 과학 철학 이론입니다.
  - ○ **탐구 주제 예시:** 천동설에서 지동설로의 전환 과정을 쿤의 '과학혁명' 이론에 따라 분석. "예: 단순히 '틀렸다'가 아니라, 기존 패러다임(천동설)이 해결하지 못하는 '변칙 사례'들이 어떻게 누적되어 혁명을 이끌었는지 탐구.

## 2) 화학

- ● **학자: 앙투안 라부아지에 (Antoine Lavoisier)**
  - ○ **핵심 이론/개념: 질량 보존의 법칙 & 근대 화학:** 연소 현상을 '산소 결합'으로 규명하고 '질량 보존의 법칙'을 확립하여, 정량적인 근대 화학의 문을 열었습니다.
  - ○ **탐구 주제 예시:** 라부아지에의 정량적 실험 설계가 이전의 연금술과 어떻게 다른지 '과학적 방법론'의 관점에서 비교 분석. **예: 밀폐 용기에서 금속을 태웠을 때 질량이 증가하는 현상**을 통해 질량 보존 법칙을 직접 증명하는 실험을 설계.
- ● **학자: 존 돌턴 (John Dalton)**
  - ○ **핵심 이론/개념: 원자설:** 모든 물질은 더 이상 쪼갤 수 없는 '원자'로 이루어져 있다는 이론을 제안하여, 화학 반응을 원자의 결합과 재배열로 설명할 수 있는 길을 열었습니다.
  - ○ **탐구 주제 예시:** 과학 이론이 어떻게 수정되고 정교화되는지 원자 모델의 발전 과정으로 분석. **예: '원자는 쪼갤 수 없다'는 돌턴의 주장이 어떻게 톰슨(전자 발견), 러더퍼드(원자핵 발견)의 실험을 통해 수정되는지** 그 과정을 중심으로.

- **학자: 라이너스 폴링 (Linus Pauling)**
  - **핵심 이론/개념: 화학 결합 이론 & 분자 구조:** 양자역학을 화학에 도입하여, 원자들이 전자를 공유하며 결합하는 '공유 결합'의 원리를 밝히고, 분자의 입체 구조가 물질의 특성을 결정함을 설명했습니다.
  - **탐구 주제 예시:** DNA가 안정적인 이중나선 구조를 유지할 수 있는 이유를 분자 간의 힘 관점에서 분석. "예: 염기 간의 '수소 결합'과 분자들의 '반데르발스 힘'"이 생명 현상 유지에 얼마나 중요한 역할을 하는지 탐구.
- **학자: 마리 퀴리 (Marie Curie)**
  - **핵심 이론/개념: 방사능 (Radioactivity):** 특정 원소가 불안정하여 스스로 붕괴하며 에너지를 방출하는 현상을 발견하고, 폴로늄과 라듐을 발견했습니다.
  - **탐구 주제 예시:** 원자력 발전의 원리와 '방사능 폐기물' 처리의 기술적, 윤리적 문제를 마리 퀴리의 연구와 연결하여 탐구. **예: 방사성 동위원소의 '반감기' 개념**을 활용하여 폐기물 처리의 어려움을 수학적으로 분석.


## 3) 생명과학

- **학자: 아리스토텔레스 (Aristotle)**
  - **핵심 이론/개념: 관찰 기반의 분류:** 수많은 동식물을 직접 관찰하고 체계적으로 분류하여 서양 생물학의 기틀을 마련했습니다.
  - **탐구 주제 예시:** 아리스토텔레스의 동물 분류 방식과 현대 생물학의 계통 분류 방식을 비교하며, 과학적 분류 기준의 발전 과정을 탐구. **예: 고래를 '물고기'로 분류했던 아리스토텔레스의 한계**와 현대 분류학이 '유전적 유사성'을 기준으로 삼는 이유를 중심으로.
- **학자: 찰스 다윈 (Charles Darwin)**
  - **핵심 이론/개념: 자연선택 & 진화론:** 생명체가 환경에 적응하는 방향으로 점진적으로 변화하며, 그 핵심 메커니즘이 '자연선택'임을 논증하여 생물학의 패러다임을 바꿨습니다.
  - **탐구 주제 예시:** 항생제 내성균(슈퍼 박테리아)의 출현을 다윈의 자연선택 이론으로 분석. 예: 항생제 사용이라는 '환경적 압력'이 어떻게 내성균의 진화를 촉진하는지, 그 메커니즘을 구체적으로 탐구.

- **학자: 그레고어 멘델 (Gregor Mendel)**
  - ○ **핵심 이론/개념: 멘델의 유전 법칙:** 완두콩 교배 실험을 통해, 유전 형질이 일정한 법칙에 따라 자손에게 전달됨을 증명하여 유전학의 창시자가 되었습니다.
  - ○ **탐구 주제 예시:** 특정 유전 형질(예: ABO식 혈액형)의 가계도를 조사하고, 멘델의 유전 법칙(분리의 법칙, 독립의 법칙)에 따라 각 구성원의 유전자형을 확률적으로 예측. **예: 멘델의 법칙이 적용되지 않는 '중간 유전'이나 '연관 유전'의 사례를 함께 탐구.**
- **학자: 제임스 왓슨 & 프랜시스 크릭 (Watson & Crick)**
  - ○ **핵심 이론/개념: DNA 이중나선 구조:** 멘델이 발견한 '유전 인자'의 물질적 실체인 DNA의 분자 구조를 밝혀내, 현대 생명과학의 문을 열었습니다.
  - ○ **탐구 주제 예시:** CRISPR 유전자 가위 기술이 DNA의 특정 염기서열을 인식하고 절단하는 원리를 '이중나선 구조'와 연결하여 탐구. **예: RNA가 가이드 역할을 하는 과정을 중심으로.**

## 4) 지구과학

- **학자: 제임스 허턴 (James Hutton)**
  - ○ **핵심 이론/개념: 동일과정설:** '현재는 과거의 열쇠'라는 명제로, 오늘날 우리가 관찰하는 느리고 점진적인 지질 작용(침식, 퇴적)이 과거에도 동일하게 작용하여 지구의 모습을 만들었다고 주장했습니다. 근대 지질학의 아버지.
  - ○ **탐구 주제 예시:** 우리 동네 하천 주변의 퇴적 지형을 관찰하고, 현재의 물의 흐름이 과거 수천 년 동안 이 지형을 어떻게 변화시켰을지 동일과정설에 입각하여 추론. **예: 하천의 곡류와 삼각주의 형성 과정을 중심으로.**
- **학자: 알프레트 베게너 (Alfred Wegener)**
  - ○ **핵심 이론/개념: 대륙 이동설:** 여러 대륙의 해안선, 지질 구조 등의 유사성을 근거로, 과거의 대륙들이 이동했다는 혁명적인 가설을 제시하여 '판 구조론'의 토대를 마련했습니다.
  - ○ **탐구 주제 예시:** 베게너가 '대륙 이동설'을 주장했을 당시, 주류 과학계에서 왜 그의 이론을 받아들이지 않았는지 과학사적 관점에서 탐구. **예: 토머스 쿤의 '패러다임' 개념을 적용하여, 새로운 과학 이론이 수용되는 과정의 어려움을 분석.**
- **학자: 찰스 데이비드 킬링 (Charles David Keeling)**

○ **핵심 이론/개념: 킬링 곡선 (Keeling Curve):** 하와이 마우나로아 산에서 대기 중 이산화탄소 농도를 정밀하게 측정하여, 산업화 이후 $CO_2$ 농도가 급격히 증가하고 있음을 최초로 증명했습니다. 지구 온난화 연구의 가장 중요한 기초 자료.

○ **탐구 주제 예시:** '킬링 곡선' 데이터를 직접 분석하고, 계절에 따른 $CO_2$ 농도의 주기적인 변화가 나타나는 이유를 탐구. **예: 북반구 식생의 광합성 활성도 변화**와 연관 지어 그 원인을 과학적으로 설명.

● **학자: 에드워드 로렌즈 (Edward Lorenz)**

○ **핵심 이론/개념: 나비 효과 & 혼돈 이론 (Chaos Theory):** 기상 예측 모델을 연구하던 중, 초기 조건의 미세한 차이가 예측 불가능한 큰 결과로 이어진다는 '나비 효과'를 발견했습니다.

○ **탐구 주제 예시:** 일기예보가 자주 틀리는 이유를 로렌즈의 혼돈 이론으로 설명. **예: 슈퍼컴퓨터의 성능이 아무리 좋아져도 한 달 뒤의 날씨를 정확히 예측하는 것이 근본적으로 어려운 이유**에 대해 고찰.

## 5) 수학

● **학자: 유클리드 (Euclid)**

○ **핵심 이론/개념: 기하학 원론 & 공리 체계:** 몇 가지 기본적인 '공리(Axiom)'에서 출발하여, 연역적 추론만으로 기하학의 모든 정리를 증명해 내는 논리 체계를 완성했습니다.

○ **탐구 주제 예시:** 유클리드의 '제5공준(평행선 공준)'이 왜 수천 년간 논란의 대상이었는지 탐구. "예: 이 공준을 부정하면서 탄생한 '비유클리드 기하학(리만 기하학 등)'이 아인슈타인의 일반 상대성 이론에 어떻게 기여했는지 융합적으로 분석.

● **학자: 르네 데카르트 (René Descartes)**

○ **핵심 이론/개념: 해석기하학 (좌표평면):** 도형(기하학)의 문제와 방정식(대수학)의 문제를 연결하는 '좌표평면'을 발명하여 수학의 새로운 지평을 열었습니다.

○ **탐구 주제 예시:** 우리가 사용하는 내비게이션 앱이 최단 경로를 찾는 원리를 데카르트 좌표계와 그래프 이론으로 분석. **예: 각 교차점을 '점(node)'으로, 도로를 '선(edge)'으로 치환**하여, 최단 경로 탐색 알고리즘(예: 다익스트라 알고리즘)의 원리를 탐구.

● **학자: 고트프리트 빌헬름 라이프니츠 (Gottfried Wilhelm Leibniz)**

○ **핵심 이론/개념: 미적분학 (Calculus)**: 변화의 '순간적인 비율(미분)'과 '누적된 총합(적분)'을 계산하는 체계적인 방법을 발명하여, 움직이는 모든 것을 수학의 언어로 설명할 수 있게 했습니다.

○ **탐구 주제 예시**: 전염병 확산 모델(SIR 모델)에서, 시간에 따른 확진자 수의 '변화율'을 미분 방정식으로 어떻게 표현할 수 있는지 탐구. **예: 사회적 거리두기 정책**이 확산 곡선의 기울기를 어떻게 변화시키는지 시뮬레이션.

- **학자: 카를 프리드리히 가우스 (Carl Friedrich Gauss)**

○ **핵심 이론/개념: 정수론 & 정규분포**: 현대 정수론의 기초를 세웠으며, 통계학의 가장 중요한 개념인 '정규분포 곡선'을 체계화하여 불확실한 현상을 수학적으로 예측하는 길을 열었습니다.

○ **탐구 주제 예시**: 우리 반 학생들의 키나 시험 성적 데이터를 수집하고, 이 데이터가 '정규분포'를 따르는지 통계적으로 검증. **예: '표준편차'가 작을수록 집단의 성적이 고르다는 것**이 어떤 의미인지 분석하고, 교육 정책에 주는 시사점을 고찰.


## 10. 융합 공학계열

- **핵심**: 전통적인 공학의 경계를 넘어, 여러 학문 분야의 지식을 결합하여 복잡한 미래 문제를 창의적으로 해결합니다. 인간 중심의 해결책을 제시하는 윤리적 관점이 중요합니다.

- **학자: 레오나르도 다빈치 (Leonardo da Vinci)**

○ **핵심 이론/개념: 예술과 과학의 융합**: 르네상스 시대의 예술가이자 과학자, 공학자였습니다. 인체 해부학에 대한 깊은 이해를 바탕으로 그린 인물화나, 새의 비행 원리를 탐구하여 설계한 비행 장치는 융합 공학의 원형이라 할 수 있습니다.

○ **탐구 주제 예시**: 다빈치의 '오르니톱터(Ornithopter)' 설계도를 현대 공기역학의 관점에서 분석. **예: 현대 드론의 비행 원리와 비교**하며, 그의 설계가 가진 시대를 앞서간 통찰과 공학적 한계는 무엇이었는지 탐구.

- **학자: 버크민스터 풀러 (Buckminster Fuller)**

○ **핵심 이론/개념: 시너제틱스 & 지오데식 돔**: 최소한의 재료로 최대의 공간과 구조적 안정성을 확보하는 '지오데식 돔'을 발명. 부분의 합보다 위대한 전체를 만드는 '시너지

(Synergy)'의 원리를 통해 인류와 지구의 **지속가능성**을 탐구했습니다.

- ○ **탐구 주제 예시:** 풀러의 '최소 자원 활용의 원칙'을 현대 건축에 적용하는 방안을 탐구. **예: 카타르 월드컵의 '974 스타디움'과 같은 컨테이너 재활용 건축이나 3D 프린팅 건축**이 지속 가능성에 어떻게 기여하는지 분석.

- **학자: 레이첼 카슨 (Rachel Carson)**
  - ○ **핵심 이론/개념: 침묵의 봄 (Silent Spring):** 살충제 DDT의 무분별한 사용이 생태계를 어떻게 파괴하는지 고발하여, 현대 **환경 공학**과 환경 운동의 시작을 알렸습니다. 기술 개발이 환경에 미치는 영향을 함께 고려해야 함을 역설했습니다.
  - ○ **탐구 주제 예시:** 최근 문제가 되는 '미세 플라스틱'이 먹이 사슬을 통해 생태계에 축적되는 과정을, 레이첼 카슨이 경고했던 DDT의 생물 농축 문제와 비교 분석. **예: 미세 플라스틱을 걸러내는 새로운 필터 기술**을 제안.

- **학자: 리처드 파인만 (Richard Feynman)**
  - ○ **핵심 이론/개념: 나노 기술 (Nanotechnology):** "바닥에는 충분한 공간이 있다(There's Plenty of Room at the Bottom)"는 유명한 연설을 통해, 원자 단위에서 물질을 조작하는 나노 기술의 가능성을 최초로 제시했습니다.
  - ○ **탐구 주제 예시:** 암세포만을 표적하여 약물을 전달하는 '나노 약물 전달 시스템(Nano DDS)'의 원리를 탐구. **예: 특정 단백질과 결합하는 나노 입자를 설계**하여, 기존 항암 치료의 부작용을 어떻게 줄일 수 있는지 분석.

- **학자: 도나 해러웨이 (Donna Haraway)**
  - ○ **핵심 이론/개념: 사이보그 선언 (A Cyborg Manifesto):** 인간과 기계, 유기체와 비유기체의 경계가 허물어지는 '사이보그'의 개념을 통해, 미래 사회의 새로운 정체성과 윤리를 탐구해야 한다고 주장한 포스트휴머니즘 철학자.
  - ○ **탐구 주제 예시:** 인공심장, 로봇 의수 등 '바이오닉스(Bionics)' 기술의 발전 현황을 조사. **예: '장애의 극복'이라는 긍정적 측면과 '인간 능력 강화'라는 윤리적 딜레마**를 해러웨이의 관점에서 비판적으로 고찰.

- **학자: 김성완 (Kim Sung-wan)**
  - ○ **핵심 이론/개념: 고분자 약물 전달 시스템:** 한국인 최초로 울프상(화학 분야)을 수상한 세

계적인 석학. 특정 조건(pH, 온도 등)에 반응하여 약물을 방출하는 지능형 고분자를 설계하여, **바이오/의생명공학** 분야의 발전에 크게 기여했습니다.

○ **탐구 주제 예시:** 김성완 교수의 연구처럼, 인체의 특정 환경(예: 암세포 주변의 낮은 pH)에서만 녹아 약물을 방출하는 '스마트 약물 전달체'의 화학적 원리를 탐구. **예: pH 감응성 고분자를 이용한 약물 캡슐** 모델을 직접 설계.


## 7-3. 추천 도서: 세상을 보는 눈을 키우는 책들

성공적인 탐구 활동은 수준 높은 독서에서 시작됩니다. 이 파트는 당신의 세특과 보고서의 수준을 한 단계 끌어올리고, 나아가 면접에서 당신의 지적 깊이를 증명해 줄 분야별 핵심 권장 도서 목록입니다. 제2장에서 배운 '꼬리물기 독서법'의 출발점인 '앵커 북(Anchor Book)'을 이곳에서 찾아보시길 바랍니다.


1. 사회와 시스템을 이해하는 책들

인간 사회의 다양한 현상(정치, 경제, 법 등)을 구조적인 관점에서 분석하고 비판하는 능력을 길러주는 책들을 다룹니다. 이 책들은 복잡한 사회 문제의 본질을 꿰뚫어 보고, 논리적인 대안을 모색하는 통찰력을 제공할 것입니다.


**[사회/정치/법]**

**1) 유발 노아 하라리, 『사피엔스』:** 인류가 어떻게 지구의 지배자가 되었는지, 돈과 종교, 국가라는 '상상의 질서'가 어떻게 우리를 묶어 주는지 거시적 관점으로 풀어낸다. 어떤 계열을 지망하든, 세상의 큰 그림을 그리고 자신만의 질문을 찾는 최고의 출발점이 되어 줄 필독서.

**2) 마이클 샌델, 『정의란 무엇인가』:** '최대 다수의 최대 행복'은 항상 옳은가? 공리주의, 자유주의, 공동체주의 등 다양한 정의론을 소개하며, 현대 사회의 윤리적 딜레마를 철학적으로 성찰하게 한다.

**3) 한나 아렌트, 『예루살렘의 아이히만』:** 평범한 악의 얼굴, '악의 평범성'이라는 개념을 통해 생각 없이 시스템에 순응하는 것이 얼마나 위험한지 보여 준다. 사회학, 철학, 언론 분야에서 비판

적 사고의 깊이를 더하고 싶다면 필독.

4) 존 롤스, 『정의론』: '무지의 장막'이라는 사고 실험을 통해, 사회적 약자를 우선적으로 배려하는 '공정으로서의 정의'를 역설한다. 사회복지, 행정학, 정치철학 탐구의 가장 중요한 이론적 배경.

5) 제러미 리프킨, 『소유의 종말』: 구독 경제와 공유 경제의 등장을 예견하며, 미래 사회의 경제 패러다임이 어떻게 변화할지 통찰한다. 경영, 경제뿐 아니라 미래 사회 변화에 관심 있는 모두에게 추천.

6) 장하준, 『나쁜 사마리아인들』: 선진국들이 개발도상국에게 강요하는 자유무역의 논리가 얼마나 위선적인지, 역사적 사실을 통해 비판한다. 경제 발전의 역사와 국제 관계에 대한 새로운 시각을 제공.

7) 김승섭, 『아픔이 길이 되려면』: 질병의 원인을 개인의 문제가 아닌 사회 구조적 문제(차별, 빈곤 등)로 바라보는 '사회역학'의 관점을 제시한다. 보건학, 사회학, 의예과 지망생 필독서.

8) 에리히 프롬, 『자유로부터의 도피』: 현대인이 자유를 얻었음에도 왜 권위주의에 복종하려 하는지 심리학적으로 분석한다. 민주주의와 대중 심리에 대한 깊이 있는 탐구를 원한다면 추천.

9) 최인훈, 『광장』: 남과 북이라는 이념의 광장 속에서 고뇌하는 개인의 모습을 통해, 이념과 인간의 관계는 무엇인지 묻는다. 한국 근현대사와 정치철학을 문학으로 이해하는 최고의 텍스트.

10) 조지프 스티글리츠, 『불평등의 대가』: 불평등이 어떻게 경제 성장을 저해하고 민주주의를 위협하는지 실증적으로 분석한다. 소득 격차, 양극화 문제의 필독서.


**[경제/경영]**

11) 리처드 탈러, 캐스 선스타인, 『넛지』: 인간의 비합리성을 부드럽게 유도하여 더 나은 선택을 하게 만드는 행동경제학의 정수. 공공 정책이나 마케팅 분야의 창의적인 아이디어를 얻고 싶다면 필독.

12) 대니얼 카너먼, 『생각에 관한 생각』: 인간의 비합리적 판단을 이끄는 두 가지 사고 시스템(빠른 사고와 느린 사고)을 설명하며, 인간의 판단 오류와 인지 편향을 분석한 행동경제학의 대표작.

13) 스티븐 레빗, 스티븐 더브너, 『괴짜 경제학』: 사회 현상의 이면에 숨겨진 인과관계를 데이터와 기발한 질문으로 파헤친다. 남들과 다른 관점으로 탐구 주제를 찾는 법을 배울 수 있다.

14) 팀 하포드, 『경제학 콘서트』: 스타벅스 커피 값부터 중고차 시장까지, 일상 속 현상들에 숨겨진 경제학적 원리를 명쾌하고 재미있게 풀어낸 최고의 입문서.

15) 피터 드러커, 『프로페셔널의 조건』: 현대 경영학의 아버지가 제시하는, 지식 사회에서 개인이 갖추어야 할 목표 의식과 자기 관리법. 리더십과 자기 경영에 대한 통찰을 제공한다.

16) 짐 콜린스, 『Good to Great (좋은 기업을 넘어 위대한 기업으로)』: 성공한 기업들의 공통적인 특징을 심층적으로 분석하여, 지속가능한 성장의 원리를 제시한다. 기업 경영 전략 탐구의 교과서.

17) 김난도 외, 『트렌드 코리아 20XX』 시리즈 : 매년 한국 사회의 소비 트렌드를 분석하고 예측한다. 사회 변화를 민감하게 포착하고, 이를 비즈니스와 연결하는 감각을 기르는 데 유용하다.

18) 레이 달리오, 『원칙』: 세계 최대 헤지펀드 창업자가 자신의 성공과 실패를 통해 얻은 삶과 투자의 '원칙'을 공유한다. 리더십과 합리적 의사결정 과정을 배우고 싶은 학생에게 추천.

19) 클레이튼 크리스텐슨, 『혁신가의 딜레마』: 왜 거대 기업들이 신생 기업의 파괴적 혁신에 무너지는지 분석한 경영학의 고전. 기술 경영, 스타트업 전략 탐구의 필독서.

20) 세스 고딘, 『보랏빛 소가 온다』: 평범함 속에서 눈에 띄는 'Remarkable(주목할 만한)' 브랜드가 되는 전략을 제시하며, 마케팅에서 차별화의 본질을 탐구한다."


2. 자연과 기술의 원리를 탐구하는 책들

자연 현상의 기본 원리를 탐구하고, 이를 응용하여 인류의 문제를 해결하는 과학적, 공학적 사고력을 길러 주는 책들을 다룹니다. 당신의 지적 호기심을 논리적인 탐구 과정으로 발전시키고, 세상을 과학의 눈으로 바라보는 관점을 제시할 것입니다.


**[생명과학/의학]**

21) 리처드 도킨스, 『이기적 유전자』: 모든 생명 현상의 주체를 '이기적 유전자'로 설정하고, 인간의 이타적 행동마저 유전자의 생존 전략으로 해석하는 혁명적인 관점을 제시합니다. 생명과학 탐구의 깊이를 더하고 싶거나, 인간 본성에 대한 근원적 질문을 던지고 싶은 모든 학생에게 추천합니다.

22) 싯다르타 무케르지, 『암: 만병의 황제의 역사』: 암을 둘러싼 인류의 처절한 투쟁의 역사를 의

학, 과학, 인문학을 넘나들며 풀어냅니다. 의학을 단순한 과학이 아닌, 역사와 사회 속에서 이해하고 싶은 의생명계열 지망생 필독서입니다.

23) 싯다르타 무케르지, 『유전자』: 유전학의 탄생부터 미래까지, 유전자라는 개념이 인류의 정체성을 어떻게 바꾸어 왔는지 탐색하는 대서사시입니다. 유전 공학의 윤리적 문제까지 함께 고민해 볼 수 있습니다.

24) 제니퍼 다우드나, 새뮤얼 스턴버그, 『크리스퍼가 온다』: 유전자 가위 기술(CRISPR-Cas9)의 공동 개발자인 제니퍼 다우드나가, 기술의 탄생과 윤리적 논쟁을 생생하게 풀어낸다. 과학적 발견이 한 사람의 호기심에서 시작되어 세상을 어떻게 바꾸는지와 그 과정에서 어떤 윤리적 책임을 져야 하는지 보여줍니다.

25) 에드 용(Ed Yong), 『이토록 굉장한 세계』: 우리가 인지하지 못하는 동물들의 감각 세계(초음파, 자기장 등)를 탐험하며, 인간 중심의 세계관을 완전히 뒤집는 경험을 선사합니다. 생명과학, 수의학, 심리학 분야의 창의적인 탐구 주제를 찾는 데 큰 영감을 줍니다.

26) 올리버 색스, 『아내를 모자로 착각한 남자』: 신경과 의사가 만난 기이한 환자들의 사례를 통해, 뇌와 정신의 불가사의한 세계를 따뜻하고 문학적인 시선으로 탐험합니다. 뇌과학과 심리의 연결 고리를 탐구하고 싶은 학생에게 추천합니다.

27) 최재천, 『생명이 있는 것은 다 아름답다』: 자연과학자의 시선으로 바라본 세상과 인간 사회에 대한 따뜻한 통찰이 담겨 있습니다. 과학과 인문학의 경계를 넘나드는 융합적 글쓰기의 모범을 보여 줍니다.

28) 재러드 다이아몬드, 『섹스의 진화』: 인간의 성적 행동이 다른 동물들과 어떻게 다른지를 진화 생물학적으로 탐구합니다. 배란의 은폐, 장기적 짝짓기, 성적 은밀성 등 인간만의 독특한 성 특성을 과학적으로 분석합니다. 이를 통해 인간 사회의 성적 문화와 행동의 기원을 이해하는 통찰을 제공합니다.

29) 폴 드 크루이프, 『미생물 사냥꾼』: 전염병의 원인을 밝혀낸 위대한 과학자들의 극적인 삶과 발견의 순간을 기록한 고전. 끈질긴 탐구 정신과 과학자의 자세를 배우고 싶은 학생에게 추천합니다.

30) 매트 리들리, 『이타적 유전자』: 『이기적 유전자』의 관점을 확장하며, 협력과 이타성이 진화의 산물일 수 있음을 사회생물학적으로 분석한다. 개체 간의 상호작용, 집단 내 협력, 도덕성의

기원 등을 진화론적 시각에서 풀어내며, 인간 사회의 구조를 과학적으로 이해하는 통찰을 제공한다.

**[물리/화학/지구과학]**

**31) 칼 세이건, 『코스모스』:** 과학적 사실의 나열을 넘어, 우주에 대한 경이로움과 인간 존재에 대한 철학적 성찰을 함께 담아낸 최고의 과학 교양서입니다. 모든 과학 탐구의 시작에 필요한 넓은 시야와 따뜻한 마음을 길러 줍니다.

**32) 리처드 파인만, 『Six Easy Pieces(파인만의 여섯 가지 물리 이야기)』:** 20세기 최고의 물리학자가 일반인을 위해 설명하는 현대 물리학의 핵심 개념. 과학의 본질적인 즐거움을 느끼고, 복잡한 원리를 쉽게 설명하는 능력을 기를 수 있습니다.

**33) 제임스 글릭, 『카오스』:** 예측 불가능해 보이는 자연 현상 속에 숨겨진 질서를 탐구하는 '카오스 이론'의 역사와 핵심 개념을 소개하며, 과학자들의 발견 과정을 생생하게 그려 낸다.

**34) 카를로 로벨리, 『시간은 흐르지 않는다』:** '시간'이라는 가장 근본적인 개념을 현대 물리학의 눈으로 파헤칩니다. 과학적 통찰과 철학적 사유가 어떻게 만나는지 경험할 수 있습니다.

**35) 김상욱, 『떨림과 울림』:** 물리학자의 시선으로 바라본 세상과 인간에 대한 성찰. 과학과 인문학의 경계를 넘나드는 융합적 글쓰기의 모범을 보여 주며, 깊이 있는 탐구 보고서 작성에 영감을 줍니다.

**36) 프리모 레비, 『주기율표』:** 화학자이자 아우슈비츠 생존자인 저자가 21개의 원소에 자신의 삶과 역사적 비극을 담아낸 문학적 과학 에세이. 화학에 인문학적 깊이를 더하고 싶은 학생에게 추천합니다.

**37) 팀 제임스, 『엘리먼털』:** 화학 원소 하나하나에 얽힌 흥미진진한 역사, 문화 이야기를 통해 주기율표를 살아 있는 이야기로 만듭니다. 화학사(化學史) 탐구 또는 원소의 사회적 의미를 탐구하는 좋은 출발점입니다.

**38) 레이첼 카슨, 『침묵의 봄』:** 살충제 남용의 위험성을 고발하여 전 세계적인 환경 운동을 촉발시킨 환경 분야의 고전. 과학자의 사회적 책임에 대해 고민해 보고, 환경 분야 탐구의 문제의식을 얻을 수 있습니다.

**39) 빌 브라이슨, 『거의 모든 것의 역사』:** 빅뱅부터 인류 문명까지, 과학의 모든 역사를 유쾌하고

박식한 이야기꾼의 목소리로 들려줍니다. 과학 전반에 대한 흥미와 배경지식을 넓히는 데 최고의 책입니다.

40) **랜들 먼로, 『위험한 과학책』:** "만약 ~라면?"이라는 엉뚱한 가정 질문을 물리학, 생물학, 천문학 등 다양한 분야의 과학적 원리로 유쾌하게 분석합니다. NASA 출신의 저자가 직접 그린 삽화와 함께, 과학적 사고 실험을 대중적으로 풀어낸 독창적인 형식의 과학 교양서입니다.


[수학]

41) **김민형, 『수학이 필요한 순간』:** 인공지능, 블록체인 등 최신 기술의 이면에 어떤 수학적 원리가 숨어 있는지 탐구하며, 현대 사회에서 수학이 갖는 의미를 명쾌하게 설명합니다.

42) **사이먼 싱, 『페르마의 마지막 정리』:** 350년간 수많은 수학자들이 도전했던 '페르마의 마지막 정리' 증명 과정을 한 편의 드라마처럼 풀어냅니다. 수학자들의 열정과 끈기를 통해 수학의 역사와 본질을 느낄 수 있습니다.

43) **이언 스튜어트, 『세상을 바꾼 17가지 방정식』:** 뉴턴의 운동 법칙부터 블랙-숄즈 방정식까지, 인류의 역사를 바꾼 위대한 방정식들의 의미와 영향을 탐구합니다. 수학이 어떻게 세상을 움직여 왔는지 보여 주는 책입니다.

44) **박경미, 『수학 콘서트 플러스』:** 미술, 음악, 건축 등 예술 작품 속에 숨겨진 수학적 원리를 찾아내며, 수학과 예술의 아름다운 조화를 보여줍니다. 융합 탐구의 훌륭한 영감을 제공합니다.

45) **조던 엘런버그, 『틀리지 않는 법』:** 복잡한 사회 현상과 일상적인 문제들을 수학적 사고를 통해 명쾌하게 분석하는 방법을 알려 줍니다. 통계의 함정을 피하고 논리적 오류를 줄이는 데 도움을 줍니다.

46) **엘리 E. 리그스, 『수학의 파노라마』:** 미적분, 확률, 기하학 등 고등학교 수학의 주요 개념들이 어떤 역사적 배경에서 탄생했고, 서로 어떻게 연결되는지 큰 그림으로 보여 주는 수학 교양서입니다.

47) **로버트 루트번스타인, 미셸 루트번스타인, 『생각의 탄생』:** 레오나르도 다빈치, 아인슈타인 등 천재들의 사고법을 분석하며, 수학적 사고를 포함한 13가지 생각의 도구를 제시합니다. 창의성과 융합적 사고를 기르고 싶은 학생에게 추천합니다.

48) **고지마 히로유키, 『재밌어서 밤새 읽는 수학 이야기』:** 수학의 어려운 개념들을 쉽고 재미있는

이야기로 풀어내어, '수포자'도 수학의 즐거움을 느낄 수 있게 돕는 최고의 수학 입문서입니다.

49) 더글러스 호프스태터, 『괴델, 에셔, 바흐(Gödel, Escher, Bach)』: 수학, 예술, 음악이 어떻게 '자기 참조'라는 하나의 패턴으로 연결되는지 탐구하는 지적 탐험의 기념비적인 저작. 최고 수준의 융합 탐구에 도전하고 싶은 학생에게 추천합니다.

50) 이진우, 『프로보커터』: 훌륭한 질문을 통해 사고를 확장하고, 탐구의 방향을 설정하는 방법을 제시합니다. 수학적 문제 해결뿐만 아니라, 모든 탐구의 시작점인 '질문하는 법'을 배우게 합니다.


**[공학/IT]**

51) 맥스 테그마크, 『라이프 3.0』: 인공지능의 미래를 가장 깊이 있게 탐색한 책으로, AI가 인류의 미래, 의식, 윤리에 던지는 근본적인 질문들을 다룹니다. 컴퓨터공학, 철학, 뇌과학 지망생 필독서입니다.

52) 도널드 노먼, 『디자인과 인간 심리(The Design of Everyday Things)』: 우리가 사용하는 사물이 왜 그런 모양으로 디자인되었는지, 그 안에 숨겨진 인지심리학적 원리를 파헤칩니다. 디자인, 심리학, 컴퓨터공학 UX/UI 분야 탐구의 바이블입니다.

53) 헨리 페트로스키, 『연필』: 평범한 사물인 '연필'의 진화 과정을 통해, 공학과 디자인, 그리고 인간의 발명史 전체를 꿰뚫는 통찰을 보여줍니다. 공학도가 갖춰야 할 문제 해결의 관점을 배울 수 있습니다.

54) 캐시 오닐, 『대량살상수학무기』: 교육, 금융, 채용 등 다양한 분야에서 알고리즘이 어떻게 편향과 차별을 강화하는지 사례 중심으로 분석합니다. AI의 윤리적 문제와 사회적 책임을 탐구하고 싶은 학생이라면 반드시 읽어야 할 책입니다.

55) 레이 커즈와일, 『특이점이 온다(The Singularity Is Near)』: 인공지능이 인간의 지능을 초월하는 '특이점' 이후의 미래 사회를 예측하며, 기술 발전에 대한 거대한 상상력을 자극합니다.

56) 에릭 브린욜프슨, 앤드루 맥아피, 『제2의 기계 시대』: 디지털 기술이 노동, 경제, 사회를 어떻게 근본적으로 바꾸고 있는지 분석합니다. 기술 발전과 사회 변화의 관계를 탐구하는 데 훌륭한 지침서가 됩니다.

57) 피터 틸, 『제로 투 원』: 경쟁하지 말고 독점하라는, 스타트업 창업 철학을 담은 책. 경영, 경제,

창업에 관심 있는 공학도에게 새로운 시각을 제공합니다.

**58) 월터 아이작슨, 『스티브 잡스』:** 한 혁신가의 삶을 통해, 기술과 인문학의 교차점에서 위대한 제품이 탄생하는 과정을 보여줍니다. 융합적 인재상을 꿈꾸는 모든 학생에게 영감을 줍니다.

**59) 린다 리우카스, 『헬로 루비』:** 컴퓨터 과학의 핵심 개념(알고리즘, 반복, 조건문 등)을 동화 형식으로 풀어내며, 아이들이 놀이를 통해 문제 해결력과 논리적 사고를 기를 수 있도록 돕습니다. 코딩 교육을 넘어, 컴퓨터적 사고의 본질을 창의적이고 감성적인 방식으로 전달하는 교육 혁신 사례입니다..

**60) 미치오 카쿠, 『미래의 물리학』:** 100년 후의 미래 기술(우주 엘리베이터, 텔레포테이션)을 현재 물리학 법칙에 근거하여 예측하며, 과학적 상상력을 자극합니다.


3. 인간과 문화의 깊이를 더하는 책들

역사, 철학, 문학, 예술을 통해 인간의 근원과 삶의 의미를 탐구하며, 깊이 있는 성찰과 해석 능력을 길러 주는 책들을 다룹니다. 당신이 텍스트의 이면을 읽어 내고, 인간과 문화에 대한 자신만의 독창적인 관점을 세우는 데 도움을 줄 것입니다.


**[역사/문화]**

**61) 재러드 다이아몬드, 『총, 균, 쇠(Guns, Germs, and Steel)』:** 인류 문명의 불균형이 단순한 인종이나 문화의 차이가 아닌, 지리적 환경과 생물학적 조건에 의해 형성되었음을 설명합니다. 문명의 발전과 정복의 원인을 과학적이고 구조적으로 분석하며, 세계사에 대한 근본적인 질문을 던지는 책입니다.

**62) E. H. 카, 『역사란 무엇인가』:** '역사는 과거와 현재의 끊임없는 대화'라는 명제를 통해, 역사적 사실이란 무엇이며 어떻게 해석해야 하는지 알려 주는 역사학도의 필독서. 역사 탐구의 관점을 세우는 데 필수적입니다.

**63) 유현준, 『어디서 살 것인가』:** 건축가의 시선으로 우리가 사는 도시와 공간을 분석하며, 공간이 어떻게 우리의 삶과 생각을 지배하는지 이야기합니다. 건축, 사회, 디자인 분야를 융합하는 탐구에 좋은 영감을 줍니다.

**64) 이어령, 『축소지향의 일본인』:** 한일 양국의 문화적 특징을 '축소'와 '확장'이라는 키워드로 비

교 분석하며, 문화 현상을 꿰뚫는 통찰력의 정수를 보여 줍니다.

65) **대니얼 J. 부어스틴, 『발견자들』**: 인류가 '시간', '지리', '자연', '사회'를 어떻게 발견하고 인식해 왔는지, 그 장대한 지적 탐험의 역사를 기록했습니다. 하나의 주제가 역사적으로 어떻게 변화했는지 추적하는 탐구에 유용합니다.

66) **마셜 맥루언, 『미디어의 이해(Understanding Media)』**: "미디어는 메시지다"라는 명제를 통해, 미디어 자체가 인간의 인식과 사회 구조를 형성하는 핵심 요소임을 주장합니다. 인쇄물, 전자기기, 디지털 기술 등의 매체가 인간 행동과 문화에 미친 영향을 분석하며 미디어학과 커뮤니케이션 이론의 기초를 세우는 고전입니다.

67) **에드워드 사이드, 『오리엔탈리즘(Orientalism)』**: 서구가 동양을 어떻게 고정된 이미지와 권력의 시선으로 재현했는지를 비판하며, 제국주의와 지식 생산의 관계를 분석합니다. 탈식민주의와 문화 권력의 구조를 이해하고, 비판적 사고를 기르기 위한 문화연구의 대표적 고전입니다.

68) **베네딕트 앤더슨, 『상상의 공동체』**: '민족'이란 근대에 발명된 상상의 공동체임을 논증하며, 민족주의의 본질을 파헤칩니다. 정치, 역사, 사회학 탐구의 깊이를 더해 줍니다.

69) **필립 아리에스, 『아동의 탄생(Centuries of Childhood)』**: 아동이라는 존재가 근대 이전에는 별도의 사회적 범주로 인식되지 않았음을 밝히며, '아동기'라는 개념이 역사적 산물임을 보여 줍니다. 일상적 개념의 역사성을 탐구하고, 교육과 사회 제도의 형성 과정을 비판적으로 바라보게 하는 문화사 고전입니다.

70) **박시백, 『박시백의 조선왕조실록』**: 조선 500년의 역사를 실록을 바탕으로 왕조의 흐름과 주요 사건을 쉽고 깊이 있게 전달합니다. 역사적 사실과 해석을 균형 있게 담아내며, 한국사 입문자와 탐구자 모두에게 유익한 교양서입니다.


**[철학/사상]**

71) **플라톤, 『국가』**: 정의, 교육, 이상 국가에 대한 고대 철학의 정수. 모든 서양 철학의 출발점이자, 사회과학의 근본적인 질문들을 담고 있습니다.

72) **아리스토텔레스, 『니코마코스 윤리학』**: '행복이란 무엇인가?'라는 질문에 답하며, '중용'과 '덕'의 중요성을 강조합니다. 인간의 삶의 목적에 대한 철학적 탐구의 기초가 됩니다.

73) **르네 데카르트, 『방법서설』**: "나는 생각한다, 고로 존재한다"는 명제를 통해 근대 철학의 문을

열었습니다. 합리적 이성과 논리적 사고의 중요성을 깨닫게 해 줍니다.

**74) 임마누엘 칸트, 『순수이성비판(Critique of Pure Reason)』 입문서 (예: 백종현, 『칸트와 철학』):** 임마누엘 칸트, 『순수이성비판』은 인간 인식의 한계를 규명하고, 경험과 이성의 관계를 분석한 근대 철학의 정점입니다. 난해한 원전을 이해하기 위해 백종현의 『칸트와 철학』과 같은 입문서를 함께 읽으면, 법학, 윤리학, 인식론 등 현대 학문의 기초를 다지는 데 도움이 됩니다.

**75) 프리드리히 니체, 『차라투스트라는 이렇게 말했다(Also sprach Zarathustra)』:** "신은 죽었다"는 선언을 통해 기존 도덕과 종교를 비판하고, '초인(위버멘쉬)'이라는 새로운 인간상을 제시합니다. 실존주의와 현대 철학의 기초를 형성하며, 주체적 삶과 가치 창조에 대한 깊은 사유를 이끌어 냅니다.

**76) 미셸 푸코, 『감시와 처벌』:** 보이지 않는 권력이 어떻게 개인을 통제하는지 분석합니다. 사회 시스템과 권력의 작동 원리를 탐구하고 싶은 학생에게 추천합니다.

**77) 시몬 드 보부아르, 『제2의 성』:** "여성은 태어나는 것이 아니라, 만들어지는 것이다"라는 명제로 페미니즘 사상의 기초를 세웠습니다. 젠더, 사회 구조, 인권 문제 탐구의 필독서입니다.

**78) 피터 싱어, 『동물 해방』:** 공리주의 관점에서 동물권 문제를 제기하며, 생명 윤리의 범위를 확장시켰습니다. 수의학, 생명과학, 윤리학적 사고를 넓혀 줍니다.

**79) 마르크스, 엥겔스, 『공산당 선언(The Communist Manifesto)』:** 마르크스, 엥겔스, 『공산당 선언(The Communist Manifesto)』: 자본주의의 구조와 계급 투쟁의 논리를 분석하며, 노동자 혁명을 통해 새로운 사회 질서를 제시한 정치철학의 고전입니다. 사회구조, 경제체제, 이념의 형성과 변화를 탐구하고 싶은 학생에게 강력한 사고의 자극을 줍니다.

**80) 최진석, 『탁월한 사유의 시선』:** 동양 철학(노장사상)을 통해, 자신만의 시선으로 세상을 주체적으로 살아가는 법을 이야기합니다. 인문학적 통찰과 자기 성찰의 기회를 제공합니다.


## [문학/예술]

**81) 조지 오웰, 『1984』:** 전체주의 체제에서 언어, 감시, 권력이 어떻게 인간의 사고와 자유를 통제하는지를 그린 디스토피아 소설입니다. '빅브라더'와 '뉴스피크' 개념을 통해 현대 사회의 정보 통제와 권력 구조를 비판적으로 성찰하게 합니다.

**82) 알베르 카뮈, 『이방인(L'Étranger)』:** 뫼르소라는 인물을 통해 인간 존재의 부조리함과 사회적

규범의 무의미함을 드러냅니다. 실존주의와 부조리 철학의 출발점으로, 인간 소외와 도덕 판단에 대한 깊은 질문을 던지는 작품입니다.

**83) 헤르만 헤세, 『데미안』:** 소년이 자신의 내면세계를 탐색하며 '알을 깨고 나오는' 과정을 그린 성장 소설로, 청소년기의 자아 정체성 탐구와 연결하기 좋습니다.

**84) 도스토옙스키, 『죄와 벌』:** 죄와 구원의 문제를 통해 인간 내면의 심리를 극한까지 파고드는 작품으로, 문학과 심리학, 철학을 융합하는 탐구에 좋은 소재입니다.

**85) 제인 오스틴, 『오만과 편견』:** 섬세한 심리 묘사와 위트 있는 대화를 통해, 19세기 영국 사회의 결혼과 계급 문제를 비판적으로 그립니다.

**86) 가브리엘 가르시아 마르케스, 『백년의 고독』:** 현실과 환상이 뒤섞인 '마술적 리얼리즘'을 통해 한 가문의 100년간의 역사를 그리며, 역사와 신화의 관계를 탐구하게 합니다.

**87) 에른스트 곰브리치, 『서양미술사(The Story of Art)』:** 선사시대부터 현대까지의 서양 미술을 시대별로 정리하며, 예술의 흐름과 미적 가치의 변화를 설명합니다. 미술사 입문자에게 친절하면서도 깊이 있는 통찰을 제공하며, 작품을 통해 시대정신을 읽는 눈을 길러 줍니다.

**88) 존 버거, 『다른 방식으로 보기(Ways of Seeing)』:** 이미지와 시각 문화가 어떻게 사회적·이데올로기적 맥락에 의해 구성되는지를 분석합니다. 광고, 미술, 대중문화 속 시각적 재현을 비판적으로 바라보며, 미디어·디자인·사회학 분야의 사고를 확장시켜 줍니다.

**89) 알랭 드 보통, 『영혼의 미술관』:** 예술이 단순히 아름다움을 넘어, 우리의 불안, 사랑, 슬픔 등 삶의 문제들에 어떻게 답을 줄 수 있는지 탐구합니다. 예술과 심리학을 연결하는 좋은 길잡이입니다.

**90) 진중권, 『미학 오디세이』:** 어렵게만 느껴지는 미학의 역사를 쉽고 재미있는 이야기로 풀어내어, 예술을 철학적으로 이해하는 즐거움을 알려 줍니다.


## 4. 생각의 도구를 단련하는 책들

특정 학문 분야를 넘어, 모든 탐구의 기초가 되는 비판적 사고력, 논리력, 글쓰기 능력을 단련시켜 주는 책들을 다룹니다. 이 책들은 당신의 탐구에 '왜?'라는 질문을 던지는 힘과, 당신의 주장을 논리적으로 증명하는 방법을 알려 줄 것입니다.

91) 유시민, 『유시민의 글쓰기 특강』: 논리적인 글쓰기의 기초 체력을 기르는 데 가장 효과적인 책 중 하나입니다. **탐구 보고서와 논술의 기본기를 다지고, 자신의 생각을 명료하게 표현하는 법을 배우고 싶은 모든 학생에게 추천합니다.**

92) 칼 세이건, 『악령이 출몰하는 세상』: 과학적 사고방식이란 무엇인지, 사이비 과학과 미신을 어떻게 구별할 수 있는지 알려주는 '비판적 사고 교과서'입니다. **정보의 홍수 속에서 팩트를 구별하는 눈을 기르고 싶다면 필독해야 합니다.**

93) 모티머 J. 애들러, 『독서의 기술』: 단순히 글자를 읽는 것을 넘어, 책을 완전히 자신의 것으로 만드는 4단계 독서법을 제시합니다. **이 책에서 소개하는 다른 모든 책을 더 깊이 있게 읽도록 도와줄 '독서의 교과서'입니다.**

94) 바버라 민토, 『논리의 기술』: 생각을 명료하게 구조화하고, 설득력 있게 전달하는 '피라미드 원칙'을 소개합니다. **모든 보고서와 발표의 수준을 한 단계 끌어올려 줄 필독서로, 복잡한 생각을 체계적으로 정리하는 데 큰 도움을 줍니다.**

95) 올더스 헉슬리, 『멋진 신세계(Brave New World)』: 과학 기술과 쾌락 중심의 통제 사회를 그리며, 인간 자유와 윤리, 소비주의에 대한 비판적 사고를 유도합니다. 『1984』와 함께 읽으면 억압과 유혹이라는 두 방식의 통제 구조를 비교하며, 사회 구조와 인간 본성에 대한 깊은 성찰을 할 수 있습니다.

96) 에드워드 O. 윌슨, 『통섭』: 인문학, 사회과학, 자연과학으로 나뉜 모든 지식은 결국 하나로 연결될 수 있다는 '통섭'의 아이디어를 제시합니다. **융합적 탐구를 지향하는 모든 학생에게 지적인 자신감을 심어 줄 책입니다.**

97) 토마스 쿤, 『과학혁명의 구조』: 과학 발전이 점진적인 축적이 아니라, 세상을 보는 틀 자체가 바뀌는 '패러다임의 전환'이라는 혁명적 과정을 통해 이루어짐을 논증합니다. **과학사와 과학철학 탐구의 기본 필독서입니다.**

98) 아툴 가완디, 『어떻게 죽을 것인가(Being Mortal)』: 현대 의학이 놓치고 있는 '삶의 마지막 순간'에 대한 성찰을 통해, 인간 중심의 의료와 윤리적 판단의 중요성을 일깨웁니다. 생명과 죽음에 대한 철학적 질문을 던지며, 의학과 인문학을 융합한 사고의 확장을 돕는 책입니다.

99) **장 지글러, 『왜 세계의 절반은 굶주리는가?』**: UN 식량특별조사관이었던 저자가 기아 문제의 원인을 단순한 식량 부족이 아닌, 불평등한 사회 구조와 국제 경제 시스템의 문제로 분석합

니다. 국제 문제를 구조적으로 바라보는 시각을 키우며, 사회 정의와 윤리적 탐구의 출발점
이 되는 책입니다.

**100) 케이트 레이워스, 『도넛 경제학』:** 인류의 생존과 지구의 한계를 동시에 고려하는 새로운 경
제 모델을 제시하며, 지속가능한 발전에 대한 경제학적 해법을 모색합니다.

**101) 김태호, 전진욱, 『합격하는 생기부는 처음부터 다르다』:** 이 모든 책들을 통해 얻은 당신의 빛
나는 성장의 기록을, 어떻게 한 편의 영화로 완성할 것인지 알려 주는 마지막 열쇠. **당신의
3년을 위한 궁극의 실천 가이드입니다.**

이 목록이 당신만의 위대한 지적 탐험을 시작하는 첫 번째 나침반이 되기를 바랍니다.

# 제8장

# 성공과 실패의 플레이북: 실전 사례 (The Playbook)

이론과 아이디어는 실제 사례를 통해 비로소 생명력을 얻습니다. 이 부록은 이 책의 모든 전략이 3년이라는 시간 동안 어떻게 종합적으로 구현되는지를 보여 주는 최종 시뮬레이션입니다.

- **8-1 '합격의 재구성':** 성공 및 실패 사례의 3개년 로드맵을 심층 분석합니다.
- **8-2 '합격을 결정하는 한 줄':** 평범한 기록을 비범하게 만드는 선배들의 실제 세특 표현법을 분석합니다.

사례들을 분석하기에 앞서, 입학사정관이 학생의 성장 과정을 평가하는 중요한 두 가지 관점, 바로 "수직적 탐구"와 "수평적 탐구"에 대해 먼저 이해해야 합니다.

## 사례 분석을 위한 핵심 관점: '수직적 탐구'와 '수평적 탐구'

입학사정관들은 학생이 하나의 주제에 대해 얼마나 깊이 파고들었는지(**수직적 탐구**), 그리고 그 주제를 얼마나 폭넓게 다른 분야와 연결했는지(**수평적 탐구**)를 종합적으로 평가합니다.

1. 수직적 탐구 (Vertical Inquiry): 깊이를 증명하다
- **의미:** 하나의 주제나 질문을 꼬리에 꼬리를 물고 점점 더 깊이 파고드는 탐구를 의미합니다. 마치 우물을 파는 것과 같습니다.
- **역할:** 학생의 학문적 집요함, 전문성, 깊이 있는 사고력을 보여 줍니다.

2. 수평적 탐구 (Horizontal Inquiry): 넓이를 증명하다

- **의미:** 하나의 주제를 자신의 전공 분야뿐만 아니라, 다른 학문 분야와 연결하여 확장하는 탐구를 의미합니다. 마치 여러 섬을 잇는 다리를 놓는 것과 같습니다.
- **역할:** 학생의 융합적 사고력, 창의성, 폭넓은 지적 호기심을 보여 줍니다.

[핵심 전략] 입학사정관들은 이 두 가지 탐구를 모두 보여 주는, 즉 **'T자형 성장'**(깊고(T의 세로축) 넓은(T의 가로축) 성장)을 이뤄 낸 학생에게 높은 점수를 줍니다.

지금부터 이어질 합격 및 불합격 사례들을 "T자형 성장"이라는 틀에 맞춰 분석해본다면, 성공과 실패를 가르는 결정적인 차이를 명확하게 발견할 수 있을 것입니다.

## 8-1. 합격의 재구성: 성공/실패 3개년 로드맵 심층 분석

이 파트에서는 실제 합격생들의 3년간의 활동을 시간 순서대로 재구성하여, 하나의 컨셉이 어떻게 발견되고, 심화되며, 완성되는지를 한 편의 드라마처럼 보여 줍니다. 또한, '잘했지만 아쉬운' 불합격 사례를 함께 제시하여, 성공과 실패를 가르는 결정적 차이는 무엇인지 명확하게 학습합니다.

### ▶ 인문사회계열 합격 사례 분석 (문과)

1. 경영학과
**사례: 사회적 가치를 창출하는 혁신적 기업가**

1) 합격생 프로필
- **지망 학과:** 경영학과
- **핵심 키워드:** #기업가정신, #데이터분석, #사회적가치
- **한 문장 컨셉:** "저는 데이터 분석을 통해 사회 문제를 발견하고, 이를 해결하는 지속가능한 비즈니스 모델을 개발하는 사회적 기업가가 되고 싶습니다."

## 2) 3년간의 빌드업 서사(Narrative)

### [1학년: 작은 장사꾼, '사회적 가치'에 눈을 뜨다]

이 학생의 기업가정신은 교내 축제의 작은 부스에서 시작되었습니다. 다른 팀들이 모두 수익성에만 집중할 때, 그는 축제가 끝난 뒤 쏟아져 나올 '쓰레기 문제'에 주목했습니다. 그는 '제로 웨이스트'를 컨셉으로, 포장재를 최소화하고 다회용기를 가져오는 학생에게 할인 혜택을 주는 스낵 부스를 기획했습니다. 축제가 끝난 후, 그는 단순히 수익을 계산하는 데 그치지 않고, 자신들의 활동으로 인해 줄어든 쓰레기의 양을 데이터로 환산하여 '사회적 성과'를 함께 분석하는 보고서를 제출했습니다. 이 경험을 통해 그는 '돈만 버는 비즈니스가 아닌, 사회에 긍정적인 영향을 주는 비즈니스'에 대한 막연한 꿈을 꾸기 시작했습니다.

### [2학년: 아이디어를 '비즈니스 모델'로 설계하다]

2학년이 되어 창업 동아리에 들어간 그는, 자신의 컨셉을 더욱 구체화할 프로젝트를 기획합니다. 그는 교내에 방치된 유휴 공간(빈 교실 등)을 '자원의 낭비'라는 문제로 인식하고, '이 공간을 활용한 지속가능한 비즈니스 모델'을 구상했습니다. 그는 먼저 전교생을 대상으로 설문조사를 실시하여, 학생들이 원하는 공간의 형태(스터디 카페, 휴식 공간 등)에 대한 **데이터를 수집하고 분석**했습니다. 이 결과를 바탕으로, 선배들이 후배들에게 지식을 공유하고 멘토링을 해 주는 '지식 공유 멘토링 카페'라는 구체적인 사업 계획서를 작성했습니다. 이 계획서에는 공간 설계뿐만 아니라, 예상 수익 모델과 마케팅 전략까지 포함되어 있었습니다.

### [3학년: 학교를 넘어, '사회적 기업'을 기획하다]

3학년이 되어, 그는 학교 안에서의 성공 경험을 실제 사회 문제 해결로 확장시켰습니다. 그는 지역 신문 기사를 통해 '독거노인 고독사' 문제의 심각성을 접하고, 이를 해결하기 위한 '소셜 벤처(Social Venture)'를 기획하는 심화 탐구를 진행했습니다. 그는 직접 지역 노인복지관에 자문하여 어르신들의 실제 필요(단순 식사 제공이 아닌, 정서적 교류)를 파악하고, 대학생 봉사자들이 정기적으로 맞춤형 건강 반찬을 배달하며 말벗이 되어 드리는 '반찬 구독 및 정서 케어 서비스' 모델을 설계했습니다. 이 최종 보고서에는 구체적인 재무 계획과 크라우드 펀딩을 통한 초기 자본 확보 방안까지 제시하며, 고등학생 수준을 뛰어넘는 기획력을 보여 주었습니다.

## ▶ 3년간의 빌드업 로드맵

### 1학년: 탐색기 (Exploration)

- **진로/동기:** 교내 축제 부스 운영 경험을 통해, 단순한 이윤 추구를 넘어 '사회적 가치'를 창출하는 비즈니스에 관심 형성
- **핵심 역량:** 활동의 성과를 재무적 성과와 사회적 성과로 나누어 **분석**하는 능력 발현
- **교과 연계:** (경제) 시장경제의 원리를 학습하고, 기업의 사회적 책임(CSR)에 대한 탐구 진행

### 2학년: 심화기 (Deepening)

- **대표 활동:** (동아리) '교내 유휴 공간 활용을 위한 멘토링 카페' 비즈니스 모델 **기획**
- **핵심 역량:** 설문조사를 통해 시장 수요를 **분석**하고, 이를 바탕으로 구체적인 사업 계획서를 작성하는 기획력 함양
- **교과 연계:** (수학-확률과 통계) 통계 자료를 해석하고, 설문조사의 신뢰도를 검증하는 방법을 학습하여 프로젝트에 적용

### 3학년: 완성기 (Synthesizing)

- **대표 활동:** (심화탐구) '독거노인 문제 해결을 위한 소셜 벤처' 모델 **설계**
- **핵심 역량:** 실제 사회 문제를 비즈니스 모델로 해결하려는 **기업가정신** 발휘 및 재무 계획, 자금 조달 방안까지 고려하는 종합적인 사고력 증명
- **교과 연계:** (사회문제 탐구) 고령화 사회의 문제점을 심층적으로 탐구하고, 국내외 소셜 벤처 성공 사례를 **비교 분석**

## ▶ 입학사정관의 시선: 'T자형 성장'의 경영학적 구현

이 학생의 생기부는 '사회적 가치 창출'이라는 하나의 우물을 깊게 파고드는 **수직적 탐구**와, 이 문제를 경영, 경제, 통계 등 여러 분야로 확장하는 **수평적 탐구**를 모두 성공적으로 보여 준 'T자형 인재'의 전형입니다.

**깊이를 보여준 수직적 탐구:** 학생의 탐구는 "제로 웨이스트 부스 운영(1학년) → 교내 공간 비즈니스 모델 설계(2학년) → 실제 사회 문제 해결을 위한 소셜 벤처 기획(3학년)"으로 이어지며, '사회적 기업가'라는 하나의 컨셉을 3년간 포기하지 않고 집요하게 심화시키는 학문적 성실성과 깊이를 증명했습니다.

**넓이를 보여준 수평적 탐구:** 여기서 더 나아가, 학생은 자신의 핵심 주제를 여러 학문 분야와 연결하는 탁월한 능력을 보여 주었습니다. **경영학**의 문제 해결 방식을 **환경 문제**와 연결했고(1학년), 아이디어를 구체화하기 위해 "통계학(수학)"을 활용했으며(2학년), 최종적으로는 **사회복지** 영역의 문제(3학년)까지 확장시켰습니다.

결론적으로 이 학생은 "왜 경영학과에 지원했는가?"라는 질문에, "저는 세상을 바꾸는 멋진 질문들을, 지속가능한 비즈니스라는 현실적인 답변으로 만들어 내고 싶습니다"라는 대답을 3년간의 '수직적, 수평적 탐구' 과정 전체로 보여 주었습니다.

## 2. 미디어커뮤니케이션학과

**사례: 가짜뉴스에 대응하는 콘텐츠를 기획하는 미디어 비평가**

### 1) 합격생 프로필

- **지망 학과:** 미디어커뮤니케이션학과
- **핵심 키워드:** #미디어리터러시, #팩트체크, #콘텐츠기획
- **한 문장 컨셉:** "저는 비판적 시각으로 미디어 콘텐츠를 분석하고, 시민들의 미디어 리터러시 함양에 기여하는 콘텐츠를 직접 기획하는 전문가가 되고 싶습니다."

### 2) 3년간의 빌드업 서사(Narrative)

**[1학년: 가족 단톡방에서 발견한 문제의식]**

이 학생의 탐구는 가족 단체 채팅방에서 시작되었습니다. 할아버지께서 출처가 불분명한 자극적인 제목의 건강 정보나 정치 뉴스를 공유하실 때마다, 가족 간에 작은 오해와 다툼이 생기는 것을 목격했습니다. '왜 사람들은 명백한 가짜뉴스에 쉽게 현혹될까?' 그는 이 질문에 대한 답을 찾기 위

해 '미디어 리터러시' 관련 책들을 찾아 읽기 시작했고, 확증 편향, 필터 버블과 같은 개념을 배우며 문제의 원인이 단순한 개인의 판단 착오가 아닌, 미디어 환경의 구조적인 문제임을 깨닫게 되었습니다. 이 깨달음은 국어 시간 '매체 언어' 단원에서 '가짜뉴스의 언어학적 특징 분석'이라는 발표로 이어지며, 그의 첫 번째 탐구 활동이 되었습니다.

**[2학년: '팩트체커'에서 '콘텐츠 제작자'로]**

2학년이 되어 신문방송반에 들어간 그는, 교내에도 출처 불명의 소문이나 잘못된 입시 정보가 퍼져 나가는 것을 발견했습니다. 그는 동아리 내에서 '팩트체크 팀'을 직접 제안하고, 매달 교내외의 주요 이슈에 대한 진위를 검증하는 카드뉴스 시리즈를 제작하여 학교 신문과 SNS에 연재했습니다. 처음에는 단순한 사실 확인에 그쳤지만, 점차 '어떻게 하면 더 많은 학생들이 이 콘텐츠를 보게 할까?'를 고민하며, 딱딱한 정보 전달 방식에서 벗어나 퀴즈, 인포그래픽 등 다양한 형식을 시도했습니다. 이 과정에서 그는 사회문화 시간에 자신의 팩트체크 콘텐츠가 실제 학생들의 인식 변화에 미치는 영향을 설문조사로 분석하는 심화 탐구를 진행했습니다.

**[3학년: '비평가'에서 '교육 설계자'로]**

3학년이 되어 미디어 문제를 단순히 비판하고 분석하는 것을 넘어, 실질적인 해결책을 만들어 내는 단계로 나아갔습니다. 그는 2년간의 활동 경험을 집대성하여, 후배들을 위한 '디지털 미디어 리터러시 워크숍'을 직접 기획했습니다. 총 3차시로 구성된 이 워크숍은 '가짜뉴스 판별법', '알고리즘의 함정 깨닫기', '건강한 디지털 시민 되기' 등의 주제로 구성되었고, 직접 교안을 만들고 강의를 진행하며 '교육자'로서의 역량까지 보여 주었습니다. 또한, 마지막 심화 탐구 보고서로는 '청소년 미디어 리터러시 교육 의무화를 위한 정책 제안'을 작성하며, 자신의 관심사를 개인의 탐구를 넘어 사회적, 제도적 해결 방안으로까지 확장시키는 성숙한 모습을 보여 주었습니다.


[핵심 요약 및 분석]

**▶ 3년간의 빌드업 로드맵**


**1학년: 탐색기 (Exploration)**
- **진로/동기**: 가족의 경험을 통해 '가짜뉴스' 문제의 심각성을 인지하고, '미디어 리터러시' 분야에 관심 형성

- **핵심 역량:** 관련 독서와 발표를 통해 문제의 본질을 파악하는 기초적인 분석 능력 발현
- **교과 연계:** (국어-매체 언어) '가짜뉴스의 언어학적 특징' 분석 및 발표

## 2학년: 심화기 (Deepening)

- **대표 활동:** (동아리) 교내 '팩트체크 팀'을 조직하고, 카드뉴스 콘텐츠를 직접 **기획** 및 제작
- **핵심 역량:** 정보 검증(팩트체킹) 능력과, 독자의 흥미를 유발하는 콘텐츠 제작 능력 함양
- **교과 연계:** (사회문화) '미디어의 의제 설정 기능' 탐구/(확률과 통계) 콘텐츠 영향력에 대한 설문조사 **데이터 분석**

## 3학년: 완성기 (Synthesizing)

- **대표 활동:** (자율/진로) 후배들을 위한 '디지털 미디어 리터러시 워크숍' 직접 **설계** 및 진행
- **핵심 역량:** 지식 전달자 및 교육자로서의 리더십과 기획력 증명
- **교과 연계:** (정치와 법) '청소년 미디어 리터러시 교육 의무화'에 대한 정책 제안 보고서 작성

### ▶ 입학사정관의 시선: 'T자형 성장'의 미디어적 구현

이 학생은 '미디어 리터러시'라는 하나의 주제를 깊이 있게 파고드는 **수직적 탐구**와, 이 문제를 언어학, 사회학, 통계학, 교육학, 정책학 등 여러 분야로 확장하는 **수평적 탐구**를 모두 성공적으로 보여 준 'T자형 인재'입니다.

**깊이를 보여 준 수직적 탐구:** 학생의 탐구는 "가짜뉴스 현상 인식(1학년) → 팩트체크 콘텐츠 제작(2학년) → 리터러시 교육 워크숍 기획(3학년)"으로 이어지며, 단순한 문제 분석가를 넘어 해결책을 제시하는 실천적 지식인으로 성장하는 과정을 명확히 보여 주었습니다.

**넓이를 보여 준 수평적 탐구:** 그는 '가짜뉴스'라는 핵심 주제를 분석하기 위해, **국어(언어학적 특징), 사회문화(의제 설정), 확률과 통계(데이터 분석), 정치와 법(정책 제안)** 등 다양한 교과목의 지식을 융합하는 탁월한 능력을 보여 주었습니다. 이는 미디어 현상을 다각적으로 이해하는 데 필수적인 역량입니다.

결론적으로 이 학생은 "왜 미디어커뮤니케이션학을 공부하고 싶은가?"라는 질문에, "저는 건강한 미디어 생태계를 만드는 데 기여하는 '콘텐츠 기획자'이자 '교육자'가 되고 싶습니다"라는 대답을 3년의 깊고 넓은 탐구 과정으로 증명해 냈습니다.


## 3. 심리학과

**사례: 통계 기반의 청소년 심리 분석 전문가**


### 1) 합격생 프로필

- **지망 학과:** 심리학과
- **핵심 키워드:** #인간행동, #데이터분석, #또래관계
- **한 문장 컨셉:** "저는 통계적 방법론으로 청소년들의 심리적 어려움의 원인을 객관적으로 규명하고, 실질적인 해결책을 제시하는 심리 연구원이 되고 싶습니다."


### 2) 3년간의 빌드업 서사(Narrative)

**[1학년: '인간관계'에 대한 고민, 심리학을 만나다]**

이 학생의 탐구는 새로운 고등학교 환경에 적응하며 겪는 친구들의 다양한 관계 갈등을 보면서 시작되었습니다. '왜 어떤 친구는 쉽게 무리에 섞이고, 어떤 친구는 겉돌게 될까?' 그는 인간관계에 대한 고민을 해결하기 위해 심리학 관련 서적을 읽기 시작했고, '사회적 소속감', '동조 압력'과 같은 개념들을 배우며 막연했던 고민을 학문적 언어로 바꾸는 경험을 합니다. 그는 또래상담 동아리에 가입하여 상담의 기본 원리를 배우고, 친구들의 고민을 들어 주는 활동을 통해 자신의 강점이 '공감'뿐만 아니라, 문제의 핵심을 '분석'하는 데에도 있음을 발견했습니다.

**[2학년: '상담'을 넘어 '연구'로, 주관적 공감을 객관적 데이터로]**

2학년이 되면서 개인적인 상담만으로는 문제의 근본 원인을 파악하기 어렵다는 한계를 느낍니다. 그녀는 심리학이 단순히 마음을 위로하는 학문이 아니라, 엄밀한 연구를 통해 인간 행동의 법칙을 증명하는 '과학'이라는 사실에 매료되었습니다. 이에 '학업 스트레스와 스마트폰 사용 시간의 상관관계'라는 연구 주제를 설정하고, 자신의 가설을 검증하기 위한 설문지를 직접 설계했습니다. 전교생을 대상으로 설문조사를 실시하고, 그 결과를 통계 프로그램(SPSS, Excel)을 활용해 분석하며, 두 변

수 사이에 통계적으로 유의미한 양의 상관관계가 있음을 증명하는 보고서를 완성했습니다.

**[3학년: '연구'에서 '솔루션'으로, 분석을 넘어 대안을 제시하다]**

3학년이 되어 2학년의 연구를 더욱 심화시켰습니다. 그녀는 'SNS 이용 유형(단순 눈팅 vs 적극적 소통)이 청소년의 자존감에 미치는 영향'이라는 정교한 주제로 2차 연구를 진행했습니다. 1년간의 데이터를 축적하고, 성별과 학년이라는 변수까지 통제하며 더 높은 수준의 통계 분석을 시도했습니다. 이후 연구 결과를 바탕으로, '건강한 SNS 사용을 위한 가이드라인'과 '학업 스트레스 관리를 위한 명상 프로그램' 등 구체적인 솔루션을 담은 정책 제안서를 만들어 학교 학생부에 공식적으로 제안했습니다. 이 활동을 통해 그는 문제를 분석하는 연구자를 넘어, 그 분석을 바탕으로 공동체에 기여하는 실천가의 모습까지 보여 주었습니다.

[핵심 요약 및 분석]

▶ **3년간의 빌드업 로드맵**

**1학년: 탐색기 (Exploration)**

- **진로/동기:** 또래 관계의 어려움을 보며 '인간 행동'의 원리에 대한 관심 형성, 상담 활동을 통해 자신의 '분석적' 강점 발견
- **핵심 역량:** 관련 독서를 통해 심리학의 기본 개념을 학습하고, 상담을 통해 타인과 **공감**하는 능력 발현
- **교과 연계:** (윤리와 사상) '인간관계와 소통' 단원에서 배운 내용을 실제 또래 관계 문제와 연결하여 고찰

**2학년: 심화기 (Deepening)**

- **대표 활동:** (개인 연구) '학업 스트레스와 스마트폰 사용 시간의 상관관계'에 대한 설문조사 **설계** 및 통계 **분석**
- **핵심 역량:** 가설 설정-연구 설계-데이터 수집-결과 분석이라는 과학적 연구 방법론을 체득하고, 통계 프로그램을 활용하는 능력 함양
- **교과 연계:** (확률과 통계) 수업에서 배운 '상관관계와 회귀분석'의 원리를 자신의 연구에 직접

적용

**3학년: 완성기 (Synthesizing)**
- **대표 활동:** (심화 연구) 'SNS 이용 유형이 자존감에 미치는 영향' 연구 및 '건강한 SNS 사용 가이드라인' **정책 제안**
- **핵심 역량:** 복잡한 심리 현상을 다변량 통계로 **분석**하는 능력과, 연구 결과를 바탕으로 구체적인 **솔루션**을 제시하는 문제 해결 능력
- **교과 연계:** (사회문제 탐구) 청소년의 정신 건강 문제를 사회적 문제로 인식하고, 데이터 기반의 해결책을 모색하는 탐구 진행


**▶ 입학사정관의 시선: 'T자형 성장'의 심리학적 구현**

이 학생은 심리학을 '뜬구름 잡는 이야기'가 아닌, '엄밀한 데이터 기반의 과학'으로 이해하는 준비된 연구자의 모습을 보여 줍니다.


**깊이를 보여 준 수직적 탐구:** 학생의 탐구는 "개인적 고민 상담(1학년) → 통계 기반의 원인 분석(2학년) → 구체적인 해결책 제안(3학년)"으로 이어지며, 청소년 심리 문제라는 하나의 주제를 3년간 점진적으로 심화시키는 **수직적 성장**을 명확히 보여 주었습니다.

**넓이를 보여 준 수평적 탐구:** '청소년 심리'라는 핵심 주제를 탐구하기 위해, **또래상담(인문학적 공감), 확률과 통계(수학적 분석), 사회문제 탐구(정책적 접근)** 등 다양한 학문 분야의 도구를 융합하는 **수평적 확장** 능력을 보여 주었습니다. 이는 심리학이 문과와 이과의 경계에 있는 융합 학문임을 정확히 이해하고 있음을 증명합니다.


결론적으로 이 학생은 "왜 심리학을 공부하고 싶은가?"라는 질문에, "저는 사람들의 마음을 주관적으로 위로하는 것을 넘어, 과학적인 방법으로 그들의 고통의 원인을 밝히고 실질적인 해결책을 만들어 주는 사람이 되고 싶습니다"라는 대답을 3년의 활동으로 증명했습니다.

4. 정치외교학과

**사례: 국제 분쟁을 중재하는 외교 전문가**

1) 합격생 프로필

● **지망 학과:** 정치외교학과

● **핵심 키워드:** #국제관계, #갈등해결, #외교전략

● **한 문장 컨셉:** "과거 국제 분쟁 사례를 심층적으로 분석하여, 현재의 지정학적 갈등을 해결하고 평화를 구축하는 외교 전략을 제시하는 전문가가 되고 싶습니다."

2) 3년간의 빌드업 서사(Narrative)

**[1학년: 역사 속에서 '외교'의 힘을 발견하다]**

이 학생의 관심은 한국사 시간에 '서희의 외교 담판'을 배우면서 시작되었습니다. 군사력의 열세 속에서도, 상대방의 핵심 이익을 꿰뚫어 보고 논리적인 협상을 통해 전쟁 없이 실리를 확보하는 모습에 큰 감명을 받았습니다. 그는 '힘의 논리'가 지배하는 국제 관계 속에서 '외교'가 어떻게 평화를 만드는 가장 강력한 무기가 될 수 있는지 탐구하기 시작했습니다. 그는 관련 독서로 헨리 키신저의 『외교』를 찾아 읽으며, 현실주의 국제정치 이론의 기초를 다졌고, 통합사회 시간에는 '국가 간 갈등과 협력'을 주제로 발표하며 자신의 문제의식을 구체화했습니다.

**[2학년: 모의유엔, '중재자'의 역할을 배우다]**

2학년이 되어 모의유엔(MUN)에 들어간 그는, 단순히 특정 국가를 대변하는 '대표'의 역할을 넘어, 갈등하는 국가들 사이에서 합의점을 찾아내는 '의장(Chair)' 및 '중재자'의 역할에 주목했습니다. 그는 동아리 내에서 '난민 문제 해결을 위한 안전보장이사회'를 직접 기획하고 의장 역할을 수행했습니다. 이 과정에서 그는 각국의 이해관계를 분석하고, 공통의 이익을 바탕으로 한 결의안 초안을 작성하며, 격렬한 토론 속에서 합의를 이끌어 내는 실질적인 갈등 해결 능력을 길렀습니다. 이 경험은 정치와 법 시간에 '국제법의 역할과 한계'에 대한 심화 탐구 보고서로 이어졌습니다.

**[3학년: 현재의 갈등에 '역사적 해법'을 제시하다]**

3학년이 된 그는 자신의 탐구를 현재 진행형인 국제 분쟁으로 확장시켰습니다. 그는 '러시아-우크라이나 전쟁'을 주제로 심화 탐구를 진행하며, 이 분쟁의 원인을 단순히 양국의 문제로 보지 않

고, 냉전 시대부터 이어진 NATO의 확장과 러시아의 지정학적 불안감이라는 역사적, 구조적 관점에서 분석했습니다. 더 나아가, 그는 1962년 쿠바 미사일 위기 당시, 케네디와 흐루쇼프가 어떻게 '강대강' 대치 속에서도 비밀 협상을 통해 핵전쟁을 피했는지 그 외교 전략을 분석하고, 이를 현재의 우크라이나 전쟁 종식을 위한 외교적 해법 모델로 제안하는 독창적인 보고서를 완성했습니다.

[핵심 요약 및 분석]
▶ **3년간의 빌드업 로드맵**

**1학년: 탐색기 (Exploration)**
- **진로/동기:** 한국사 속 '서희의 외교 담판'을 배우며, 군사력이 아닌 '외교'를 통한 갈등 해결에 관심 형성
- **핵심 역량:** 관련 독서(헨리 키신저, 『외교』)를 통해 국제 관계 이론의 기초를 다지는 학문적 기반 마련
- **교과 연계:** (통합사회) '국가 간 갈등과 협력' 주제 발표

**2학년: 심화기 (Deepening)**
- **대표 활동:** (동아리) 모의유엔(MUN)에서 '난민 문제 안보리'를 직접 **기획**하고, '의장' 역할을 수행하며 **갈등 중재 능력** 함양
- **핵심 역량:** 복잡하게 얽힌 여러 국가의 이해관계를 분석하고, 합의점을 도출하는 실질적인 외교 시뮬레이션 경험
- **교과 연계:** (정치와 법) '국제법의 역할과 한계'에 대한 심화 탐구 보고서 작성

**3학년: 완성기 (Synthesizing)**
- **대표 활동:** (심화탐구) '러시아-우크라이나 전쟁'의 원인을 역사적, 구조적 관점에서 분석하고, '쿠바 미사일 위기' 해결 모델을 적용한 외교적 해법을 **제안**
- **핵심 역량:** 과거의 역사적 사례를 현재의 국제 문제 해결을 위한 **전략적 모델**로 활용하는 높은 수준의 분석 및 대안 제시 능력

● **교과 연계:** (세계사/사회문제 탐구) 냉전 시대의 국제 관계와 현대 분쟁의 연결 고리를 심층적
으로 탐구

▶ **입학사정관의 시선: 'T자형 성장'의 외교학적 구현**

이 학생은 '국제 분쟁 해결'이라는 하나의 주제를 깊이 있게 파고드는 **수직적 탐구**와, 이 문제를
역사, 법, 정치 이론 등 여러 분야로 확장하는 **수평적 탐구**를 모두 성공적으로 보여 준 'T자형 인재'
입니다.

**깊이를 보여 준 수직적 탐구:** 학생의 탐구는 "역사 속 외교 사례 탐색(1학년) → 모의 외교 무대
에서의 중재 역할 수행(2학년) → 현재 국제 분쟁에 대한 해법 모델 제시(3학년)"로 이어지며, '갈등
해결 전문가'라는 컨셉을 향해 3년간 집요하게 심화되는 과정을 보여 주었습니다.

**넓이를 보여준 수평적 탐구:** 그는 '국제 분쟁'이라는 핵심 주제를 분석하기 위해, **한국사/세계사
(역사학), 국제법(법학), 현실주의 이론(정치학)** 등 다양한 학문적 도구를 자유자재로 활용하는 뛰
어난 융합적 사고력을 보여 주었습니다. 특히 과거의 역사적 지혜를 현재 문제 해결에 적용하는 모
습이 인상적입니다.

결론적으로 이 학생은 "왜 정치외교학을 공부하고 싶은가?"라는 질문에, "저는 과거의 지혜를 통
해 현재의 갈등을 해결하고, 미래의 평화를 설계하는 전략을 배우고 싶습니다"라는 대답을 3년의
깊고 넓은 탐구 과정 전체로 보여 주었습니다.

5. 사회학과

**사례: 사회적 불평등 문제를 비판적으로 분석하는 사회학자**

1) 합격생 프로필

● **지망 학과:** 사회학과

● **핵심 키워드:** #불평등, #사회구조, #비판적사고

● **한 문장 컨셉:** "저는 우리가 당연하게 여기는 사회 현상들 이면에 숨겨진 불평등의 구조를 분

석하고, 더 정의로운 사회를 위한 대안을 모색하는 사회학자가 되고 싶습니다."

### 2) 3년간의 빌드업 서사(Narrative)

**[1학년: 영화 '기생충'에서 '불평등'의 구조를 보다]**

이 학생의 탐구는 영화 '기생충'을 보고 난 후의 충격에서 시작되었습니다. 단순히 '부자와 가난한 자'의 이야기가 아니라, 아무리 노력해도 넘을 수 없는 '계급의 격차'가 공간(반지하와 저택)과 냄새라는 감각을 통해 어떻게 드러나는지에 주목했습니다. 그는 이 현상을 설명할 사회학적 개념을 찾기 위해 관련 서적을 탐독했고, '계급 재생산'과 피에르 부르디외의 '문화 자본'이라는 개념을 발견했습니다. 그는 이 이론들을 바탕으로, 영화 속 인물들의 행동과 선택이 개인의 의지가 아닌, 그들이 처한 사회적 구조에 의해 어떻게 제약되는지를 분석하는 보고서를 작성하며 사회학적 사고의 첫걸음을 뗐습니다.

**[2학년: 학교라는 공간, 그 안의 작은 '불평등'을 발견하다]**

2학년이 된 그는 거시적인 사회 구조에 대한 관심을, 자신이 속한 '학교'라는 작은 사회로 가져왔습니다. 그는 '학교 공간이 학생들의 계층에 따라 어떻게 다르게 사용되는가?'라는 도발적인 질문을 던졌습니다. 그는 점심시간, 쉬는 시간 등 교내 주요 공간(도서관, 운동장, 매점, 동아리실 등)의 이용자 특성을 관찰하고 설문조사를 통해 데이터를 수집했습니다. 그 결과, 경제적 배경에 따라 사교육 시간, 교우 관계, 그리고 심지어 교내 공간 활용 방식에도 미묘한 차이가 있음을 발견하고, 이를 부르디외의 '아비투스(habitus)' 개념과 연결하여 분석하는 심화 보고서를 작성했습니다.

**[3학년: '공정'이라는 이름의 신화에 질문을 던지다]**

3학년이 된 그는 탐구의 수준을 한 단계 더 끌어올렸습니다. 그는 모두가 신성시하는 '수능'이라는 제도가 과연 공정한지에 대한 근본적인 질문을 던졌습니다. 그는 '수능 점수와 부모의 소득 수준 사이의 상관관계'에 대한 기존 연구 논문들과 통계 자료를 심층적으로 분석했습니다. 그리고 마이클 샌델의 『공정하다는 착각』을 비판적으로 읽으며, 시험 점수로 대표되는 '능력주의'가 어떻게 승자에게는 오만함을, 패자에게는 굴욕감을 주며 사회적 연대를 파괴하는지 논증했습니다. 최종 보고서에서 그는, 진정한 교육적 공정성이란 동등한 기회를 제공하는 것을 넘어, 결과의 불평등을 완화하기 위한 사회적 노력이 함께 이루어져야 함을 주장하며 자신만의 날카로운 시각을 완성했습니다.

### ▶ 3년간의 빌드업 로드맵

**1학년: 탐색기 (Exploration)**

- **진로/동기:** 영화 '기생충'을 계기로 '사회 **불평등**' 문제에 대한 관심 형성
- **핵심 역량:** 문화 현상(영화)을 사회학 이론(문화 자본)과 연결하여 **분석**하는 능력 발현
- **교과 연계:** (사회·문화) '계층' 단원에서 배운 개념을 실제 미디어 콘텐츠 분석에 적용

**2학년: 심화기 (Deepening)**

- **대표 활동:** (개인 연구) '학교 공간 활용에 나타난 사회 계층적 차이'에 대한 설문조사 및 관찰 연구 진행
- **핵심 역량:** 거시적 담론을 미시적 공간(학교)에 적용하여, 자신만의 데이터를 통해 가설을 **검증**하는 연구 설계 능력 함양
- **교과 연계:** (사회문제 탐구) 교육 **불평등** 문제를 공간과 계층의 **구조**적 관점에서 심층 탐구

**3학년: 완성기 (Synthesizing)**

- **대표 활동:** (심화탐구) '수능과 능력주의'의 한계를 통계 자료와 철학 서적을 근거로 **비판**하는 보고서 작성
- **핵심 역량:** 사회 제도의 근본적인 전제에 대해 질문을 던지는 **비판적 사고** 능력과, 자신의 주장을 뒷받침하는 탄탄한 논증 능력
- **교과 연계:** (윤리와 사상) '분배 정의' 단원에서 배운 롤스의 정의론 등과 마이클 샌델의 주장을 비교하며 '공정'의 의미를 재해석

### ▶ 입학사정관의 시선: 'T자형 성장'의 사회학적 구현

이 학생은 '사회 불평등'이라는 하나의 주제를 깊이 있게 파고드는 **수직적 탐구**와, 이 문제를 문화, 공간, 제도 등 여러 차원으로 확장하는 **수평적 탐구**를 모두 성공적으로 보여 준 'T자형 인재'입니다.

**깊이를 보여 준 수직적 탐구:** 학생의 탐구는 "문화 콘텐츠 속 불평등 발견(1학년) → 생활 공간 속 불평등 증명(2학년) → 사회 제도 속 불평등 비판(3학년)"으로 이어지며, 사회 문제의 원인을 점점 더 근본적이고 구조적인 차원에서 분석해 나가는 지적 심화 과정이 돋보입니다.

**넓이를 보여 준 수평적 탐구:** 그는 '불평등'이라는 핵심 주제를 탐구하기 위해, **문화비평(영화 분석), 사회조사방법론(설문/관찰), 정치철학(공정성 담론)** 등 다양한 학문적 도구를 자유자재로 활용하는 뛰어난 융합적 사고력을 보여 주었습니다. 이는 사회학이 복합적인 학문임을 정확히 이해하고 있음을 증명합니다.


결론적으로 이 학생은 "왜 사회학을 공부하고 싶은가?"라는 질문에, "저는 우리 사회의 불편한 진실을 직시하고, 구조적 모순을 날카롭게 분석하여 더 나은 공동체를 위한 질문을 던지는 사람이 되고 싶습니다"라는 대답을 3년의 탐구로 증명했습니다.


## 6. 어문계열 (국문, 영문 등)
**사례: 문화 번역가: 셰익스피어를 웹툰으로 재해석하다**


### 1) 합격생 프로필
- **지망 학과:** 영어영문학과
- **핵심 키워드:** #비교문학, #문화번역, #콘텐츠각색
- **한 문장 컨셉:** "저는 영미 고전 문학이 현대의 새로운 문화 콘텐츠로 어떻게 변용되는지를 분석하고, 원작의 깊이를 유지하면서도 대중과 소통할 수 있는 새로운 각색 모델을 제시하는 문화 기획자가 되고 싶습니다."


### 2) 3년간의 빌드업 서사(Narrative)
**[1학년: 웹툰에서 원작으로, 호기심의 역주행]**

이 학생의 탐구는 셰익스피어의 『햄릿』이 아닌, 그것을 모티브로 한 웹툰을 보면서 시작되었습니다. 그녀는 웹툰의 매력적인 설정과 캐릭터에 빠져들었지만, 댓글 창에서 벌어지는 원작과의 비교 논쟁을 보며 궁금증이 생겼습니다. '원작은 대체 어떤 이야기일까?' 그녀는 난생 처음으로 『햄릿』

원서를 찾아 읽으면서 웹툰이 원작의 어떤 부분을 차용하고, 어떤 부분을 한국적 정서에 맞게 바꾸었는지 비교 분석하는 보고서를 작성하며, '고전의 현대적 변용'이라는 첫 번째 탐구의 문을 열었습니다.

### [2학년: '문화 번역'이라는 렌즈를 장착하다]

2학년이 되어 영문학 동아리에 들어간 그녀는, 1학년 때의 막연한 비교 분석을 넘어 더 깊이 있는 이론적 틀을 찾고자 했습니다. 이에 '문화 번역(Cultural Translation)'과 '각색 이론(Adaptation Theory)'에 대한 자료를 찾아보며, 다른 문화권의 이야기가 새로운 문화 속으로 들어올 때 언어 번역을 넘어, 전체적인 맥락과 정서가 재창조되어야 함을 깨달았습니다. 이후 『로미오와 줄리엣』을 탐구 대상으로 삼아, 이 작품이 영화 '로미오와 줄리엣(1996)'과 뮤지컬 '웨스트 사이드 스토리'에서 각각 어떻게 다르게 '문화 번역'되었는지 비교 분석하는 심화 보고서를 작성했습니다.

### [3학년: '분석가'를 넘어 '기획자'로]

3학년이 된 그녀는 분석과 비평을 넘어, 직접 '창작 기획'에 도전했습니다. 셰익스피어의 4대 비극 중, 상대적으로 현대적 각색이 덜 이루어진 『오셀로』를 자신의 프로젝트 대상으로 삼았습니다. 그녀는 '만약 오셀로가 21세기 한국의 IT 스타트업 대표라면?'이라는 도발적인 설정을 하고, 질투와 의심이라는 원작의 핵심 감정이 SNS와 익명의 온라인 커뮤니티 속에서 어떻게 증폭되고 비극을 만들어 내는지에 대한 상세한 **웹툰 시놉시스를 창작**했습니다. 이 시놉시스에는 주요 캐릭터 설정, 회차별 줄거리뿐만 아니라, '왜 이런 각색이 현대 한국 사회의 관객에게 유효한가'에 대한 비평적 분석까지 담겨 있었습니다.


[핵심 요약 및 분석]

▶ **3년간의 빌드업 로드맵**


**1학년: 탐색기 (Exploration)**

- **진로/동기:** 웹툰을 통해 영미 고전에 대한 관심이 생겨, 원작과 각색본의 차이를 **비교 분석**하며 '고전의 현대적 변용'에 흥미 형성
- **핵심 역량:** 대중문화 콘텐츠에서 학문적 탐구 주제를 발굴하는 능력과, 두 텍스트의 차이점을 분석하는 기초적인 비평 능력

● **교과 연계:** (영어/문학)『햄릿』원서 강독 및 작품 분석

## 2학년: 심화기 (Deepening)
● **대표 활동:** (동아리) '문화 번역' 이론을 학습하고,『로미오와 줄리엣』이 다른 장르(영화, 뮤지컬)로 어떻게 각색되었는지 **비교 연구**
● **핵심 역량:** 구체적인 이론적 틀(문화 번역)을 실제 작품 분석에 적용하는 학문적 탐구 능력
● **교과 연계:** (세계사) 각색된 작품들의 시대적 배경 탐구/(음악/미술) 뮤지컬과 영화의 표현 방식 차이 분석

## 3학년: 완성기 (Synthesizing)
● **대표 활동:** (심화탐구) 셰익스피어의『오셀로』를 현대 한국 상황에 맞게 재해석한 **'웹툰 시놉시스'를 직접 창작**
● **핵심 역량:** 비평적 분석을 넘어, 자신만의 독창적인 아이디어를 구체적인 **콘텐츠로 기획**하고 제안하는 창의적 능력
● **교과 연계:** (사회·문화) 현대 한국 사회의 경쟁과 소외 문제를 작품 설정에 반영

### ▶ 입학사정관의 시선: 'T자형 성장'의 현대 영문학적 구현

이 학생의 생기부는 고전을 박제된 텍스트로만 보는 것이 아니라, 현시대와 끊임없이 대화하는 살아 있는 생명체로 이해하는, 매우 현대적이고 창의적인 인재의 모습을 보여 줍니다.

**깊이를 보여 준 수직적 탐구:** 학생의 탐구는 "원작-각색본 비교(1학년) → 각색 이론 적용 분석(2학년) → 자신만의 각색안 창작(3학년)"으로 이어지며, '고전의 현대적 변용'이라는 하나의 주제를 '소비자'에서 '비평가'로, 다시 '창작 기획자'로 나아가는 뚜렷한 **수직적 성장**을 보여 주었습니다.

**넓이를 보여 준 수평적 탐구:** 그녀는 **영문학**이라는 핵심 분야를 중심으로, **웹툰, 영화, 뮤지컬(콘텐츠 산업), 문화 이론**, 그리고 **창작(시놉시스 기획)** 등 다양한 분야의 경계를 자유롭게 넘나드는 탁월한 **수평적 확장** 능력을 보여 주었습니다. 이는 미래의 문화 콘텐츠 산업이 요구하는 융합형 인재의 모습을 정확히 보여 줍니다.

결론적으로 이 학생은 "왜 영어영문학을 공부하고 싶은가?"라는 질문에, "저는 위대한 고전의 정수를 발견하고, 그것을 동시대의 사람들과 함께 호흡할 수 있는 새로운 이야기로 '번역'하는 문화 기획자가 되고 싶습니다"라는 대답을 3년의 창의적인 탐구 과정으로 증명해 냈습니다.


## 7. 교육학과

**사례: 소외된 학생을 위한 교육 프로그램을 설계하는 교육 공학자**

### 1) 합격생 프로필

- **지망 학과:** 교육학과/교육공학과
- **핵심 키워드:** #교육격차, #교육공학, #학습자중심
- **한 문장 컨셉:** "저는 교육공학 기술을 활용하여, 학습에 어려움을 겪는 학생들에게 맞춤형 학습 경험을 제공하고 교육 격차를 해소하는 교육 프로그램을 개발하고 싶습니다."

### 2) 3년간의 빌드업 서사(Narrative)

**[1학년: 교육 봉사에서 발견한 '숨겨진 격차']**

이 학생의 탐구는 지역아동센터에서의 교육 봉사 활동에서 시작되었습니다. 그녀는 똑같은 내용을 가르쳐도 유독 수학 개념을 어려워하는 아이들이 있다는 것을 발견했습니다. 이 아이들이 단순히 노력이 부족한 것이 아니라, 추상적인 개념을 이해하는 데 어려움을 겪는 '학습 부진'의 문제임을 인지했습니다. 이에 이 문제를 해결하기 위해, 존 듀이의 '경험 중심 교육' 이론을 찾아 읽고, 딱딱한 문제 풀이 대신 구체적인 교구를 활용한 학습의 중요성을 깨닫게 되었습니다.

**[2학년: '교육 콘텐츠'를 직접 개발하다]**

2학년이 되어, 1학년 때의 문제의식을 바탕으로 '학습 부진 아동을 위한 맞춤형 교육 콘텐츠 개발' 프로젝트를 진행했습니다. 그녀는 아이들이 가장 어려워하는 '분수의 나눗셈' 개념을, 놀이를 통해 배울 수 있는 '분수 피자 만들기' 보드게임을 직접 설계하고 제작했습니다. 단순히 게임을 만드는 데 그치지 않고, 게임을 적용하기 전과 후 아이들의 개념 이해도와 학습 흥미도 변화를 측정하여, 자신이 개발한 교육 콘텐츠의 효과를 객관적인 데이터로 증명하는 보고서를 작성했습니다.

**[3학년: '교육공학'으로 솔루션을 확장하다]**

3학년이 되자, 자신의 솔루션을 더 많은 학생에게 적용할 수 있는 방법으로 '교육공학'에 주목했습니다. 2학년 때 개발했던 보드게임을, 학생들이 각자의 수준에 맞춰 문제를 풀고 즉각적인 피드백을 받을 수 있는 '교육용 애플리케이션'의 형태로 기획했습니다. 그녀는 파이썬과 같은 프로그래밍 언어는 다룰 줄 몰랐지만, 앱의 화면 설계(UI/UX), 학습자 데이터 분석을 통한 문제 추천 알고리즘, 학습 동기 부여를 위한 보상 시스템(게이미피케이션) 등 교육공학적 원리를 담아낸 상세한 기획서를 작성했습니다. 이 기획서는 기술의 구현이 아닌, '어떻게 기술을 교육적으로 활용할 것인가'에 대한 깊이 있는 고민을 보여 주었습니다.

[핵심 요약 및 분석]

▶ **3년간의 빌드업 로드맵**

**1학년: 탐색기 (Exploration)**
- **진로/동기:** 교육 봉사 활동을 통해 '학습 부진'과 **'교육 격차'** 문제에 대한 관심 형성
- **핵심 역량:** 교육 현장의 문제를 관찰하고, 이를 해결하기 위해 교육 이론(존 듀이)을 탐색하는 능력 발현
- **교과 연계:** (교육학 개론 관련 독서) 교육 철학의 기초 학습

**2학년: 심화기 (Deepening)**
- **대표 활동:** (개인 프로젝트) 학습 부진 아동을 위한 '분수 피자 만들기' 보드게임 직접 **설계** 및 제작
- **핵심 역량:** 교육 문제를 해결하기 위한 구체적인 교육 콘텐츠를 **개발**하고, 그 효과를 데이터로 검증하는 실행력
- **교과 연계:** (확률과 통계) 교육 효과성 검증을 위한 사전/사후 데이터 **분석**

**3학년: 완성기 (Synthesizing)**
- **대표 활동:** (심화탐구) 2학년 보드게임을 '교육용 앱'으로 발전시키는 **교육공학**적 기획서 작성

- **핵심 역량:** UI/UX, 알고리즘, 게이미피케이션 등 **교육공학**의 핵심 원리를 이해하고, 이를 학습자 중심의 솔루션으로 융합하는 능력
- **교과 연계:** (정보/인공지능 기초) 앱 개발에 필요한 기술적 원리 탐구

**▶ 입학사정관의 시선: 'T자형 성장'의 교육학적 구현**

이 학생은 '교육 격차 해소'라는 하나의 주제를 깊이 있게 파고드는 **수직적 탐구**와, 이 문제를 교육 철학, 콘텐츠 개발, IT 기술 등 여러 분야로 확장하는 **수평적 탐구**를 모두 성공적으로 보여 준 'T자형 인재'입니다.

**깊이를 보여 준 수직적 탐구:** "문제 발견(1학년) → 아날로그 솔루션 개발(2학년) → 디지털 솔루션 기획(3학년)"으로 이어지며, 하나의 교육 문제를 해결하기 위해 자신의 역량을 점진적으로 발전시켜 나가는 과정을 명확하게 보여 주었습니다.

**넓이를 보여 준 수평적 탐구: 교육학**이라는 자신의 핵심 분야를 중심으로, **교육 철학(존 듀이), 콘텐츠 디자인(보드게임), 교육공학(앱 기획)** 등 다양한 분야의 지식을 융합하는 탁월한 문제 해결 능력을 보여 주었습니다. 특히, 기술 자체보다 '기술을 어떻게 교육적으로 활용할 것인가'에 집중하는 모습이 인상적입니다.

결론적으로 이 학생은 "왜 교육학을 공부하고 싶은가?"라는 질문에, "저는 소외되는 학생 없이 모두가 자신의 잠재력을 최대한 발휘할 수 있도록, 따뜻한 마음과 기술의 힘을 결합한 혁신적인 교육 프로그램을 만들고 싶습니다"라는 대답을 3년의 진정성 있는 활동으로 증명했습니다.

**▶ 자연과학/공학계열 합격 사례 분석 (이과)**

1. 의예과

**사례: 기초과학 탐구형 의사과학자**

1) 합격생 프로필

- **지망 학과:** 의예과
- **핵심 키워드:** #기초과학, #탐구설계, #생명윤리
- **한 문장 컨셉:** "저는 질병의 현상 치료를 넘어, 생명 현상의 근본 원리를 밝혀 질병 정복의 새로운 길을 여는 의사과학자가 되고 싶습니다."

### 2) 3년간의 빌드업 서사(Narrative)

#### [1학년: '암'이라는 미지의 대륙을 발견하다]

이 학생의 탐구는 암 투병을 하신 가족의 경험에서 시작되었습니다. '왜 인간은 아직도 암을 정복하지 못했을까?'라는 근본적인 질문을 품고, 싯다르타 무케르지의 『암: 만병의 황제의 역사』를 읽으며 암이 단순히 하나의 질병이 아닌, 인류의 역사와 함께 진화해 온 복잡한 생명 현상임을 깨닫게 됩니다. 그는 통합과학 시간에 배운 '세포 분열'과 '유전자'의 개념을 바탕으로, 정상세포가 암세포로 변이하는 원리를 탐구하는 첫 보고서를 작성하며, 의학이 곧 **기초과학**에 뿌리를 두고 있음을 체감합니다.

#### [2학년: 나만의 실험실에서 암세포와 마주하다]

2학년이 되어 생명과학 동아리에 들어간 그는, 더 이상 책으로만 암을 공부하는 것에 만족할 수 없었습니다. 지도교사에게 자문하여 '특정 식품 추출물(예: 녹차의 카테킨)이 암세포의 증식 억제에 미치는 영향'을 탐구하는 R&E(과제연구) 프로젝트를 직접 **설계**했습니다. 실제 암세포 대신 유사한 분열 주기를 가진 효모를 배양하고, 카테킨의 농도에 따라 효모의 개체 수가 어떻게 변화하는지를 현미경으로 직접 계수(Counting)하며 데이터를 수집했습니다. 이 과정에서 많은 실험 실패를 겪으며, 가설을 현실에서 증명하는 것이 얼마나 끈질긴 노력을 필요로 하는지 배우게 됩니다.

#### [3학년: 기술의 진보 속에서 '생명윤리'를 성찰하다]

3학년이 되자, 그의 관심은 암세포를 죽이는 기술을 넘어, 암을 조기에 발견하고 예방하는 최신 기술로 확장되었습니다. 그는 'CRISPR 유전자 가위 기술을 활용한 암 유전자 치료의 가능성과 한계'에 대한 심화 탐구를 진행했습니다. 기술의 과학적 원리를 분석하는 데 그치지 않고, 이 기술이 '맞춤 아기'나 '유전 정보 차별'과 같은 심각한 **생명윤리** 문제를 야기할 수 있음을 고찰했습니다. 이후 교내 토론 동아리와 협력하여 '유전자 편집 기술의 윤리적 규제'를 주제로 한 토론회를 직접 주최하며, 미래의 의사과학자로서 갖추어야 할 균형 잡힌 시각과 사회적 책임감을 보여 주며 자신의

3년간의 탐구를 마무리했습니다.




### ▶ 3년간의 빌드업 로드맵


### 1학년: 탐색기 (Exploration)

● **진로/동기:** 가족의 경험과 독서(『암: 만병의 황제의 역사』)를 통해 '암'이라는 질병의 근본 원리에 대한 탐구 의지 형성

● **핵심 역량:** 교과 개념(세포 분열, 유전자)을 바탕으로 질병의 원리를 탐구하는 **기초과학**적 접근 능력 발현

● **교과 연계:** (통합과학) '세포와 유전자' 단원과 연계하여 '암세포의 특징' 탐구 보고서 작성


### 2학년: 심화기 (Deepening)

● **대표 활동:** (동아리 R&E) '특정 식품 추출물의 효모 증식 억제 효과'에 대한 실험을 직접 **설계**하고 수행

● **핵심 역량:** 가설 설정-변인 통제-데이터 수집-결과 분석이라는 과학 탐구의 전 과정을 주도적으로 수행하는 능력

● **교과 연계:** (생명과학 I ) '세포 호흡과 분열'/(화학 I ) '용액의 농도' 등 교과 지식을 실제 실험 설계에 적용


### 3학년: 완성기 (Synthesizing)

● **대표 활동:** (심화탐구) 'CRISPR 유전자 가위 기술의 암 치료 적용과 **생명윤리**적 딜레마'에 대한 심층 보고서 작성 및 토론회 주최

● **핵심 역량:** 최신 과학 기술의 원리를 이해하고, 그 기술이 사회에 미칠 영향까지 고찰하는 융합적 사고와 비판적 시각

● **교과 연계:** (생명과학 II ) '유전자 발현과 조절'/(사회문제 탐구) '과학 기술과 사회 윤리' 주제 탐구

▶ **입학사정관의 시선: 'T자형 성장'의 의과학적 구현**

이 학생의 생기부는 미래의 임상 의사를 넘어, 인류의 질병 문제 해결에 기여할 "의사과학자(Physician-Scientist)"로서의 압도적인 잠재력을 보여 줍니다.

**깊이를 보여 준 수직적 탐구:** 학생의 탐구는 "암 현상 이해(1학년) → 실험을 통한 기전 검증(2학년) → 최신 기술의 윤리적 성찰(3학년)"로 이어지며, '암 정복'이라는 하나의 주제를 3년간 집요하게 파고드는 **수직적 성장**을 명확히 보여 주었습니다.

**넓이를 보여 준 수평적 탐구:** 그는 '암'이라는 핵심 주제를 탐구하기 위해, **생명과학(기초과학), 화학(실험설계), 인문학(독서), 철학(생명윤리)** 등 다양한 학문 분야를 넘나드는 **수평적 확장** 능력을 보여 주었습니다. 이는 질병뿐만 아니라 인간과 사회 전체를 보는 통합적인 시각을 갖춘 인재임을 증명합니다.

결론적으로 이 학생은 "왜 의사가 되고 싶은가?"라는 질문에, "저는 단순히 환자를 치료하는 것을 넘어, 치료법 그 자체를 만들어 내는 의사과학자가 되어 더 많은 생명을 구하고 싶습니다"라는 대답을 3년간의 치열한 탐구 과정으로 보여 주었습니다.

## 2. 약학과

**사례: 차세대 약물 전달 시스템(DDS)을 개발하는 신약 연구원**

### 1) 합격생 프로필

- **지망 학과:** 약학과
- **핵심 키워드:** #약물전달시스템(DDS), #나노기술, #생화학
- **한 문장 컨셉:** "저는 나노 기술과 생화학적 원리를 융합하여, 약물의 부작용은 최소화하고 효능은 극대화하는 차세대 약물 전달 시스템을 개발하는 연구원이 되고 싶습니다."

### 2) 3년간의 빌드업 서사(Narrative)

**[1학년: 약의 '부작용'에서 '타겟팅'으로 질문을 바꾸다]**

이 학생의 탐구는 만성질환으로 여러 약을 복용하시는 가족의 모습을 보면서 시작되었습니다. 그녀는 "왜 병을 고치는 약이 동시에 다른 부작용을 일으킬까?"라는 질문을 품게 되었습니다. 이 문제의 해답을 찾기 위해 독서를 시작했고, 약물이 온몸으로 퍼지면서 불필요한 곳까지 영향을 주기 때문이라는 것을 알게 되었습니다. 더 나아가, 이 문제를 해결하기 위해 약물을 원하는 표적(세포, 조직)에만 정확히 전달하는 '약물 전달 시스템(DDS)'이라는 분야가 있다는 것을 발견하고 깊은 흥미를 느꼈습니다. 화학 시간에는 분자의 극성, 크기 등 물리적 특성이 약물 흡수와 어떤 관련이 있는지 탐구하는 보고서를 작성했습니다.

### [2학년: '리포솜'을 만들며 DDS의 원리를 체득하다]

2학년이 되어 화학/생명과학 융합 동아리에 들어가 1학년 때의 이론적 탐구를 실제 실험으로 연결했습니다. 이후 DDS의 가장 대표적인 기술 중 하나인 '리포솜(Liposome)'을 직접 합성하고 관찰하는 프로젝트를 설계했습니다. 그녀는 인지질 이중층 구조가 세포막과 유사하다는 점에 착안하여, 리포솜 내부에 수용성 색소를 가두는 실험을 설계했습니다. 비록 간단한 실험이었지만, 변인 통제를 통해 안정적인 리포솜을 합성하는 최적의 조건을 찾아냈고, 현미경으로 직접 그 결과를 확인하며 나노 크기의 약물 전달체가 어떻게 작동하는지 그 원리를 체득했습니다.

### [3학년: '스마트 폭탄'을 설계하다]

3학년이 되어 한 단계 더 나아가 '스마트 DDS'라는 최신 연구 분야에 도전했습니다. 그녀는 '암세포 주변의 낮은 pH 환경에서만 선택적으로 약물을 방출하는 지능형 약물 전달체'를 주제로 심화 탐구를 진행했습니다. 관련 논문을 찾아보며, 특정 pH에서 구조가 변하는 'pH 감응성 고분자'의 원리를 학습했습니다. 그녀는 이 고분자를 이용하여, 정상 세포에서는 약물을 가두고 있다가 암세포 주변에서만 '폭발'하여 약물을 방출하는 '나노 폭탄'의 개념을 설계하고, 그 화학적 메커니즘을 상세히 분석하는 심층 보고서를 작성하며 약학 연구원으로서의 잠재력을 보여 주었습니다.


[핵심 요약 및 분석]

▶ **3년간의 빌드업 로드맵**


**1학년: 탐색기 (Exploration)**
- **진로/동기:** 약의 '부작용' 문제에서 출발하여, 이를 해결하기 위한 **'약물 전달 시스템(DDS)'** 분

야에 관심 형성

- **핵심 역량:** 독서를 통해 문제의 원인을 파악하고, 구체적인 과학 기술 분야로 관심을 좁혀나가는 정보 탐색 능력
- **교과 연계:** (화학Ⅰ) 분자의 특성과 약물 흡수의 관계에 대한 기초 탐구

## 2학년: 심화기 (Deepening)

- **대표 활동:** (동아리 R&E) DDS의 일종인 '리포솜'을 직접 합성하고, 색소를 봉입하는 **실험 설계** 및 수행
- **핵심 역량:** 이론적 지식을 바탕으로 직접 실험을 **설계**하고, 변인을 통제하며 가설을 검증하는 과학적 탐구 능력
- **교과 연계:** (화학Ⅱ) 인지질의 유기화학적 구조 분석/(생명과학Ⅱ) 세포막의 구조와 리포솜의 원리 비교 탐구

## 3학년: 완성기 (Synthesizing)

- **대표 활동:** (심화탐구) 'pH 감응성 고분자'를 이용한 표적 항암 치료용 '스마트 DDS'의 메커니즘을 **설계**하고 보고서 작성
- **핵심 역량:** 최신 연구 논문을 이해하고, 이를 바탕으로 창의적인 약물 **설계** 아이디어를 제시하는 높은 수준의 학업 역량
- **교과 연계:** (화학Ⅱ) '화학 평형' 단원과 연계하여 pH 변화에 따른 고분자 구조 변화 원리 탐구

### ▶ 입학사정관의 시선: 'T자형 성장'의 약학적 구현

이 학생의 생기부는 미래의 약사를 넘어, 새로운 치료 기술을 개발할 "신약 연구원"으로서의 성장 가능성을 명확하게 보여 줍니다.

**깊이를 보여 준 수직적 탐구:** 학생의 탐구는 "DDS 개념 이해(1학년) → 리포솜 합성 실험(2학년) → 스마트 DDS 설계(3학년)"로 이어지며, '약물 전달 시스템'이라는 하나의 전문 분야를 3년간 이론과 실험을 넘나들며 집요하게 심화시키는 **수직적 성장**을 보여 주었습니다.

**넓이를 보여 준 수평적 탐구: 약학**이라는 핵심 주제를 탐구하기 위해, **화학(유기화학, 고분자),** **생명과학(세포생물학), 나노기술** 등 다양한 학문 분야의 지식을 융합하는 **수평적 확장** 능력을 보여 주었습니다. 이는 현대 신약 개발에 필수적인 융합적 사고력을 갖추었음을 증명합니다.

결론적으로 이 학생은 "왜 약학을 공부하고 싶은가?"라는 질문에, "저는 단순히 기존의 약을 전달하는 것을 넘어, 화학과 생명과학의 지식을 융합하여 인류가 질병의 고통을 극복할 수 있는 더 나은 '방법'을 설계하고 싶습니다"라는 대답을 3년의 깊이 있는 탐구로 증명했습니다.

## 3. 수의예과
**사례: 인간과 동물의 건강을 함께 지키는 '원 헬스(One Health)' 전문가**

### 1) 합격생 프로필
- **지망 학과:** 수의예과
- **핵심 키워드:** #OneHealth, #인수공통감염병, #수의역학
- **한 문장 컨셉:** "저는 동물 질병 치료를 넘어, 인간-동물-환경 생태계 전체의 건강을 통합적으로 연구하는 '원 헬스' 기반의 수의역학 전문가가 되고 싶습니다."

### 2) 3년간의 빌드업 서사(Narrative)
**[1학년: 조류 인플루엔자 뉴스에서 '연결 고리'를 발견하다]**

이 학생의 탐구는 조류 인플루엔자(AI) 뉴스에서 시작되었습니다. 그녀는 닭, 오리의 질병이 왜 수많은 살처분으로 이어지고, 인간에게까지 위협이 되는지에 대한 의문을 가졌습니다. 데이비드 쾨먼의 『인수공통 모든 전염병의 열쇠』를 읽으며, 인간의 전염병 중 상당수가 동물로부터 유래했다는 사실과 '인수공통감염병(Zoonosis)'의 개념을 알게 되었습니다. 생명과학 시간에는 바이러스가 종(種)의 장벽을 뛰어넘는 원리를 탐구하며, 동물과 인간의 건강이 분리될 수 없는 하나의 문제임을 깨닫는 보고서를 작성했습니다.

**[2학년: '역학조사관'이 되어 질병의 확산을 모델링하다]**

2학년이 된 그녀는, 질병의 치료만큼이나 '확산 방지'가 중요하다는 것을 깨닫고 '수의역학' 분야

에 관심을 가졌습니다. 과학 동아리에서 '가상 가축 전염병 확산 시뮬레이션' 프로젝트를 제안했습니다. 이후 감염재생산지수(R0)와 같은 역학의 기본 개념을 학습하고, 가상의 농장 지도를 만들어 농장 간 거리, 가축의 이동 경로 등의 변수에 따라 전염병이 어떻게 확산되는지 간단한 시뮬레이션 모델을 설계했습니다. 이 과정을 통해 질병 확산을 막기 위해서는 의학적 접근뿐만 아니라, 통계학적 예측과 사회 시스템적 통제가 필수적임을 체득했습니다.

**[3학년: 지역 사회의 숨겨진 위험, 'SFTS'를 파고들다]**

3학년이 되자, 자신의 탐구를 실제 지역 사회의 문제와 연결했습니다. 그녀는 질병관리청 데이터를 분석하여, 자신이 사는 농촌 지역에서 진드기 매개 감염병인 '중중열성혈소판감소증후군(SFTS)'의 발병률이 높다는 사실을 발견했습니다. 또한, SFTS가 인간뿐만 아니라 개, 고양이 등 반려동물에게도 치명적일 수 있음을 탐구하고, 인간(보건소), 동물(동물병원), 환경(진드기 서식지)의 건강을 통합적으로 관리하는 **'원 헬스(One Health)'** 기반의 지역 맞춤형 예방 캠페인을 기획하여 발표했습니다. 이 제안에는 반려동물 외부기생충 예방의 중요성 홍보, 지역 공원 제초 작업 강화 등 구체적인 실천 방안이 담겨 있었습니다.


[핵심 요약 및 분석]

**▶ 3년간의 빌드업 로드맵**


**1학년: 탐색기 (Exploration)**
- **진로/동기:** 조류 인플루엔자 뉴스를 계기로, 동물과 인간의 건강이 연결된 "인수공통감염병"에 관심 형성
- **핵심 역량:** 독서를 통해 문제의 본질을 파악하고, 개별 현상을 더 큰 시스템(생태계) 속에서 이해하려는 통찰력
- **교과 연계:** (생명과학Ⅰ) 바이러스의 특성과 종간 전파 메커니즘 탐구


**2학년: 심화기 (Deepening)**
- **대표 활동:** (동아리) '가상 가축 전염병 확산 시뮬레이션' 모델 **설계**
- **핵심 역량: 수의역학**의 기본 개념을 이해하고, 질병 확산을 수학적, 시스템적으로 분석하는

능력 함양
- **교과 연계:** (수학-확률과 통계) 감염재생산지수(R0)와 같은 통계 모델 원리 탐구

### 3학년: 완성기 (Synthesizing)
- **대표 활동:** (심화탐구) 지역 내 SFTS 발병 데이터를 분석하고, '원 헬스(One Health)' 기반의 통합적 예방 캠페인 **기획 및 제안**
- **핵심 역량:** 실제 데이터를 분석하여 지역 사회의 문제를 진단하고, 융합적 관점에서 구체적인 해결책을 제시하는 능력
- **교과 연계:** (사회문제 탐구) 공중 보건 문제 해결을 위한 다분야 협력의 중요성 탐구


### ▶ 입학사정관의 시선: 'T자형 성장'의 수의학적 구현
이 학생의 생기부는 단순히 '동물을 사랑하는 학생'을 넘어, 생태계 전체의 건강을 책임지는 "공중 보건 리더"로서의 성장 가능성을 보여 줍니다.

**깊이를 보여 준 수직적 탐구:** 학생의 탐구는 "인수공통감염병 개념 이해(1학년) → 가상 질병 확산 모델링(2학년) → 실제 질병에 대한 통합적 해결책 제안(3학년)"으로 이어지며, '수의역학'이라는 하나의 전문 분야를 3년간 체계적으로 심화시키는 **수직적 성장**을 명확히 보여 주었습니다.

**넓이를 보여 준 수평적 탐구:** 수의학이라는 핵심 주제를 탐구하기 위해, **생명과학(바이러스), 수학(모델링), 사회과학(공중 보건 정책), 환경생태학(서식지 관리)** 등 다양한 학문 분야를 넘나드는 **수평적 확장** 능력을 보여 주었습니다. 이는 현대 수의학의 핵심 화두인 '원 헬스(One Health)' 개념을 완벽하게 이해하고 있음을 증명합니다.

결론적으로 이 학생은 "왜 수의사가 되고 싶은가?"라는 질문에, "저는 아픈 동물을 치료하는 것을 넘어, 인간과 동물이 함께 건강한 세상을 만드는 시스템을 설계하는 수의과학자가 되고 싶습니다"라는 대답을 3년의 깊고 넓은 탐구로 보여 주었습니다.

## 4. 컴퓨터공학과

**사례: 데이터를 통해 생명을 구하는 알고리즘 개발자**

### 1) 합격생 프로필

- **지망 학과:** 컴퓨터공학과
- **핵심 키워드:** #알고리즘, #데이터사이언스, #의료 혁신
- **한 문장 컨셉:** "저는 효율적인 알고리즘과 데이터 분석 모델을 설계하여, 질병의 조기 진단율을 높이고 개인 맞춤형 치료법 개발에 기여하는 컴퓨터공학자가 되고 싶습니다."

### 2) 3년간의 빌드업 서사(Narrative)

**[1학년: 하나의 질문, 모든 것의 시작]**

이 학생의 이야기는 거창한 포부에서 시작되지 않았습니다. 매일 아침 혈당을 체크하며 식단을 관리하시는 할머니의 지친 모습에서 시작되었습니다. '매번 피를 뽑지 않고도 혈당을 예측할 수는 없을까? 합병증이 오기 전에 미리 그 위험을 알려 줄 수는 없을까?' 이 작은 질문 하나가 그의 3년을 관통하는 거대한 뿌리가 되었습니다.

가장 먼저 시작한 것은 파이썬(Python) 공부였습니다. 코딩의 'ㅋ'자도 몰랐지만, 자신의 아이디어를 구현하기 위한 최소한의 언어가 필요하다는 것을 직감했기 때문입니다. 온라인 강의를 찾아 들으며 변수, 함수, 라이브러리의 개념을 익혔고, 수학 시간에는 통계 단원을 배울 때 그 누구보다 집중했습니다.

**[2학년: 흩어진 지식의 연결, 첫 번째 프로젝트]**

2학년이 되어 흩어져 있던 지식들을 연결하였습니다. 1학년 때 배운 파이썬과 통계 지식을 융합할 무대로 '수학·정보 융합 동아리'를 선택했고, '공공 데이터를 활용한 당뇨병 발병 위험 요인 분석' 프로젝트를 제안합니다. 그는 해외 데이터 분석 플랫폼인 '캐글(Kaggle)'의 환자 데이터를 다운로드하여, 파이썬 라이브러리를 독학하며 데이터 속의 상관관계를 시각화하는 데 성공합니다. 이는 수학 세특('로지스틱 회귀 분석' 탐구), 생명과학 세특('인슐린 저항성' 탐구) 등과 유기적으로 연결되었습니다.

**[3학년: 깊이의 완성, 그리고 나눔]**

고등학교 마지막 해에 탐구를 '의료 이미지 데이터' 분석으로 한 단계 끌어올렸습니다. '망막 스캔 이미지를 통한 당뇨병성 망막병증 조기 진단' AI 모델의 작동 원리와 한계를 분석하는 심층 보고서를 작성했습니다. 또한, 후배들을 위한 '데이터 분석 스터디'를 만들어 지식을 공유하는 리더십을 보여 주었고, '의료 AI의 윤리적 딜레마'에 대한 보고서를 작성하며 사회적 책임감에 대한 깊은 고민까지 드러냈습니다.

**[핵심 요약 및 분석]**

**▶ 3년간의 빌드업 로드맵**

**1학년: 탐색기 (Exploration)**
- **진로/동기:** 가족의 만성질환을 계기로 IT 기술을 통한 질병 예측/관리에 관심 형성
- **핵심 역량:** 프로그래밍 언어(Python) 기초 독학을 통한 자기주도적 학습 능력 발현
- **교과 연계:** 수학 '통계' 단원을 학습하며 데이터 분석의 가능성에 흥미를 느끼고 관련 자료 탐구

**2학년: 심화기 (Deepening)**
- **대표 활동:** (동아리) 공공 데이터를 활용, '당뇨병 발병 위험 요인 분석' 프로젝트 주도
- **핵심 역량:** 파이썬 라이브러리를 활용한 데이터 전처리 및 시각화 능력 함양
- **교과 연계:** (수학) '로지스틱 회귀 분석' 모델 원리 탐구/(생명과학) 당뇨병의 생물학적 메커니즘 탐구

**3학년: 완성기 (Synthesizing)**
- **대표 활동:** (심화탐구) '의료 이미지 데이터' 분석 AI 모델의 원리와 한계에 대한 심층 보고서 작성
- **핵심 역량:** 후배들을 위한 '데이터 분석 스터디'를 조직하고 운영하며 리더십 및 나눔의 정신 발휘
- **교과 연계:** (사회) '의료 AI의 윤리적 딜레마'를 탐구하며 기술의 사회적 책임에 대한 깊이 있

는 성찰

**▶ 입학사정관의 시선: 'T자형 성장'의 공학적 구현**

이 학생은 '의료 데이터 분석'이라는 하나의 주제를 깊이 있게 파고드는 **수직적 탐구**와, 이 문제를 코딩, 수학, 생명과학, 사회 윤리 등 여러 분야로 확장하는 **수평적 탐구**를 모두 성공적으로 보여 준 'T자형 인재'입니다.

**깊이를 보여 준 수직적 탐구:** 학생의 탐구는 "단순 코딩 학습(1학년) → 통계 기반 데이터 분석(2학년) → 머신러닝 모델 분석(3학년)"으로 이어지며, 3년간 뚜렷한 목표를 향해 자신의 기술적 깊이를 더해 가는 과정을 명확히 보여 주었습니다.

**넓이를 보여 준 수평적 탐구:** 그는 단순히 코딩만 잘하는 학생이 아닙니다. 자신의 기술을 "의료"라는 도메인에 적용하고, "수학/통계"의 이론적 배경을 파고들었으며, 최종적으로는 "윤리"라는 사회적 책임까지 고민하는 뛰어난 융합적 사고력을 보여 주었습니다.

결론적으로 이 학생은 "왜 컴퓨터공학을 공부하고 싶은가?"라는 질문에, "저는 사람을 살리는 따뜻한 기술을 만들고 싶습니다"라는 대답을 3년의 깊고 넓은 탐구 과정으로 증명해 냈습니다.

## 5. 생명과학과

**사례: 유전 공학 기술의 윤리적 기준을 고민하는 생명 윤리학자**

### 1) 합격생 프로필

- **지망 학과:** 생명과학과
- **핵심 키워드:** #생명윤리, #유전공학, #과학철학
- **한 문장 컨셉:** "저는 최신 생명공학 기술의 발전 속도와 사회적 합의 사이의 간극을 줄이고, 기술이 인류를 위해 올바르게 사용될 수 있도록 과학적, 철학적 기준을 제시하는 연구원이 되고 싶습니다."

2) 3년간의 빌드업 서사(Narrative)

## [1학년: 영화 '가타카'가 던진 질문]

이 학생의 탐구는 영화 '가타카'를 보고 난 후의 깊은 고민에서 시작되었습니다. 유전자로 모든 것이 결정되는 미래 사회의 모습은 그에게 '과학 기술의 발전이 과연 인류를 행복하게만 만드는가?'라는 근본적인 질문을 던졌습니다. 그는 통합과학 시간에 '유전자'의 기본 원리를 배우면서, 이 기술이 가진 엄청난 잠재력과 동시에 사회적 차별의 도구가 될 수 있는 위험성을 직감했습니다. 관련 독서로 올더스 헉슬리의 『멋진 신세계』를 찾아 읽으며, 기술이 인간을 통제하는 디스토피아적 미래에 대한 철학적 사유를 시작했습니다.

## [2학년: CRISPR, 기술의 빛과 그림자를 탐구하다]

2학년 때 생명과학 동아리에 가입하여 철학적 고민을 구체적인 과학 기술 탐구와 연결했습니다. 3세대 유전자 가위 기술인 '크리스퍼(CRISPR-Cas9)'를 탐구 주제로 삼았습니다. 그는 단순히 기술의 원리를 분석하는 데 그치지 않고, 이 기술을 활용하여 난치병을 치료한 최신 연구 논문(빛)과, 유전자를 임의로 편집하여 '맞춤 아기'를 탄생시킨 실제 사건(그림자)을 함께 조사했습니다. 그는 이 두 가지 측면을 비교 분석하여, '기술의 발전 속도를 사회적, 윤리적 합의가 따라가지 못하는 현상'에 대한 심화 보고서를 작성했습니다.

## [3학년: 나만의 '생명윤리 원칙'을 세우다]

3학년이 되어 한 걸음 더 나아가, '그렇다면 우리는 어떤 기준을 가져야 하는가?'에 대한 자신의 답을 찾기 시작했습니다. 그는 생명윤리의 핵심 쟁점들을 칸트의 '의무론'과 벤담의 '공리주의'라는 철학적 관점에서 비교 분석했습니다. 예를 들어, '배아 줄기세포 연구'에 대해, 인간 생명의 존엄성을 강조하는 의무론 입장과 질병 치료를 통한 사회 전체의 행복 증진을 강조하는 공리주의 입장이 어떻게 충돌하는지 탐구했습니다. 최종적으로 두 가지 관점을 절충하여, '인간의 존엄성을 침해하지 않는 범위 내에서, 사회적 합의를 거친 질병 치료 목적의 연구는 허용되어야 한다'는 자신만의 '생명윤리 가이드라인'을 제안하는 보고서를 완성하며 탐구를 마무리했습니다.


[핵심 요약 및 분석]

## ▶ 3년간의 빌드업 로드맵

### 1학년: 탐색기 (Exploration)

- **진로/동기:** 영화 '가타카'를 통해 유전 기술이 가져올 미래 사회의 윤리 문제에 대한 관심 형성
- **핵심 역량:** 문화 콘텐츠(영화, 소설)를 통해 과학 기술의 사회적 의미를 **성찰**하는 인문학적 사고력 발현
- **교과 연계:** (통합과학) '유전자' 단원 학습 후, 기술의 사회/윤리적 영향에 대한 탐구로 확장

### 2학년: 심화기 (Deepening)

- **대표 활동:** (동아리) '크리스퍼 유전자 가위 기술'의 긍정적 사례(질병 치료)와 부정적 사례(맞춤 아기)를 **비교 분석**
- **핵심 역량:** 특정 과학 기술의 원리뿐만 아니라, 그것이 가진 사회적 명암을 균형 잡힌 시각으로 탐구하는 능력
- **교과 연계:** (생명과학 I ) '유전자와 형질 발현'/(사회문제 탐구) '과학 기술과 사회 변화' 주제와 연계

### 3학년: 완성기 (Synthesizing)

- **대표 활동:** (심화탐구) '배아 줄기세포 연구' 딜레마를 칸트의 의무론과 공리주의를 통해 **철학적으로 분석**하고, 자신만의 '생명윤리 가이드라인' **제안**
- **핵심 역량:** 복잡한 윤리적 쟁점에 대해 자신만의 논리적 기준을 세우고, 구체적인 대안을 제시하는 높은 수준의 사유 능력
- **교과 연계:** (윤리와 사상) '생명 윤리' 단원에서 배운 철학 이론들을 실제 과학 기술 딜레마에 적용

**▶ 입학사정관의 시선: 'T자형 성장'의 생명윤리학적 구현**

이 학생은 '생명 윤리'라는 하나의 주제를 깊이 있게 파고드는 **수직적 탐구**와, 이 문제를 과학, 철학, 사회학 등 여러 분야로 확장하는 **수평적 탐구**를 모두 성공적으로 보여 준 'T자형 인재'입니다.

**깊이를 보여 준 수직적 탐구:** 학생의 탐구는 "영화 '가타카'를 통한 문제 인식(1학년) → '크리스퍼'

기술의 명암 분석(2학년) → 자신만의 '생명윤리 가이드라인' 제안(3학년)"으로 이어지며, 하나의 주제를 포기하지 않고 3년간 집요하게 파고드는 학문적 성실성과 깊이를 증명했습니다.

**넓이를 보여 준 수평적 탐구**: '생명공학 기술'이라는 핵심 주제를 탐구하기 위해 **생명과학**의 원리 뿐만 아니라 **영화/소설(문화 콘텐츠), 칸트/공리주의(철학), 사회적 합의(정책)** 등 다양한 학문 분야를 넘나드는 탁월한 융합적 사고력을 보여 주었습니다.


결론적으로 이 학생은 "왜 생명과학을 공부하고 싶은가?"라는 질문에, "저는 생명과학 기술을 개발하는 것을 넘어, 그 기술이 인류를 위해 올바른 방향으로 나아갈 수 있도록 '윤리의 나침반'을 제시하는 사람이 되고 싶습니다"라는 매우 성숙하고 독창적인 답변을 3년간의 활동으로 증명했습니다.


## 6. 화학공학과/신소재공학부
**사례: 친환경 미래를 위한 에너지 신소재 개발자**


### 1) 합격생 프로필
- **지망 학과**: 화학공학과/신소재공학부
- **핵심 키워드**: #물질, #친환경에너지, #실험설계
- **한 문장 컨셉**: "저는 화학적 원리를 바탕으로 차세대 에너지 효율을 높이는 친환경 신소재를 개발하여, 지속가능한 미래에 기여하는 연구원이 되고 싶습니다."


### 2) 3년간의 빌드업 서사(Narrative)
**[1학년: 신소재, 미래 에너지의 해답을 품다]**

이 학생의 탐구는 기후 변화에 대한 다큐멘터리를 보고 난 후의 막연한 불안감에서 시작되었습니다. 그는 화석 연료를 대체할 미래 에너지 기술에 관심을 갖게 되었고, 관련 자료를 찾아보던 중 '그래핀', '페로브스카이트'와 같은 생소한 이름의 '신소재'들이 에너지 문제 해결의 핵심 열쇠라는 사실을 알았습니다. 그는 통합과학 시간에 '화학 결합'과 '물질의 성질'을 배우며, 원자의 배열 구조가 어떻게 물질 전체의 특성을 결정하는지 그 원리에 매료되었습니다. '신소재 기술의 발전과 미래 사회'라는 주제의 보고서를 작성하며, 자신의 진로 방향을 구체화하기 시작했습니다.

**[2학년: 폐식용유에서 바이오디젤을 만들다]**

2학년이 되어 화학 동아리에 가입하여 자신의 관심을 실제 실험으로 옮기기로 결심했습니다. 그는 '폐식용유를 활용한 바이오디젤 합성' 프로젝트를 직접 제안하고, 실험의 전 과정을 설계했습니다. 단순히 인터넷에 나온 레시피를 따라 하는 데 그치지 않고, '어떻게 하면 바이오디젤의 수득률(Yield)을 최대로 높일 수 있을까?'라는 공학적인 질문을 던졌습니다. 그는 촉매(NaOH, KOH)의 종류와 농도, 반응 온도와 시간 등 다양한 변인들을 통제하며 수십 번의 반복 실험을 진행했고, 최적의 합성 조건을 찾아내는 데 성공했습니다. 이 과정은 화학 II 시간에 '반응 속도론'과 '엔탈피' 개념을 배우며, 자신의 실험 결과를 이론적으로 분석하고 에너지 효율을 계산하는 심화 탐구로 이어졌습니다.

**[3학년: 이론의 최전선, '차세대 배터리'를 탐구하다]**

3학년이 된 그는, 실험실에서의 경험을 바탕으로 깊이 있는 이론 탐구에 도전했습니다. 최근 가장 주목받는 차세대 배터리인 '전고체 배터리'를 심화 탐구 주제로 선정했습니다. RISS와 구글 스칼라를 통해 관련 최신 논문들을 찾아 읽으며, 전고체 배터리의 핵심인 '고체 전해질'의 이온 전도 메커니즘을 분자 구조 수준에서 분석했습니다. 또한, 현재의 리튬이온 배터리가 가진 화재 위험성이나 에너지 밀도의 한계를 전고체 배터리가 어떻게 극복할 수 있는지 비교 분석하고, 상용화를 위해 해결해야 할 기술적 과제(계면 저항 등)까지 제시하는 높은 수준의 보고서를 완성했습니다.


[핵심 요약 및 분석]

▶ **3년간의 빌드업 로드맵**


**1학년: 탐색기 (Exploration)**

- **진로/동기**: 기후 변화 문제의 해법으로 "신소재"에 대한 관심 형성
- **핵심 역량**: 교과 개념(화학 결합)을 바탕으로 미래 기술의 원리를 탐색하는 지적 호기심 발현
- **교과 연계**: (통합과학) '물질의 규칙성' 단원과 연계하여 '신소재 기술' 탐구 보고서 작성


**2학년: 심화기 (Deepening)**

- **대표 활동**: (동아리 R&E) '폐식용유를 활용한 바이오디젤 합성' 실험을 직접 **설계**하고, 수득률

을 높이기 위한 최적 조건 탐구
- **핵심 역량:** 가설 설정-변인 통제-결과 분석이라는 엄밀한 **실험설계** 능력을 체득하고, 끈기 있는 탐구 자세를 보여 줌
- **교과 연계:** (화학Ⅱ) '반응 속도론', '엔탈피' 등 심화 개념을 자신의 실험 결과 분석에 **적용**

### 3학년: 완성기 (Synthesizing)
- **대표 활동:** (심화탐구) '전고체 배터리'의 원리와 기술적 과제에 대한 최신 논문 기반의 심층 분석 보고서 작성
- **핵심 역량:** 대학 수준의 학술 자료를 이해하고, 비판적으로 분석하여 자신만의 통찰을 제시하는 높은 수준의 학업 역량
- **교과 연계:** (물리학Ⅱ/화학Ⅱ) '전기화학', '고체의 구조' 등 심화 교과 지식을 총동원하여 주제를 탐구

#### ▶ 입학사정관의 시선: 'T자형 성장'의 화학공학적 구현

이 학생은 '에너지 문제 해결'이라는 하나의 주제를 깊이 있게 파고드는 **수직적 탐구**와, 이 문제를 신소재, 화학공정, 전기화학 등 여러 분야로 확장하는 **수평적 탐구**를 모두 성공적으로 보여 준 'T자형 인재'입니다.

**깊이를 보여 준 수직적 탐구:** 학생의 탐구는 "미래 기술 탐색(1학년) → 화학 공정 최적화 실험(2학년) → 최첨단 신소재 이론 분석(3학년)"으로 이어지며, 3년간 자신의 학문적 깊이를 체계적으로 심화시키는 과정을 명확히 보여 주었습니다.

**넓이를 보여 준 수평적 탐구:** 화학의 기본 원리를 바탕으로, **환경공학(바이오디젤), 전기화학(전고체 배터리), 재료공학(신소재)** 등 다양한 공학 분야를 넘나드는 폭넓은 지적 호기심과 융합적 사고력을 증명했습니다.

결론적으로 이 학생은 "왜 화학공학/신소재공학을 공부하고 싶은가?"라는 질문에, "저는 **물질**에 대한 깊은 이해를 바탕으로, 인류의 **에너지 문제**를 해결하는 실질적인 솔루션을 만들고 싶습니다"

라는 대답을 3년의 깊이 있는 탐구로 보여 주었습니다.

### 7. 기계공학과

**사례: 지속가능한 에너지를 위한 로봇 시스템 설계자**

#### 1) 합격생 프로필

- **지망 학과:** 기계공학과
- **핵심 키워드:** #역학, #설계, #지속가능성
- **한 문장 컨셉:** "저는 4대 역학에 대한 깊은 이해를 바탕으로, 에너지 효율을 극대화하는 지속 가능한 로봇 시스템을 설계하는 기계공학자가 되고 싶습니다."

#### 2) 3년간의 빌드업 서사(Narrative)

**[1학년: 다빈치 다리에서 '역학'의 아름다움을 발견하다]**

이 학생의 탐구는 물리 동아리에서 '다빈치 다리'를 직접 만들어 보는 활동에서 시작되었습니다. 접착제나 못 없이, 오직 부재 간의 힘의 균형만으로 거대한 아치 구조를 완성하는 경험은 그에게 '역학(Mechanics)'이라는 학문의 아름다움을 깨닫게 해주었습니다. 그는 단순히 만드는 것에 그치지 않고, 다리에 가해지는 하중이 어떻게 분산되고 평형을 이루는지 힘의 벡터를 직접 그려 분석하는 보고서를 작성했습니다. 이 경험은 『모든 순간의 물리학』과 같은 책으로 이어지며, 세상의 모든 움직임이 물리 법칙으로 설명될 수 있다는 사실에 매료되는 계기가 되었습니다.

**[2학년: 3D프린터로 '최적의 설계'를 탐구하다]**

2학년이 된 그는 1학년 때의 이론적 호기심을 '설계(Design)'라는 구체적인 공학적 문제 해결 과정으로 발전시켰습니다. 그는 '가장 적은 재료로 가장 무거운 무게를 버티는 다리 구조물 설계'라는 개인 프로젝트를 시작했습니다. 그는 재료역학의 기본 원리를 독학하고, CAD 프로그램을 배워 트러스, 아치 등 다양한 구조를 직접 모델링했습니다. 그리고 3D 프린터로 각 모델을 출력하여, 실제로 어느 정도의 하중을 견디는지 파괴 실험까지 진행하며 최적의 구조를 찾아 나갔습니다. 이 과정은 물리 시간에 '진자의 주기' 실험 오차의 원인을 공기 저항이라는 변수를 추가하여 분석하는 등, 교과 활동의 깊이를 더하는 데에도 기여했습니다.

**[3학년: 로봇 팔을 통해 '지속가능성'이라는 가치를 구현하다]**

3학년이 되어 역학 지식과 설계 능력을 사회적 가치와 연결하기 시작했습니다. '지속가능성'이라는 키워드에 주목하고, 자원 낭비를 줄이는 기술에 관심을 가졌습니다. 그는 동아리 팀 프로젝트로 '재활용품 자동 분류 로봇 팔' 제작을 제안하고 팀장을 맡았습니다. 로봇 팔이 재활용품을 집어 올리고, 비전 센서로 종류를 인식하여, 정확한 위치로 옮기는 전체 과정을 역학적으로 계산하고, 아두이노를 이용해 직접 제어 시스템을 프로그래밍했습니다. 또한, 미적분 시간에 배운 '정적분'이 로봇 팔의 최적 이동 경로를 계산하는 데 어떻게 활용될 수 있는지에 대한 심화 탐구 보고서를 제출하며, 자신의 모든 지식을 하나의 프로젝트에 융합하는 모습을 보여 주었습니다.


[핵심 요약 및 분석]

**▶ 3년간의 빌드업 로드맵**


**1학년: 탐색기 (Exploration)**

- **진로/동기:** 다빈치 다리 만들기를 통해 힘의 균형과 **역학**의 원리에 대한 흥미 형성
- **핵심 역량:** 단순한 제작을 넘어, 현상에 담긴 물리적 원리를 분석하고 설명하는 능력 발현
- **교과 연계:** (물리) 힘의 평형, 벡터 등 교과 개념을 실제 구조물 분석에 적용


**2학년: 심화기 (Deepening)**

- **대표 활동:** (개인 프로젝트) 3D 프린터를 활용한 '최소 재료, 최대 하중' 다리 구조물 **설계** 및 제작
- **핵심 역량:** 재료역학 이론을 학습하고, CAD 모델링 및 실제 제작을 통해 이론을 현실에 적용하는 공학적 문제 해결 능력
- **교과 연계:** (물리) 실험 데이터의 오차 원인을 새로운 변수를 도입하여 분석하는 등 탐구의 엄밀함 심화


**3학년: 완성기 (Synthesizing)**

- **대표 활동:** (동아리 팀장) '재활용품 자동 분류 로봇 팔' 프로토타입 **설계**, 제어

- **핵심 역량**: 자신의 역학 및 설계 지식을 로봇공학과 **지속가능성**이라는 사회적 가치에 융합하는 능력과 팀을 이끄는 리더십
- **교과 연계**: (미적분) '정적분'을 활용하여 로봇 팔의 최적 경로를 계산하는 등, 심화 수학 지식을 공학 문제 해결에 적용

**▶ 입학사정관의 시선: 'T자형 성장'의 기계공학적 구현**

이 학생은 '역학 기반의 설계'라는 하나의 주제를 깊이 있게 파고드는 **수직적 탐구**와, 이 문제를 로봇공학, 프로그래밍, 환경 문제 등 여러 분야로 확장하는 **수평적 탐구**를 모두 성공적으로 보여 준 'T자형 인재'입니다.

**깊이를 보여 준 수직적 탐구**: 학생의 탐구는 "구조물 힘 분석(1학년) → 최적 구조물 설계(2학년) → 다이내믹 시스템 설계(3학년 로봇 팔)"로 이어지며, 3년간 자신의 학문적 깊이를 체계적으로 심화시키는 과정을 명확히 보여 주었습니다.

**넓이를 보여 준 수평적 탐구**: 그는 기계공학의 핵심인 "물리학(역학)"과 "수학(미적분)"을 완벽히 이해하고 있음을 보여 주었을 뿐만 아니라, **IT(프로그래밍)** 지식을 활용하여 자신의 설계를 현실로 구현했습니다. 최종적으로는 이 모든 기술을 "지속가능성"이라는 사회적 가치와 연결하는 폭넓은 시야까지 증명했습니다.

결론적으로 "왜 기계공학을 공부하고 싶은가?"라는 질문에, "저는 세상의 움직임을 설명하는 아름다운 물리 법칙을 이용하여, 인류의 지속가능한 미래에 기여하는 쓸모 있는 시스템을 만들고 싶습니다"라는 대답을 3년의 활동으로 보여 주었습니다.

8. 수학과
**사례: 순수 수학 이론으로 현대 암호 체계를 구축하는 수학자**

1) 합격생 프로필
- **지망 학과**: 수학과

- **핵심 키워드:** #정수론, #암호학, #정보보안
- **한 문장 컨셉:** "저는 정수론과 같은 순수 수학의 원리를 탐구하여, 양자컴퓨터 시대에도 안전한 차세대 암호 체계를 설계하는 연구자가 되고 싶습니다."

### 2) 3년간의 빌드업 서사(Narrative)

#### [1학년: 인터넷 보안의 비밀, '소수'를 만나다]

이 학생의 탐구는 '우리의 인터넷 뱅킹은 어떻게 안전할까?'라는 단순한 질문에서 시작되었습니다. 그는 사이먼 싱의『암호의 과학』을 읽으며, 고대의 암호부터 현대의 공개키 암호까지 암호학의 역사를 접했습니다. 특히, 현대 암호 체계의 핵심이 '거대한 두 소수의 곱셈은 쉽지만, 그 곱을 다시 두 소수로 소인수분해하는 것은 매우 어렵다'는 단순한 수학적 원리에 기반한다는 사실에 큰 충격을 받았습니다. 그는 수학 시간에 '소수'와 '나머지 연산(모듈러 연산)'을 배울 때, 이것이 단순한 계산이 아니라 세상을 지키는 방패가 될 수 있다는 생각에 매료되었습니다.

#### [2학년: RSA 암호의 수학적 원리를 증명하다]

2학년이 되어 수학 조별 과제에서 1학년 때의 호기심을 'RSA 공개키 암호체계의 수학적 원리 증명'이라는 구체적인 탐구 프로젝트로 발전시켰습니다. 그는 '오일러의 정리', '페르마의 소정리' 등 정수론의 핵심 개념들을 독학하며, 암호화와 복호화 과정이 어떻게 수학적으로 완벽하게 맞아떨어지는지를 단계별로 증명해 나갔습니다. 그는 단순히 증명 과정을 이해하는 데 그치지 않고, 파이썬을 이용해 간단한 RSA 암호화 프로그램을 직접 코딩하여, 친구와 비밀 메시지를 주고받는 실험을 통해 자신의 탐구가 현실에서 어떻게 작동하는지 직접 눈으로 확인했습니다.

#### [3학년: 양자컴퓨터 시대의 새로운 방패를 설계하다]

3학년이 된 그는 현재 암호 체계의 '미래'와 '한계'에 대해 질문을 던졌습니다. 그는 '양자컴퓨터가 개발되면, 쇼어 알고리즘을 통해 현재의 RSA 암호 체계가 무력화될 수 있다'는 사실을 알게 되었습니다. 그는 '양자컴퓨터 시대에 대비한 새로운 암호 체계'를 주제로 심화 탐구를 시작했습니다. 그는 '양자내성암호(PQC)'의 여러 후보 기술 중, 수학의 '격자 문제'에 기반한 암호 체계의 원리를 탐구했습니다. 비록 완벽한 이해는 어려웠지만, 그는 양자컴퓨터도 쉽게 풀 수 없는 새로운 수학적 난제를 찾아내고, 이를 바탕으로 미래의 보안 시스템을 구축하려는 수학자들의 노력을 분석하며 자신의 3년간의 탐구를 마무리했습니다.

[핵심 요약 및 분석]

## ▶ 3년간의 빌드업 로드맵

### 1학년: 탐색기 (Exploration)

- **진로/동기:** 인터넷 보안의 원리에 대한 호기심에서 출발, **정수론**과 **암호학**의 연결 고리 발견
- **핵심 역량:** 독서를 통해 학문적 관심사를 구체화하고, 교과 개념(소수, 나머지 연산)의 실용적 가치를 발견하는 통찰력
- **교과 연계:** (공통수학) '소인수분해'와 '나머지 정리'의 심화 탐구

### 2학년: 심화기 (Deepening)

- **대표 활동:** (조별과제) 'RSA 공개키 암호체계'의 수학적 원리를 **정수론**(오일러 정리 등)을 통해 증명하고, 파이썬으로 구현
- **핵심 역량:** 추상적인 수학 정리를 이해하고 증명하는 논리력과, 이를 코딩으로 구현하는 문제 해결 능력
- **교과 연계:** (수학-대수) '정수론' 심화 탐구/(정보) 암호화 알고리즘 프로그래밍

### 3학년: 완성기 (Synthesizing)

- **대표 활동:** (심화탐구) 양자컴퓨터와 쇼어 알고리즘의 위협을 분석하고, 대안인 '양자내성암호(PQC)'의 수학적 원리 탐구
- **핵심 역량:** 현재 기술의 한계를 비판적으로 인식하고, 학문의 최전선(Frontier)에 있는 미래 기술을 탐구하는 학업 잠재력
- **교과 연계:** (심화 수학/물리학 II) 양자컴퓨터의 기본 원리인 '양자 중첩'과 '얽힘' 개념 탐구

## ▶ 입학사정관의 시선: 'T자형 성장'의 수학적 구현

이 학생의 생기부는 단순히 수학 문제를 잘 푸는 학생을 넘어, 순수 수학의 아름다움을 현실 세계의 가장 중요한 문제를 해결하는 데 적용할 줄 아는 "응용 수학자"의 모습을 보여 줍니다.

**깊이를 보여 준 수직적 탐구:** 학생의 탐구는 "고전 암호 원리 이해(1학년) → 현대 암호 수학적 증명(2학년) → 차세대 암호 이론 탐구(3학년)"로 이어지며, '암호학'이라는 하나의 주제를 3년간 끈질기게 파고드는 **수직적 성장**을 명확히 보여 주었습니다.

**넓이를 보여 준 수평적 탐구:** 그는 "수학(정수론)"이라는 핵심적인 무기를 바탕으로, **컴퓨터공학(프로그래밍), 물리학(양자컴퓨터), 사회(정보보안)** 등 다양한 학문 분야를 넘나드는 **수평적 확장** 능력을 보여 주었습니다. 이는 순수 수학이 어떻게 현실 세계와 연결되는지를 정확히 이해하고 있음을 증명합니다.

결론적으로 이 학생은 "왜 수학을 공부하고 싶은가?"라는 질문에, "저는 세상의 질서를 설명하는 아름다운 수학 이론을 통해, 미래 사회의 안전을 지키는 가장 견고한 시스템을 만들고 싶습니다"라는 대답을 3년간의 깊고 넓은 탐구로 보여 주었습니다.

### ▶ 불합격 사례 분석

지금까지 우리는 15개의 빛나는 성공 스토리를 살펴보았습니다. 하지만 때로는 성공 사례보다 실패 사례에서 더 많은 것을 배울 수 있습니다. 다음은 성실하고 우수한 학생임에도 불구하고, 안타깝게 합격으로 이어지지 못했던 '잘했지만 아쉬운' 생기부들의 **5가지 대표 유형**입니다. 이 사례들을 통해 당신의 생기부에는 혹시 이런 함정이 없는지, 객관적인 시선으로 점검해 보시길 바랍니다.

1. '나열'은 있지만 '이야기'가 없는 스펙 수집가형

1) 학생 프로필 요약

- **지망 학과:** 기계공학과
- **핵심 키워드:** 불분명함 (로봇, 코딩, 자율주행 등 혼재)
- **주요 활동 목록:**
  - **1학년:** 과학 실험 동아리 활동, 수학 경시대회 준비 및 참여
  - **2학년:** 로봇 제작 동아리로 변경하여 활동, 물리 관련 심화 탐구 진행
  - **3학년:** '자율주행 자동차의 미래' 관련 탐구 보고서 작성, 코딩 스터디 참여

2) 무엇이 문제였을까?: 'T자형 성장'의 부재

이 학생의 생기부는 언뜻 보면 매우 화려합니다. 수학, 물리, 로봇, 코딩 등 공대생에게 필요해 보이는 활동은 모두 갖추었습니다. 하지만 입학사정관의 눈에는 이 생기부가 "주인공 없는 영화의 하이라이트 모음집"처럼 보입니다. 모든 활동이 합격에 유리해 보이지만, 정작 '나'라는 주인공이 어떤 사람인지 보여 주지 못합니다.

- **수직적 탐구의 부재 (깊이의 실패):** 이 학생의 탐구는 하나의 우물을 깊게 파지 못했습니다. 1학년 때의 수학, 2학년 때의 로봇, 3학년 때의 자율주행차는 각각 다른 우물을 한 삽씩 파 본 것에 가깝습니다. 예를 들어, 수학 경시대회에서 얻은 지식이 2학년 로봇 제작의 어떤 알고리즘 설계에 활용되었는지, 로봇 제작 경험이 3학년 자율주행차 탐구의 어떤 구체적인 질문으로 이어졌는지 그 **심화 과정이 전혀 드러나지 않습니다.** 모든 탐구가 단발성으로 끝나버려, 전문성을 향한 집요함이 보이지 않습니다.
- **수평적 탐구의 부재 (넓이의 실패):** 각 활동이 유기적으로 연결되지 못하고 흩어져 있습니다. 로봇이라는 하드웨어를 다루면서 소프트웨어(코딩)의 중요성을 깨닫거나, 자율주행차라는 기술을 탐구하면서 교통 정책(사회)이나 윤리(철학) 문제까지 고민을 확장하는 **융합적 사고의 흔적**을 찾아보기 어렵습니다. 그 결과, 다재다능해 보이지만 자신만의 뚜렷한 관점이나 색깔은 없는 학생으로 비칠 수 있습니다.

[최종 평가]

이 학생은 '성실한 참여자'였지만, 자신의 3년을 하나의 이야기로 꿰어 내는 '총괄 기획자'가 되지 못했습니다. **빛나는 구슬은 많았지만, '컨셉'이라는 실이 없었던 것**이 가장 큰 아쉬움으로 남습니다. 입학사정관은 "그래서 이 학생이 진짜 하고 싶은 게 뭘까?"라는 질문에 답을 찾을 수 없었습니다.

2. '호기심'은 있지만 '깊이'가 없는 얕은 탐구자형

1) 학생 프로필 요약

- **지망 학과:** 생명과학과
- **핵심 키워드:** #뇌과학

- **주요 활동 목록:**
- **1학년:** '뇌의 구조와 기능'에 대한 보고서 작성
- **2학년:** '알츠하이머의 원인과 증상'에 대한 PPT 발표
- **3학년:** '뇌-컴퓨터 인터페이스(BCI) 기술의 현황과 미래'에 대한 보고서 작성

### 2) 무엇이 문제였을까?: '수직적 탐구'의 실패

이 학생은 '뇌과학'이라는 일관된 관심사를 3년간 유지했다는 점에서 좋은 방향성을 가졌습니다. 하지만 **탐구의 '넓이'는 확장되었지만 '깊이'가 전혀 깊어지지 않았다**는 점입니다. 즉, **수평적 탐구**만 시도했을 뿐 **수직적 탐구**에 실패했습니다.

- **성장 없는 반복:** 1학년부터 3학년까지의 모든 탐구가 **인터넷 검색과 자료 요약 수준**에 머물러 있습니다. 1학년의 보고서와 3학년의 보고서가 난이도나 탐구 방식 면에서 질적인 차이를 보이지 않습니다. 학년이 올라갈수록 더 심화된 교과 개념과 연결하거나, 자신만의 실험을 설계하거나, 최소한 상반된 관점의 논문을 비교 분석하는 등의 '지적 성장'이 보이지 않습니다.
- **'나만의 질문' 부재:** 모든 탐구가 '~에 대하여 조사함'으로 끝납니다. '알츠하이머의 원인을 조사하며, 특정 단백질의 변형 과정에 의문을 품고, 그 화학적 메커니즘을 심화 탐구함'과 같이, **기존 지식을 바탕으로 자신만의 새로운 질문을 만들어 내는 과정**이 누락되어 있습니다.

### [최종 평가]

이 학생은 성실한 '자료 수집가'였지만, 지식을 바탕으로 새로운 질문을 던지는 '탐구자'로 성장하지 못했습니다. **호기심이라는 '입력(Input)'만 있었을 뿐, 자신만의 새로운 관점을 보여 주는 '출력(Output)'이 없었습니다.**

## 3. '인성'은 보이지만 '역량'이 부족한 착한 학생형

### 1) 학생 프로필 요약

- **지망 학과:** 간호학과
- **핵심 키워드:** #봉사, #공감, #리더십

● **주요 활동 목록:**

○ 3년간 학급 반장 및 학생회 활동으로 리더십 인정.

○ 요양병원, 아동센터 등에서 총 150시간 이상의 진정성 있는 봉사활동.

○ 또래 상담 동아리 부장으로 활동하며 친구들의 고민 해결에 앞장섬.

○ **단, 희망 전공과 관련된 핵심 과학 과목(생명과학Ⅱ, 화학Ⅱ)을 이수하지 않거나, 성취도가 상대적으로 낮음.**

### 2) 무엇이 문제였을까?: 평가 요소의 불균형

이 학생이 따뜻한 마음과 뛰어난 리더십을 갖춘 훌륭한 인재라는 점에는 의심의 여지가 없습니다. 과거의 입시 기준이었다면 충분히 좋은 평가를 받았을 수도 있습니다. 하지만 간호학과는 **따뜻한 마음만큼이나 냉철한 과학적 지성과 학업 역량을 요구하는 전문 분야**입니다.

● **전공 준비의 부족:** 간호학을 공부하기 위해 필수적인 생명과학, 화학 등 핵심 과학 과목에 대한 준비가 부족합니다. 심화 과목을 이수하지 않았거나 성취도가 낮다는 것은, 대학의 고난도 전공 과정을 따라갈 준비가 되어 있지 않다는 신호로 비칠 수 있습니다.

● **역량의 불균형:** '공동체 역량'은 최고 수준으로 증명되었지만, 아쉽게도 '학업 역량'과 '진로 역량'을 충분히 보여 주지 못했습니다. 학생부종합전형은 단순히 착한 학생을 뽑는 전형이 아니라, 해당 전공 분야에서 성공적으로 수학하고 성장할 잠재력을 가진 학생을 선발하는 전형입니다.

### [최종 평가]

과거의 기준으로는 훌륭한 '시민'의 자질을 보여 주었지만, 현재의 기준에서는 해당 분야의 '전문가'가 되기 위한 학문적 준비가 부족했습니다. 생기부의 세 가지 핵심 평가 요소(학업, 진로, 공동체) 중 특정 역량만 과도하게 부각되고, 다른 역량이 뒷받침되지 않을 때의 위험성을 보여 주는 대표적인 사례입니다.

4. '트렌드만 좇는 유행 추종자형'

1) 학생 프로필 요약

● **지망 학과:** 컴퓨터공학과

● **핵심 키워드:** #인공지능(2학년), #ESG(3학년)

● **주요 활동 목록:**

  ○ **1학년:** 파이썬 기초 학습, 코딩 동아리 활동

  ○ **2학년:** '인공지능' 기술에 대한 심화 탐구, 챗GPT 활용법에 대한 보고서 작성

  ○ **3학년:** 갑자기 'ESG 경영'에 관심을 보이며, 기업의 사회적 책임과 관련된 보고서를 작성하고, 환경 캠페인 활동에 참여

2) 무엇이 문제였을까?: '진정성'과 '수직적 탐구'의 부재

이 학생은 매우 똑똑하고 최신 정보에 민감합니다. 2학년 때는 가장 뜨거운 키워드였던 '인공지능'을, 3학년 때는 새롭게 부상한 'ESG'를 탐구하며 항상 시대의 흐름에 앞서가는 것처럼 보입니다. 하지만 입학사정관의 눈에는 이러한 모습이 "진정성 없는 보여주기식 탐구"로 비칠 위험이 큽니다.

● **끊어진 스토리:** 2학년 때 심화시켰던 '인공지능'이라는 중요한 탐구 주제가 3학년 때 아무런 연결 고리 없이 'ESG 경영'으로 급격하게 전환됩니다. 왜 관심사가 바뀌었는지에 대한 논리적인 설명이나, 두 주제를 융합하려는 노력이 보이지 않습니다. 이는 **수직적 탐구**의 실패로 이어져, 학생이 어떤 분야의 전문가로 성장하고 싶은지 알 수 없게 만듭니다.

● **피상적인 접근:** 각 주제에 대한 탐구가 당대의 유행을 좇는 수준에 머물러, 학생 내면의 깊은 고민이나 진정한 호기심에서 비롯되었다는 인상을 주지 못합니다. 이는 '자신만의 컨셉'이 아니라, '합격에 유리해 보이는 컨셉'을 좇고 있다는 의심을 불러일으킬 수 있습니다.

[최종 평가]

이 학생은 시대를 읽는 '트렌드세터'였지만, 자신만의 이야기를 깊이 파고드는 '탐험가'는 아니었습니다. **화려한 키워드의 나열이, 오히려 학생의 진정한 관심사가 무엇인지 가리는 안개**가 되어 버린 안타까운 사례입니다.

5. '협력 없는 외로운 천재형'

## 1) 학생 프로필 요약

- **지망 학과:** 물리학과
- **핵심 키워드:** #양자역학, #이론물리
- **주요 활동 목록:**
  - **세특:** 물리, 수학 과목에서 항상 최고 수준의 심화 탐구 보고서(상대성 이론, 양자역학 등)를 제출하여 극찬받음.
  - **동아리:** 과학 실험 동아리에 소속되어 있었으나, 조별 활동보다는 주로 혼자 추가적인 이론을 학습했다는 기록이 대부분임.
  - **봉사/자율:** 관련 기록이 거의 없거나, 의무적인 활동에 최소한으로만 참여함.

## 2) 무엇이 문제였을까?: '공동체 역량'의 부재

이 학생의 학업과 진로 역량은 의심할 여지없이 최상위권입니다. 하지만 대학은 단순히 똑똑한 학생을 넘어, **공동체 안에서 함께 배우고 시너지를 낼 수 있는 인재**를 원합니다. 이 학생의 생기부에서는 그러한 모습을 찾아보기가 매우 어렵습니다.

- **협업 경험 부재:** 동아리 활동, 조별 과제 등 다른 학생들과 함께 문제를 해결했던 경험이 전혀 드러나지 않습니다. 오히려 '혼자' 학습하고 '혼자' 탐구했다는 기록이 반복되면서, 독선적이거나 소통에 어려움이 있는 학생으로 비칠 수 있습니다.
- **나눔과 배려 부족:** 뛰어난 지식을 친구들에게 나누어 주거나, 학급의 공동 과제를 위해 헌신했던 경험이 없습니다. 후배들을 위한 스터디를 조직하거나, 어려움을 겪는 친구를 도와주는 등 **지식을 사회적으로 활용하려는 의지**가 보이지 않습니다.

## [최종 평가]

이 학생은 뛰어난 '학자'의 자질을 보여 주었지만, 함께 연구하고 성장할 '동료'의 자질을 증명하지 못했습니다. **'학업 역량'이라는 한쪽 날개는 거대했지만, '공동체 역량'이라는 다른 날개가 거의 없어** 높이 날아오르기 어려운 모습을 보여 주었습니다.

## 8-2. 합격을 결정하는 한 줄: 선배들의 세특 표현법 분석

홀륭한 탐구가 좋은 평가로 이어지게 만드는 '결정적 한 줄'의 비밀을 담은 문장 예시입니다. 이 파트에서는 계열별/역량별로 '아쉬운 예'와 '결정적 한 줄'을 비교 분석하여, 당신의 활동 기록을 매력적으로 다듬는 구체적인 방법을 학습합니다. 본문에서 배운 글쓰기 기술이 실제 생기부에서 어떻게 구현되는지 눈으로 직접 확인하세요.

[이 파트, 이렇게 읽으세요!]

이 파트의 모든 예시는 다음과 같은 5단계 구조로 구성되어 있습니다.

● **역량:** 이 예시가 대학의 3대 평가요소 중 어떤 역량을 보여 주는지 알려 주는 "목표 태그"입니다.

● **[아쉬운 예]:** 학생들이 흔히 기록하는, 평범하고 임팩트 없는 문장 예시입니다.

● **[결정적 한 줄]:** '아쉬운 예'를 이 책의 전략에 따라 수정했을 때, 얼마나 강력하게 변할 수 있는지 보여 주는 최종 결과물입니다.

● **[Point]:** '결정적 한 줄'이 왜 좋은 평가를 받는지, 어떤 단어와 논리가 평가자의 시선을 사로잡는지 핵심을 분석합니다.

● **[이렇게 쓰려면?]:** 이와 같은 문장을 만들기 위해, 1부 전략편의 어떤 챕터(방법론)를 참고해야 하는지 알려 주는 구체적인 "액션 플랜"입니다.

1. 사회과학계열

**역량: 비판적 사고 및 사회 구조 분석 능력**

● **[아쉬운 예]**

"플랫폼 노동자에 대한 기사를 읽고, 새로운 노동 형태에 대해 알게 됨."

● **[결정적 한 줄]**

"플랫폼 노동자의 불안정한 노동 조건 문제를, 마르크스의 '소외' 개념을 현대적으로 **재해석**하여 분석함. 기술의 발전이 인간의 자율성을 높이는 것이 아니라, 알고리즘 통제를 통해 어떻게 새로운 형태의 노동 소외를 만들어 내는지 **논증**하여 비판적 시각을 드러냄."

● **[Point]**

고전 사회학 이론(마르크스의 소외)을 현대 사회 문제(플랫폼 노동)에 적용하여 "재해석"하는 높은 수준의 지적 능력을 보여 줍니다. 단순히 현상을 나열하는 것을 넘어, 자신만의 논리로 "논증"하며 비판적 사고력을 명확히 어필했습니다.

● **[이렇게 쓰려면?]**

"제7장(7-2)"의 '학문 이론' 파트를 참고하여 탐구에 깊이를 더할 수 있는 고전 이론(마르크스)을 찾아야 합니다. 이후, "제4장(4-1)"의 보고서 작성법에 따라, 이론을 현대 사회 문제에 '재해석'하여 적용하고 주장을 논리적으로 '논증'해야 합니다.

### 역량: 정책 대안 제시 및 실증적 접근

● **[아쉬운 예]**

"젠트리피케이션으로 인해 어려움을 겪는 지역 상권에 대한 해결 방안을 고민함."

● **[결정적 한 줄]**

"젠트리피케이션으로 쇠퇴하는 지역 상권을 활성화하기 위해, 지역화폐의 실제 소비 **데이터를 분석**하고 이를 바탕으로 '청년 창업 점포 임대료 지원'과 '지역 특화 골목길 축제'와 같은 구체적인 정책을 **설계하여 제안함.**"

● **[Point]**

막연한 아이디어가 아닌, "데이터 분석"이라는 실증적 근거를 바탕으로 구체적인 "정책"을 "설계"하고 "제안"하는 전 과정을 보여 줍니다. 이론과 현실을 연결하는 정책학 및 행정학 분야의 핵심 역량을 완벽하게 드러낸 문장입니다.

● **[이렇게 쓰려면?]**

제7장(7-1) '탐구 주제: 계열별 아이디어 백과사전'에서 제시된 구체적인 탐구 주제(예: 사회과학 계열의 '젠트리피케이션 문제')에서 영감을 얻고, **제3장**에서 배운 것처럼 이를 해결하기 위한 '프로젝트'를 직접 기획해야 합니다.


2. 상경계열

**역량: 문제해결능력 및 데이터 분석 역량**


● **[아쉬운 예]**

"교내 매점의 문제점을 개선하기 위한 활동에 참여하고, 학생들의 의견을 수렴하기 위해 설문조사를 진행함."


● **[결정적 한 줄]**

"교내 매점의 비효율적 운영 문제를 해결하기 위해, 학생 대상 설문조사와 시간대별 매출 **데이터를 분석**하여 '피크타임 분산을 위한 할인 프로모션'을 **설계하고 제안함.**"


● **[Point]**

단순히 '참여함'이 아닌, "데이터 분석 → 설계 → 제안"이라는 구체적인 문제 해결의 과정을 파워 동사로 보여 주어, 단순한 학생이 아닌 주도적인 '기획자'로서의 역량을 명확히 드러냈습니다.


● **[이렇게 쓰려면?]**

제7장(7-1)의 '미시경제/마케팅' 탐구 주제(예: 기업의 가격 결정 전략)에서 아이디어를 얻고, **제3장**에서 배운 것처럼 이를 해결하기 위한 '프로젝트'를 직접 기획해야 합니다. 이후 "제4장(4-2)"의 'STAR 기법'을 활용하여, 자신의 구체적인 행동(A)과 그로 인한 결과(R)를 '분석하다', '설계하다', '제안하다'와 같은 파워 동사로 표현해야 합니다.

**역량: 융합적 사고 및 최신 트렌드 이해**

● **[아쉬운 예]**

"행동경제학에 대해 학습하고, 교내 환경 개선 캠페인에 참여함."

● **[결정적 한 줄]**

"행동경제학의 '넛지' 이론을 탐구하고, 이를 교내 분리수거함 디자인에 적용하여 학생들의 자발적인 참여를 유도하는 캠페인을 **기획함.** 심리학 이론을 실제 경영/정책 문제에 **융합**하는 뛰어난 응용력을 보여 줌."

● **[Point]**

경제학, 심리학, 디자인, 환경 캠페인을 하나로 "융합"하는 통찰력을 보여 주는 문장입니다. 최신 경영학 트렌드인 '넛지'를 고교 수준에서 이해하고 적용했다는 점에서 높은 학업적 호기심을 증명했습니다.

● **[이렇게 쓰려면?]**

"제7장(7-2)"의 학문 이론 파트에서 '대니얼 카너먼'을, "제7장(7-3)"의 추천 도서에서 『넛지』를 발견하는 것이 탐구의 시작입니다. 이후 "제2장(2-3)"의 '꼬리물기 독서법'을 통해 개념을 심화시키고, "제3장"에서 배운 리더십을 발휘하여 배운 것을 실제 '캠페인'으로 기획하는 실행력이 필요합니다.

3. 인문계열

**역량: 텍스트 해석 능력 및 독창적 관점**

● **[아쉬운 예]**

"조선왕조실록을 읽고, 과거에도 전염병이 있었다는 사실을 알게 됨."

● **[결정적 한 줄]**

"『조선왕조실록』에 나타난 전염병 기록을 분석하고, 당시의 방역 체계(격리, 정보 통제)와 사회적 혼란상을 현대의 팬데믹 대응과 **비교 고찰**하며 시대를 초월하는 재난 대응의 원칙을 **도출함**."

● **[Point]**

과거의 역사적 사실을 현재의 문제와 연결하여 "비교 고찰"함으로써, 역사를 박제된 지식이 아닌 살아 있는 교훈으로 활용하는 능력을 보여 줍니다. 자신만의 통찰력을 "도출함"으로써 독창성을 증명했습니다.

● **[이렇게 쓰려면?]**

"제7장(7-3)"의 역사 관련 필독서를 참고하여 깊이를 더하고, "제2장(2-2)"에서 찾은 자신만의 컨셉 키워드(예: #위기관리)를 가지고 역사적 텍스트를 읽으며 자신만의 '관점'을 세우는 것이 중요합니다.

### 역량: 철학적 사유 및 가치 탐구

● **[아쉬운 예]**

"사이버불링의 문제점과 해결 방안에 대해 토론함."

● **[결정적 한 줄]**

"사이버불링 문제를 법적 처벌의 관점에서만 접근하는 것의 한계를 **지적**하고, 한나 아렌트의 '악의 평범성' 개념을 **차용**하여 가해자의 '무사유(Thoughtlessness)'가 어떻게 집단적 폭력으로 이어지는지 **성찰함**."

● **[Point]**

현상에 대한 단순한 해결책을 넘어, 그 이면에 있는 인간의 본성과 윤리 문제까지 파고드는 철학적 깊이를 보여 줍니다. '한나 아렌트'라는 구체적인 철학자의 개념을 정확히 이해하고 "차용"하여,

자신의 "성찰"을 논리적으로 뒷받침하는 뛰어난 지적 역량이 돋보입니다.

### ● [이렇게 쓰려면?]

"제7장(7-2)"의 학문 이론 파트에서 한나 아렌트와 같은 핵심 학자를 먼저 학습하고, "제2장(2-3)"의 '꼬리물기 독서법'을 활용하여 관련 철학 서적을 심화 탐구해야 합니다. 단순히 책의 내용을 요약하는 것이 아니라, 철학자의 개념을 '도구'로 삼아 사회 현상을 분석하는 자신만의 글을 써 보는 훈련이 필요합니다.

### 4. 어문계열

**역량: 비판적 분석 및 융합적 사고**

### ● [아쉬운 예]

"윤동주 시인의 시를 읽고, 그의 시에 나타난 특징에 대해 조사함."

### ● [결정적 한 줄]

"윤동주 시인의 작품 전체를 텍스트화하여, '밤', '하늘', '별'과 같은 핵심 시어의 **빈도를 분석**하고, 이를 시인의 시대적 배경(일제강점기)과 연결하여 상징적 의미를 **재해석함.**"

### ● [Point]

문학 작품을 단순히 감상하는 것을 넘어, 데이터 분석(빈도 분석)이라는 **계량적인 방법**을 통해 자신의 주관적인 해석을 객관적인 근거로 뒷받침했습니다. 인문학적 감수성과 사회과학적 분석틀을 결합한 뛰어난 **융합적 사고**가 돋보입니다.

### ● [이렇게 쓰려면?]

"제7장(7-1)"의 '디지털 인문학' 탐구 주제에서 아이디어를 얻어야 합니다. 파이썬과 같은 간단한 코딩이나 데이터 분석 툴을 독학하여, 자신의 인문학적 탐구에 새로운 기술을 "융합"하려는 적극적인 시도가 필요합니다.

**역량: 언어와 문화에 대한 깊이 있는 이해**

● **[아쉬운 예]**

"영화 '기생충'의 영어 자막을 보며 번역에 대해 관심을 갖게 됨."

● **[결정적 한 줄]**

"영화 '기생충'의 '짜파구리'가 'Ram-don'으로 번역된 사례를 통해, 번역은 단순히 언어를 변환하는 것이 아니라, 해당 문화권의 관객이 이해할 수 있도록 **문화를 재창조**하는 과정임을 **논증함.**"

● **[Point]**

하나의 번역 사례를 깊이 있게 파고들어, '번역'의 본질이 '문화적 맥락'을 이해하는 것임을 보여주었습니다. '논증함'이라는 파워 동사를 통해, 자신의 주장을 논리적으로 증명하는 비판적 사고력을 어필했습니다.

● **[이렇게 쓰려면?]**

"제7장(7-2)"의 소쉬르, 바르트와 같은 학자들의 이론을 먼저 학습하여 분석의 틀을 세워야 합니다. 이후 "제4장(4-1)"의 보고서 작성법에 따라, 관찰한 현상을 자신만의 주장으로 '논증'하는 것이 중요합니다.

5. 교육계열

**역량: 교육 철학 및 비판적 사고**

● **[아쉬운 예]**

"서·논술형 평가의 장단점에 대해 학습함."

● **[결정적 한 줄]**

"서·논술형 평가 확대 정책의 배경이 된 존 듀이의 '경험 중심 교육 철학'을 **탐구**하고, 현재 학교 현장에서의 적용 방식이 점수 경쟁으로 변질될 수 있는 가능성을 **지적함.**"

### ● [Point]

특정 교육 정책의 바탕이 되는 철학적 뿌리(존 듀이)까지 "탐구"하는 학문적 깊이와, 정책의 현실적 한계를 날카롭게 "지적"하는 비판적 사고력을 동시에 보여 주는, 예비 교육학도의 모범적인 문장입니다.

### ● [이렇게 쓰려면?]

"제7장(7-2)"에서 존 듀이 등의 교육 철학자를 먼저 학습해야 합니다. 이후 "제2장(2-3)"의 '꼬리물기 독서'를 통해 교육 정책 관련 서적과 교육 철학 서적을 연결하여, 특정 교육 현상을 비판적으로 '지적'하는 자신만의 관점을 만들어야 합니다.

### 역량: 학습자 중심의 문제 해결 능력

### ● [아쉬운 예]

"최근 문해력 저하 문제가 심각하다고 생각함."

### ● [결정적 한 줄]

"'심심한 사과' 논란으로 드러난 동료 학생들의 디지털 문해력 저하 문제를 해결하기 위해, 가짜 뉴스와 비속어를 구별하는 '미디어 리터러시 퀴즈' 학습 자료를 직접 **개발하여** 학급 시간에 **공유함.**"

### ● [Point]

주변의 문제를 그냥 지나치지 않고, 동료 학습자를 위해 직접 솔루션을 "개발"하고 "공유"하는 실천적인 모습이 돋보입니다. 교사에게 가장 필요한 역량 중 하나인 학습자에 대한 애정과 문제 해결 능력을 보여 줍니다.

● **[이렇게 쓰려면?]**

"제7장(7-1)"의 교육계열 탐구 주제에서 아이디어를 얻고, "제3장(3-3)"의 자율활동 파트에서 배운 '의미를 창출하는 자발성'을 발휘해야 합니다. 문제를 발견하는 데서 그치지 않고, 공동체를 위해 내가 할 수 있는 작은 실천을 '기획'하고 '실행'하는 용기가 필요합니다.


6. 예술 및 체육계열

**역량: 장르에 대한 깊이 있는 이해와 재해석**


● **[아쉬운 예]**

"브루탈리즘 건축에 대해 조사하고 감상문을 작성함."


● **[결정적 한 줄]**

"단순히 아름답지 않다는 이유로 외면받는 '브루탈리즘' 건축 양식이, 2차 세계대전 이후의 사회적 긴축과 정직성을 반영하는 시대정신의 산물임을 **논증**하며, 미적 가치에 대한 새로운 관점을 **제시함.**"


● **[Point]**

현상의 이면을 파고들어, 특정 예술 사조와 시대정신을 연결하는 깊이 있는 통찰력을 보여 줍니다. 자신의 주장을 감상이 아닌 논리로 "논증"하고, 새로운 관점을 "제시"했다는 점에서 미래의 비평가 또는 연구자로서의 가능성을 드러냅니다.


● **[이렇게 쓰려면?]**

"제7장(7-3)"의 미술사 관련 필독서(예: 『서양미술사』)를 통해 깊이를 더하고, "제2장(2-2)"의 '키워드 연결 고리'를 활용하여 예술 사조를 자신의 컨셉(예: #시대정신)과 연결하는 연습이 필요합니다. 이후 "제4장(4-1)"의 보고서 작성법에 따라 자신의 주장을 '논증'해야 합니다.

**역량: 융합적 접근을 통한 창의성**

● **[아쉬운 예]**

"우리 학교 농구팀의 전력을 분석하고 응원함."

● **[결정적 한 줄]**

"우리 학교 농구팀의 공격 효율성을 높이기 위해, 경기 영상을 분석하여 선수별 슛 성공률과 위치 데이터를 **시각화**하고, '기대 득점(Expected Points)' 모델을 **적용**하여 가장 효율적인 공격 전술을 **도출함.**"

● **[Point]**

체육 활동을 "데이터 과학"과 완벽하게 융합한 사례로 데이터를 "시각화"하고, 통계 "모델을 적용"하여, 전략을 "도출"하는 과정은 이 학생이 단순한 운동선수가 아닌, 스포츠와 과학을 아우르는 융합형 인재임을 증명하는 강력한 한 줄입니다.

● **[이렇게 쓰려면?]**

"제7장(7-1)"의 예술/체육계열 탐구 주제(예: 스포츠 통계 분석)에서 아이디어를 얻어야 합니다. "제2장(2-2)"의 '만능 열쇠'인 수학, 통계 키워드로 자신이 좋아하는 스포츠를 바라보는 훈련을 하고, 실제 프로 스포츠의 데이터 분석 사례를 참고하여 자신만의 모델을 만들어보는 것이 중요합니다.

7. 의약학/보건계열

**역량: 깊이 있는 생명과학 탐구 역량**

● **[아쉬운 예]**

"크리스퍼 유전자 가위 기술에 대한 발표를 듣고, 유전자 편집 기술의 가능성에 대해 알게 됨."

### ● [결정적 한 줄]

"'크리스퍼 유전자 가위' 기술의 원리를 탐구하는 데 그치지 않고, '오프타겟(Off-target)' 부작용을 줄이기 위한 최신 dCas9, Cas-CLOVER 기술의 논문을 **비교 분석**하고 그 한계를 **지적함**."

### ● [Point]

단순히 기술의 원리를 아는 것을 넘어, 그 기술의 '한계점'과 '최신 연구 동향'까지 파고드는 깊이 있는 탐구 자세를 보여 줍니다. '비교 분석', '지적함'과 같은 비판적 사고를 보여 주는 동사가 학문적 역량을 드러냅니다.

### ● [이렇게 쓰려면?]

"제7장(7-3)"의 추천 도서(예:『크리스퍼가 온다』)에서 탐구를 시작하고, "제2장(2-3)"의 '꼬리물기 독서'를 통해 관련 최신 논문으로 심화 탐구를 진행해야 합니다. "제4장(4-1)"의 '똑똑하게 자료 조사하기'에서 배운 것처럼, RISS나 구글 스칼라를 활용하는 정보 탐색 능력이 필수적입니다.

### 역량: 의료 윤리 및 인문학적 소양

### ● [아쉬운 예]

"연명의료에 대한 토론 활동에 참여하여 자신의 생각을 발표함."

### ● [결정적 한 줄]

"연명의료 중단에 대한 법적, 윤리적 딜레마를 탐구하며, 기술적 판단을 넘어 환자의 존엄성과 자기결정권을 존중하는 의사 역할에 대해 **성찰**하는 보고서를 작성함."

### ● [Point]

의학을 단순한 과학 기술이 아닌, 인간과 삶에 대한 깊은 이해가 필요한 '인문학'으로 접근하는 성숙한 시각을 보여 줍니다. "성찰"이라는 단어 하나에서 지원자의 깊은 고민과 따뜻한 시선이 느껴져, 다른 지원자와의 차별점을 만듭니다.

● **[이렇게 쓰려면?]**

"제7장(7-2)"의 학문 이론(예: 칸트, 공리주의)이나 "제7장(7-3)"의 필독서(예:『어떻게 죽을 것인가』)를 탐구의 출발점으로 삼아야 합니다. 이 탐구는 "제2장(2-2)"에서 찾은 자신의 핵심 키워드(예: #인간존중, #생명윤리)와 직결되어야 하며, 자신의 주장에 철학적 깊이를 더하는 과정이 필요합니다.

## 8. IT/컴퓨터공학계열

**역량: 알고리즘 설계 및 논리적 사고력**

● **[아쉬운 예]**

"학교 축제 부스 배치를 효율적으로 하는 방법에 대해 고민함."

● **[결정적 한 줄]**

"교내 축제 부스 배치의 효율성 문제를 그래프 이론의 '외판원 문제(TSP)'로 **치환**하여 분석하고, 최적의 관람 동선을 찾는 근사 알고리즘을 **설계하여 제안함.**"

● **[Point]**

현실의 복잡한 문제를 수학적 모델로 "치환"하는 추상화 능력과, 그 문제의 해법을 "알고리즘으로 설계"하는 컴퓨터 과학자로서의 핵심 역량을 명확하게 보여 주는 최고의 문장입니다.

● **[이렇게 쓰려면?]**

"제7장(7-1)"의 IT계열 탐구 주제(예: 그래프 이론 활용)에서 아이디어를 얻어야 합니다. 이후 "제2장(2-2)"의 '뻗어 나가기' 기술처럼, 수학적 개념을 현실 문제에 적용하는 훈련을 하고, "제4장(4-2)"의 파워 동사(치환하다, 설계하다)를 활용하여 탐구 과정을 명확히 표현해야 합니다.

**역량: 기술의 사회적 영향에 대한 고찰**

● **[아쉬운 예]**

"유튜브 추천 알고리즘의 문제점에 대해 조사하고 발표함."

● **[결정적 한 줄]**

"유튜브의 추천 알고리즘이 사용자의 관점을 강화시켜 '필터 버블'을 심화시키는 과정을 **분석**하고, 이를 완화하기 위해 의도적으로 반대 관점의 영상을 노출하는 '인지적 조깅' 알고리즘의 도입을 **제안함**."

● **[Point]**

기술의 사용자를 넘어, 기술이 사회에 미치는 부작용을 비판적으로 "분석"하고, 창의적인 해결책까지 "제안"했다는 점에서 기술적 이해와 사회적 책임감을 겸비한 인재임을 증명합니다.

● **[이렇게 쓰려면?]**

"제7장(7-2)"의 미셸 푸코, 캐시 오닐과 같은 학자들의 이론을 탐구하여 비판적 시각을 길러야 합니다. "제2장(2-3)"의 '가지치기 독서'에서 '확장'에 해당하는 활동처럼, IT 기술을 탐구할 때 사회학이나 미디어 관련 도서를 함께 읽으며 융합적 관점을 키우는 것이 필수적입니다.


9. 순수 자연과학계열

**역량: 이론적 탐구 및 모델링 능력**

● **[아쉬운 예]**

"그래프 이론에 대해 학습하고, 한붓그리기 문제에 대해 조사함."

● **[결정적 한 줄]**

"수학의 '그래프 이론'을 활용하여, 교내 비상 대피로의 효율성 문제를 **모델링**함. 각 교실을 '점

(node)'으로, 복도를 '선(edge)'으로 **치환**하여, 최단 경로 알고리즘을 **적용**함으로써 가장 비효율적인 대피 경로를 찾아내고 개선 방안을 **제안함**."

● [Point]

추상적인 수학 이론을 현실의 구체적인 문제(비상 대피로)에 적용하여 "모델링"하고, 해결책까지 "제안"하는 탁월한 응용력을 보여 줍니다. 이는 수학이 단순히 계산을 넘어, 세상을 분석하는 강력한 도구임을 이해하고 있음을 증명합니다.

● [이렇게 쓰려면?]

"제7장(7-1)"의 수학 탐구 주제(예: 그래프 이론)에서 아이디어를 얻고, "제2장(2-2)"의 '뻗어 나가기' 기술을 활용하여 수학 개념을 현실 문제(비상 대피로)와 연결해야 합니다. 이후 "제4장(4-1)"의 보고서 작성법에 따라, '문제 정의 → 수학적 모델링 → 결론'의 논리적 구조로 탐구 과정을 증명해야 합니다.

### 역량: 실험적 검증 및 데이터 분석 능력

● [아쉬운 예]

"화학 반응 속도 실험을 진행하였으나, 결과가 예상과 다르게 나와 아쉬웠음."

● [결정적 한 줄]

"화학 반응 속도 실험에서 예상과 다른 결과가 나오자, '촉매의 불순물'이라는 새로운 변수를 설정하고, 추가 실험을 **설계**하여 오차의 원인을 **규명함**."

● [Point]

성공한 실험보다 더 빛나는 것은 '실패한 실험'에 대한 분석입니다. 예상 밖의 결과를 문제로 인식하고, 새로운 가설과 추가 실험을 "설계"하여 그 원인을 끝까지 "규명"하는 과정에서, 학생의 뛰어난 문제해결능력과 과학적 엄밀함이 드러납니다.

● **[이렇게 쓰려면?]**

"제7장(7-2)"에서 토머스 쿤 등의 과학 철학자들의 이론을 학습하며, 과학 발전이 '성공'뿐만 아니라 '실패'와 '변칙'을 통해 이루어진다는 관점을 먼저 갖추는 것이 중요합니다. 그 후, "제4장(4-2)"의 '과정을 보여 주라'는 원칙에 따라, 실패를 감추는 것이 아니라 그 원인을 분석하는 과정을 실험 보고서에 상세히 기록해야 합니다. '왜 실패했는가?'라는 질문에 답하는 과정 자체가 최고의 탐구 활동입니다.


## 10. 융합 공학계열

**역량: 창의적 문제 해결 및 시스템 설계 능력**


● **[아쉬운 예]**

"생체모방기술에 대해 조사하고, 도마뱀붙이의 발바닥에 대해 학습함."


● **[결정적 한 줄]**

"생체모방기술을 탐구하며, 도마뱀붙이 발바닥의 나노 구조가 '반데르발스 힘'을 극대화하는 원리를 **분석**함. 이를 바탕으로, 수술용 봉합실 없이도 미세 조직을 접합할 수 있는 '의료용 건식 접착 패치'를 **설계하여 제안함.**"


● **[Point]**

단순한 지식 습득('학습함')을 넘어, 과학적 원리를 "분석"하고 이를 바탕으로 기존에 없던 새로운 솔루션(의료용 패치)을 "설계하고 제안"했다는 점에서, 융합 공학도가 갖춰야 할 창의적 문제 해결 능력을 명확히 보여 줍니다.


● **[이렇게 쓰려면?]**

"제7장(7-1)"의 융합 공학계열 탐구 주제(예: 생체모방기술)에서 아이디어를 얻고, "제2장(2-2)"의 '뻗어 나가기'를 활용하여, 하나의 과학적 원리를 전혀 다른 분야(예: 생물학 → 의료 공학)에 창의적으로 적용하며 융합적 사고력을 키워야 합니다.

**역량: 기술과 인문/사회에 대한 융합적 고찰**

● **[아쉬운 예]**

"적정기술에 대해 조사하고, 라이프스트로우의 사례에 대해 알게 됨."

● **[결정적 한 줄]**

"적정기술의 대표 사례인 '라이프스트로우'가 실제 현장에서 외면받는 이유를 **비판적으로 분석**함. 기술적 성능을 넘어, 현지 문화에 대한 이해와 지속가능한 유지보수 시스템의 부재가 문제의 핵심임을 **논증**하며, "인문학적 소양을 갖춘 공학자"의 역할을 **성찰함.**"

● **[Point]**

기술의 성공 여부가 스펙에만 있지 않다는 깊이 있는 통찰력을 보여 줍니다. 기술의 실패 원인을 사회/문화적 맥락에서 "비판적으로 분석"하고, 공학자의 사회적 역할을 "성찰"했다는 점에서 높은 평가를 받습니다.

● **[이렇게 쓰려면?]**

제7장(7-1) '융합 공학계열' 파트에서 제시된 것처럼, 기술의 사회적, 환경적 영향을 함께 고민하는 탐구 주제에서 문제의식을 발견해야 합니다. 이후 "제2장(2-3)"의 '전략적 독서법'을 활용하여 사회/인문학 분야의 책을 함께 읽고, 기술이 사회에 미치는 영향을 함께 고민하는 수평적 탐구 습관을 길러야 합니다.

# 제9장

# 합격을 위한 최종 도구: Q&A 및 체크리스트 (The Toolkit)

이 부록은 책의 모든 내용을 학습한 독자가, 생기부를 완성하고 면접을 준비하는 과정에서 마주치는 현실적인 문제들을 해결하기 위한 실용적인 도구들을 제공합니다.

- **9-1 '생기부 컨설팅 Q&A':** 자주 묻는 질문에 대한 명쾌한 답변을 담았습니다.
- **9-2 '셀프 컨설팅 체크리스트':** 최종 점검을 위한 구체적인 항목을 제시합니다.

필요할 때마다 찾아보는 최종 점검 도구로 활용하시길 바랍니다.

## 9-1. 생기부 컨설팅 Q&A: 가장 자주 묻는 질문들 (학년별/상황별 Q&A)

이 파트에서는 '이럴 땐 어떡하죠?'라고 묻고 싶었던, 본문만으로는 해결되지 않는 현실적인 고민들에 대해 답해드립니다. 1학년의 막막함부터 3학년의 마지막 불안감까지, 학년별로 자주 묻는 질문들을 통해 궁금증을 속 시원하게 해결해 줄 것입니다.

### 1학년: 탐색과 방향 설정

**Q1. 1학년 때 별다른 활동을 못 했는데, 2학년 때부터 시작해도 늦지 않았을까요?**

**A.** 전혀 늦지 않았습니다. 오히려 좋습니다. 입학사정관은 1학년 때부터 완벽하게 세팅된 생기부보다, 1학년 때의 부족함이나 방황을 딛고 2학년 때부터 명확한 방향성을 찾아 성장하는 "성장 곡선"이 뚜렷한 스토리에 더 큰 감동을 받습니다. 1학년 생기부는 당신의 'Before' 사진일 뿐입니다. 중요한 것은 지금부터 이 책의 방법론에 따라 'After'의 모습을 어떻게 만들어 가느냐입니다.

**Q2. 문과/이과를 아직 못 정했는데, 활동은 어떻게 채워야 하나요?**

A. 훌륭한 질문입니다. 억지로 한쪽을 정하려고 애쓰지 마세요. 오히려 이 시기는 당신의 "융합적 역량"을 보여 줄 최고의 기회입니다. 예를 들어, "인공지능의 윤리적 문제"처럼 과학 기술과 인문 철학이 만나는 주제를 탐구하거나, "데이터로 분석한 역사적 사실"처럼 사회과학과 데이터 과학을 융합하는 탐구를 진행해 보세요. 어떤 계열을 선택하든, 당신의 폭넓은 지적 호기심을 증명하는 강력한 무기가 될 것입니다.

**Q3. 관심 있는 과목의 성적이 낮은데, 이쪽 진로는 포기해야 할까요?**

A. 절대 아닙니다. 오히려 최고의 성장 스토리를 만들 기회입니다. 중요한 것은 낮은 성적이라는 '결과'가 아니라, 그 성적을 극복하기 위해 "어떤 '노력'을 했는지 그 '과정'을 보여 주는 것"입니다. 2학년 때 해당 과목의 심화 탐구를 누구보다 열심히 진행하거나, 관련 독서를 통해 부족한 부분을 채워 나가는 모습을 보여 주세요. '성적'이라는 결과보다 '성장'이라는 과정이 더 중요합니다.

**Q4. 소위 '스펙 좋은' 동아리와 진짜 관심 있는 동아리 사이에서 고민됩니다.**

A. 망설임 없이 **진짜 관심 있는 동아리**를 선택하세요. '스펙 좋은' 동아리에서 수동적인 부원이 되는 것보다, 비주류 동아리라도 그 안에서 자신만의 프로젝트를 기획하고 주도하는 것이 100배 더 강력한 스토리가 됩니다. 평가는 동아리의 이름이 아니라, 그 안에서 당신이 무엇을 했는지에 대해 이루어집니다.

**Q5. 제가 하려는 탐구 주제가 너무 흔한 것 같아요. 다른 친구들도 다 하는 주제인데, 괜찮을까요?**

A. 괜찮습니다. 대학은 '세상에 없던 새로운 주제'를 발견하는 천재를 찾는 것이 아닙니다. 중요한 것은 주제의 독창성이 아니라, **탐구의 '과정'과 '관점'의 독창성**입니다. 남들과 똑같이 'AI 윤리'를 탐구하더라도, 제7장의 학문 이론 파트를 참고하여 '한나 아렌트'의 철학으로 분석하거나, 자신의 개인적인 경험과 연결하여 문제의식을 보여준다면, 그 탐구는 세상에 단 하나뿐인 당신만의 스토리가 됩니다. **평범한 주제에서 비범한 질문을 찾아내는 능력**이야말로 진짜 실력입니다.

### Q6. 동아리 활동이 제 진로 희망과 직접 관련이 없는데 어떡하죠?

A. 최고의 기회입니다. 제3장(3-2)에서 배운 것처럼, 어떤 동아리든 당신의 '전공 실험실'이 될 수 있습니다. 컴퓨터공학과 지망생이 봉사 동아리 활동을 한다면, '봉사활동 매칭의 비효율성'을 발견하고 이를 해결하기 위한 **'봉사활동 정보 공유 앱'의 UI/UX를 설계**해 보거나, 봉사 시간 데이터를 분석하여 **'가장 효과적인 봉사활동 시간대'를 제안**하는 프로젝트를 기획할 수 있습니다. 중요한 것은 동아리의 이름이 아니라, 그 안에서 당신의 역량을 어떻게 발휘했는가입니다.

### Q7. 제 탐구 주제가 너무 사소하고 작아 보이는데 괜찮을까요?

A. 전혀 문제없습니다. 오히려 좋습니다. '인류의 미래' 같은 거창한 주제보다 '우리 학교 매점의 비효율적 동선 개선 방안'처럼 **작고 구체적인 문제**에서 출발한 탐구가 훨씬 더 진정성 있고 깊이 있는 결과물을 만들어 냅니다. 중요한 것은 주제의 크기가 아니라, 그 문제를 해결하기 위해 **얼마나 깊이 파고들었는가**입니다.

### Q8. 모든 과목의 세특을 다 챙겨야 하나요?

A. 아닙니다. 선택과 집중이 필요합니다. **1순위는 당신의 희망 전공과 직접 관련된 핵심 과목**입니다. 이 과목들에서는 반드시 심화 탐구가 드러나야 합니다. **2순위는 당신의 컨셉 키워드를 보여 줄 수 있는 과목**입니다. 그 외 과목들은 수업에 성실히 참여하고, 기본적인 탐구 활동을 수행하는 것만으로도 충분합니다.

### Q9. 내신 공부와 탐구 활동의 시간 분배는 어떻게 해야 하나요?

A. 최고의 전략은 **두 가지를 분리하지 않는 것**입니다. 탐구 활동을 내신 공부의 '연장선'으로 만드세요. 시험 범위의 교과 개념에서 탐구 질문을 찾고(제3장 3-1 참조), 보고서를 작성하며 공부한 내용이 바로 서술형 평가 대비가 되도록 하세요. 탐구가 곧 공부가 되고, 공부가 곧 탐구가 되는 선순환을 만드는 것이 핵심입니다.

### Q10. 제 탐구 활동의 의미를 선생님께서 잘 이해하지 못하시고, 생기부에 짧게만 적어 주실까 봐

걱정돼요.

A. 매우 현실적이고 중요한 고민입니다. 선생님은 수십 명의 학생들을 담당하시기에, 당신의 모든 활동 과정을 속속들이 알기 어렵습니다. 따라서 당신의 노력을 인정받기 위해서는 "똑똑한 소통"이 필수적입니다. 제4장에서 배운 **STAR 기법**을 활용하여, 당신의 활동에 대한 "[상황-과제-행동-결과-배운점]"을 한 페이지로 깔끔하게 요약하여 학기 말에 선생님께 제출하세요. 이는 당신의 활동을 단순히 알려 주는 것을 넘어, 선생님께서 생기부를 작성하시는 데 필요한 최고의 '재료'를 제공하는, 가장 예의 바르고 효과적인 방법입니다.

3학년: 완성과 실전

**Q11. 3학년 1학기에 갑자기 진로 희망이 바뀌었는데, 망한 건가요?**

A. 전혀 아닙니다. 오히려 당신의 '솔직함'과 '성장'을 보여 줄 수 있는 절호의 기회입니다. 중요한 것은 바뀐 사실을 숨기는 것이 아니라, **'왜 바뀌었는지' 그 계기와 과정을 논리적으로 설명**하는 것입니다. 예를 들어, "2년간 AI 개발자를 꿈꾸며 기술을 탐구했지만, 3학년 때 'AI 윤리'에 대한 심화 탐구를 하면서, 기술을 개발하는 것보다 그 기술이 사회에 올바르게 사용되도록 정책을 만드는 일에 더 큰 사명감을 느끼게 되어 AI 정책 전문가로 진로를 수정하게 되었습니다."와 같이 연결 고리를 만들어 설명하면 됩니다.

**Q12. 1, 2학년 기록이 3학년 때 정한 컨셉과 많이 다른 것 같습니다.**

A. 괜찮습니다. 이것은 '방황'이 아니라 '탐색의 과정'입니다. 면접에서 "1, 2학년 때 ○○○ 분야를 탐색하며 기초 역량을 쌓았고, 그 경험을 바탕으로 3학년 때 마침내 ○○○라는 더 구체적인 목표를 찾게 되었습니다"라고 **과거의 활동을 현재 목표를 위한 '디딤돌'로 재해석**하세요. 중요한 것은 완벽한 일관성이 아니라, 그 변화를 설명하는 논리적인 '성장 스토리'입니다.

**Q13. 핵심 과목 성적이 하나 낮은데, 치명적인가요?**

A. 하나의 숫자가 당신의 3년을 결정하지 않습니다. 중요한 것은 **그 이후의 태도**입니다. 해당 과목의 세특에서 누구보다 깊이 있는 탐구를 진행했거나, 관련 독서 활동을 통해 부족한 점을 보완하려는 노력을 보여 줬다면, 낮은 성적이라는 약점을 오히려 학문에 대한 진정성을 보여 주는 강점으

로 바꿀 수 있습니다.

**Q14. 면접에서 '실패한 경험'에 대해 물어보면 솔직하게 말해도 되나요?**

**A.** 반드시 솔직하게 말해야 합니다. 면접관은 당신의 완벽한 성공담이 아니라, 실패를 통해 무엇을 배웠는지를 보고 싶어 합니다. 이때 제5장(5-2)에서 배운 "STAR-L 답변 공식"을 활용하세요. 실패했던 상황(S)부터 결과(R)까지 설명한 뒤, 가장 중요한 **"그 실패를 통해 저는 OOO라는 것을 배웠습니다(L)."** 라고 마무리한다면, 그 실패는 당신을 가장 빛나게 만드는 최고의 성장 스토리가 될 것입니다.

**Q15. 반대로 활동을 너무 많이 해서, 생기부가 복잡하고 산만해 보이는데 어떻게 해야 할까요?**

**A.** 훌륭한 고민입니다. 그것은 당신이 그만큼 치열하게 3년을 보냈다는 증거입니다. 이때 필요한 것은 '덧셈'이 아닌 **'뺄셈'의 기술**입니다. 제2장에서 설정한 당신의 핵심 컨셉과 키워드를 다시 한번 꺼내 보세요. 그리고 그 컨셉과 직접적으로 관련이 적은 활동들은, 아무리 화려해 보여도 면접에서 강조할 우선순위에서 과감히 제외해야 합니다. 입학사정관은 당신이 '얼마나 많이' 했는지가 아니라, **'하나의 목표를 위해 얼마나 깊이' 파고들었는지**를 보고 싶어 합니다. 최고의 감독은 모든 장면을 보여 주지 않고, 주제를 가장 잘 드러내는 장면만을 골라 편집합니다.

## 9-2. 셀프 컨설팅 체크리스트: 최종 점검을 위한 4가지 기준

이 체크리스트는 당신의 3년짜리 생기부라는 작품을 세상에 공개하기 전, 스스로 '편집자'이자 '컨설턴트'가 되어 마지막으로 점검하는 최종 도구입니다. 학년 말에 당신의 생기부 초안을 펼쳐 놓고 아래 4가지 핵심 질문에 따라 냉철하게 평가해 보세요. 부족한 부분을 발견했다면, 아직 보완할 기회가 남아 있습니다.

[학년별 체크리스트 활용 가이드]

이 체크리스트는 당신의 현재 학년에 따라 다른 의미를 갖습니다. 자신의 학년에 맞춰, 아래 가이드를 따라 점검의 목표와 핵심 포인트를 다르게 적용해 보세요.

▶ **1학년 말: 나의 '방향성'을 점검하는 첫 번째 신호등**

● **목표:** 1학년의 목표는 완벽한 생기부가 아니라, 나의 관심사와 키워드를 "발견"하고 "탐색"하는 것입니다. 따라서 점수가 낮게 나와도 전혀 좌절할 필요 없습니다. 이 점검은 2학년 계획을 세우기 위한 방향키 역할을 합니다.

● **집중할 항목:** Check 1. 컨셉의 일관성과 Check 4. 진정성에 집중하세요. "내가 정말 이 분야에 흥미를 느끼고 있는가?", "나의 초기 활동들이 하나의 방향을 가리키고 있는가?"를 점검하는 것이 중요합니다.

▶ **2학년 말: 나의 '성장'을 증명하는 중간 점검**

● **목표:** 2학년은 당신의 스토리를 완성하는 '골든 타임'입니다. 이제부터는 "깊이"와 "연결성"이 중요해집니다. 이 점검은 당신의 생기부가 피상적인 나열에 그치고 있지 않은지 확인하는 중요한 과정입니다.

● **집중할 항목:** Check 2. 성장의 증거와 Check 3. 활동의 연결성을 가장 중요하게 봐야 합니다. "1학년 때의 탐구보다 2학년 탐구가 얼마나 더 깊어졌는가?", "세특, 동아리, 독서 활동이 서로 유기적으로 연결되고 있는가?"를 냉철하게 평가해야 합니다.

▶ **3학년 1학기 (최종): 합격을 위한 마지막 퍼즐 맞추기**

● **목표:** 이제 당신은 배우가 아닌 "편집자"의 시선으로, 3년 전체의 그림을 완성해야 합니다. 이 점검은 합격을 결정지을 마지막 1%의 빈틈을 찾아 메우는 최종 검수 과정입니다.

● **집중할 항목:** 모든 항목(1, 2, 3, 4)을 엄격한 기준으로 평가해야 합니다. 특히, Check 3. 활동의 연결성을 통해 3년의 활동이 하나의 완결된 스토리로 엮이는지 최종적으로 확인하고, 부족한 부분은 마지막 상담을 통해 보완해야 합니다.

**Check 1. 컨셉의 일관성(Consistency)**
**"나의 모든 활동은 하나의 주제를 향하고 있는가?"**

**1. 나의 핵심 키워드 3가지가 1, 2, 3학년 활동 전반에 일관되게 나타나는가?**

매우 그렇다 □ 5 그렇다 □ 4 보통이다 □ 3 아니다 □ 2 전혀 아니다 □ 1

**2. 진로 희망의 변화가 있다면, 그 변화의 계기와 과정이 이전 활동과 논리적으로 연결되는가?**

매우 그렇다 □ 5 그렇다 □ 4 보통이다 □ 3 아니다 □ 2 전혀 아니다 □ 1

**3. 전혀 관련 없어 보이는 과목의 세특마저도 나의 핵심 키워드와 연결하려는 노력이 보이는가?**

매우 그렇다 □ 5 그렇다 □ 4 보통이다 □ 3 아니다 □ 2 전혀 아니다 □ 1

[진단 및 솔루션]

- **10점 이하:** 당신의 생기부가 '스펙 나열'처럼 보일 위험이 있습니다. **제2장(2-2)의 '의미 부여하기'** 기술을 활용하여, 흩어진 활동들을 당신의 핵심 키워드라는 끈으로 다시 엮어 내는 작업이 시급합니다.
- **11점 이상:** 훌륭합니다! 당신의 생기부는 뚜렷한 방향성을 가진 한 편의 이야기처럼 읽힐 것입니다.

## Check 2. 성장의 증거 (Growth)

**"나의 탐구는 학년이 올라갈수록 점점 더 깊어지고 있는가?"**

**1. 학년이 올라갈수록 탐구의 주제가 더 구체적이고 심화되었는가? (예: 1학년 'AI 윤리' → 3학년 '자율주행차의 트롤리 딜레마')**

매우 그렇다 □ 5, 그렇다 □ 4, 보통이다 □ 3, 아니다 □ 2, 전혀 아니다 □ 1

**2. 단순한 '지식 조사' 수준을 넘어, 자신만의 '실험/설문/분석' 등 주도적인 탐구 과정이 드러나는가?**

매우 그렇다 □ 5, 그렇다 □ 4, 보통이다 □ 3, 아니다 □ 2, 전혀 아니다 □ 1

**3. 탐구의 결론이 단순히 사실을 요약하는 것을 넘어, '새로운 질문'이나 '자신만의 통찰'로 나아가고 있는가?**

매우 그렇다 □ 5, 그렇다 □ 4, 보통이다 □ 3, 아니다 □ 2, 전혀 아니다 □ 1



- **10점 이하:** 당신의 지적 성장이 정체된 것처럼 보일 수 있습니다. "제3장(3-1)의 '호기심 성장 4단계 모델"을 다시 한번 읽어 보세요. 특히 '진화(Evolve)' 단계, 즉 다음 질문을 던지는 연습이 필요합니다.
- **11점 이상:** 훌륭합니다! 당신은 배우고 성장할 줄 아는, 잠재력 높은 인재로 평가받을 것입니다.

## Check 3. 활동의 연결성 (Connectivity)

**"나의 활동들은 서로 유기적으로 연결되어 시너지를 내고 있는가?"**

**1. 독서 활동이 세특이나 동아리 등 다른 탐구 활동의 '출발점' 또는 '근거 자료'로 활용되고 있는가?**

매우 그렇다 □ 5, 그렇다 □ 4, 보통이다 □ 3, 아니다 □ 2, 전혀 아니다 □ 1

**2. 교과 수업에서 생긴 호기심이 동아리 프로젝트나 자율/진로활동으로 확장된 사례가 있는가?**

매우 그렇다 □ 5, 그렇다 □ 4, 보통이다 □ 3, 아니다 □ 2, 전혀 아니다 □ 1

**3. 동아리나 자율활동에서의 경험이 진로 희망을 구체화하는 데 영향을 미쳤는가?**

매우 그렇다 □ 5, 그렇다 □ 4, 보통이다 □ 3, 아니다 □ 2, 전혀 아니다 □ 1

[진단 및 솔루션]

- **10점 이하:** 당신의 활동들이 각자의 칸에 고립되어 시너지를 내지 못하고 있습니다. "제2장 (2-3)의 '꼬리물기 독서법"과 **(2-2)의 '뻗어 나가기'** 기술을 활용하여, 각 활동 사이에 다리를 놓아 주세요.
- **11점 이상:** 훌륭합니다! 당신의 생기부는 모든 활동이 하나의 목표를 위해 유기적으로 움직이는 잘 짜인 포트폴리오처럼 보일 것입니다.

Check 4. 진정성 (Authenticity)

"이 이야기는 정말 '나'의 목소리를 담고 있는가?"

**1. 생기부 속에 나의 성공 경험뿐만 아니라, 실패를 통해 무언가를 배운 '성찰'의 흔적이 담겨 있는가?**

매우 그렇다 ☐ 5, 그렇다 ☐ 4, 보통이다 ☐ 3, 아니다 ☐ 2, 전혀 아니다 ☐ 1

**2. 내가 왜 이 주제에 관심을 갖게 되었는지, 그 시작점이 된 '나만의 개인적인 경험'이나 동기가 드러나는가?**

매우 그렇다 ☐ 5, 그렇다 ☐ 4, 보통이다 ☐ 3, 아니다 ☐ 2, 전혀 아니다 ☐ 1

**3. 남들이 좋다고 하는 활동이 아닌, 서툴고 작더라도 내가 정말 하고 싶어서 했던 활동이 기록되어 있는가?**

매우 그렇다 ☐ 5, 그렇다 ☐ 4, 보통이다 ☐ 3, 아니다 ☐ 2, 전혀 아니다 ☐ 1

[진단 및 솔루션]

- **10점 이하:** 당신의 생기부가 다소 인위적이거나 '만들어진' 것처럼 보일 위험이 있습니다. **제4장(4-2)의 '과정을 보여 주라'** 파트를 다시 읽어 보세요. 당신의 서툴렀던 순간, 실패했던 경험이야말로 진정성을 보여 주는 최고의 재료입니다.
- **11점 이상:** 훌륭합니다! 입학사정관은 기록 너머에 있는 당신이라는 사람의 진짜 목소리를 듣게 될 것입니다.

[체크리스트를 마친 당신을 위한 Action Plan]

자가 진단으로 자신의 강점과 약점을 파악했다면, 이제 행동으로 옮길 시간입니다.

- **1단계 (원인 분석):** 점수가 가장 낮게 나온 항목과 관련된 **1부 전략편의 해당 장을 다시 한번 정독**하며, 무엇을 놓치고 있었는지 점검합니다.

● **2단계 (자문 구하기):** 부족한 부분을 어떻게 보완할 수 있을지, **담임 선생님이나 진로 선생님과 상담**하여 구체적인 조언을 구합니다.

● **3단계 (계획 수정):** 이 체크리스트의 점검 항목들을 기준으로, **다음 학기 탐구 활동 및 교과 세특 계획을 미리 구체적으로 수정하고 보완**합니다.

# 당신의 첫 번째 영화가 끝났을 뿐이다

이 책의 프롤로그를 넘기던, 텅 빈 서류 앞에서 막막해하던 당신의 모습을 기억하십니까? 흩어진 활동들 앞에서 한숨짓던 당신은, 이제 자신의 3년짜리 영화를 성공적으로 완성한 한 명의 감독이 되었습니다. 진심으로 축하의 박수를 보냅니다.

우리는 이 책을 통해 많은 방법들을 배웠습니다. 나만의 **컨셉**을 잡는 법, 활동을 **스토리**로 엮는 법, 생각을 매력적인 글로 증명하는 법, 그리고 면접관 앞에서 **자신의 성장 스토리를 논리적으로 전달하는 법**까지. 이 모든 방법들은 당신이 원하는 대학의 문을 여는 데 분명 큰 도움이 될 것입니다.

하지만 제가 정말로 당신에게 전하고 싶었던 것은, 단순히 '합격하는 생기부를 만드는 법'이 아니었습니다. 제가 진정으로 바랐던 것은, 당신이 이 책의 마지막 페이지를 덮을 때쯤 "자신의 삶을 스스로 기획하고 연출할 수 있다는 자신감"을 얻는 것이었습니다.

생활기록부는 당신 인생의 첫 번째 포트폴리오였을 뿐입니다. 대학에 가면, 사회에 나가면, 당신은 앞으로 더 크고 복잡한 프로젝트들을 마주하게 될 것입니다. 당신의 전공을 선택하는 것, 커리어를 쌓아 나가는 것, 소중한 관계를 맺어 가는 것, 그리고 궁극적으로 '어떤 어른으로 살아갈 것인가'라는 질문에 답하는 것까지. 그 모든 것이 바로 당신이 감독이 되어 만들어 가야 할 두 번째, 세 번째 영화입니다.

이제 당신은 그 영화들을 멋지게 만들 수 있는 가장 중요한 역량을 갖추었습니다. 자신 안의 목소리에 귀 기울여 '컨셉'을 잡고, 흩어진 경험들을 연결하여 '스토리'를 만들며, 어려움 속에서도 성장의 '과정'을 찾아내는 힘 말입니다.

당신의 3년짜리 첫 번째 영화는 이제 막 엔딩 크레딧이 올라갔습니다. 하지만 이것은 끝이 아닙니다. 더 넓은 세상이라는 스크린 위에서, 당신의 다음 영화가 곧 시작될 것입니다.

이제 책을 덮고, 당신의 진짜 이야기를 시작하십시오. 세상은 언제나 당신의 다음 작품을 기다리고 있을 것입니다.

# 합격하는 생기부는
# 처음부터 다르다

ⓒ 김태호 · 전진욱, 2026

초판 1쇄 발행 2026년 1월 10일

지은이　　김태호 · 전진욱
펴낸이　　이기봉
편집　　　좋은땅 편집팀
펴낸곳　　도서출판 좋은땅
주소　　　서울특별시 마포구 양화로12길 26 지월드빌딩 (서교동 395-7)
전화　　　02)374-8616~7
팩스　　　02)374-8614
이메일　　gworldbook@naver.com
홈페이지　www.g-world.co.kr

ISBN　979-11-388-5154-1 (03370)